동양의 자연관

동양의 자연관

안 종 수 著

KSI 한국학술정보[주]

머리말

이 책은 이미 학술지에 발표한 7편의 글[1]과 새로 쓴 글 4편으로 이루어져 있다. 동양의 자연관에 관심이 있어서 여러 해 전부터 자료를 찾고 글도 썼는데 그것들이 이제 제법 모여서 출판할 생각까지 하게 되었다. 동양의 자연관이라는 말은 많이 하면서도 막상 그와 관련된 구체적인 자료들을 찾아보면 쉽게 찾을 수 없는 게 현실이다. 앞으로 동양의 자연관에 대한 연구가 보다 활발하게 이루어져야 환경오염이나 자연파괴 같은 문제를 해결하는 데도 도움을 줄 수 있을 것이다.

지금까지 동양철학 특히 중국철학은 인간과 사회의 문제를 가장 큰 주제로 다루었다. 이러한 동양철학의 전통적인 주제도 중요하지만 이제는 자연과 환경의 문제를 보다 크게 다루어야 할 때가 된 것 같다. 자연파괴와 환경문제가 우리의 생존을 위협하는 지경에까지 이르러 가만히 두고 볼 수 없는 상황이 되었기 때문이다.

현대에 와서 자연과 환경의 문제를 들고 나온 사람들은 사실 서양 사람들이다. 그들은 또한 과학기술을 가지고 환경을 가장 많이 오염시킨 사람들이기도 하다. 문제를 일으킨 사람들도 서양 사람들이고 먼저 그 문제를 지적하고 해결책을 찾으려고 노력한 사람들도 역시 그들이다. 동양철학 쪽에서는 아직 환경문제를 본격적으로 거론하지 못하고 있는 실정이다.

그러나 자연과 환경에 대해서 철학자들이 관심을 가졌던 역사를 따진다면 당연히 동양이 앞선다. 그 근거를 우리는 동양의 고전 속에서 쉽게 찾을 수

---

1) 『시경』의 자연관, 『哲學硏究』 81집, 대한철학회, 2002; 『서경』의 자연관, 『철학연구』46집, 철학연구회, 1999; 『예기』 「월령」의 자연관, 『철학연구』43집, 철학연구회, 1998; 맹자의 자연관, 『哲學』44집, 한국철학회, 1995; 순자의 자연관, 『인제논총』13권, 1997; 『여씨춘추』의 자연관, 『哲學硏究』86집, 대한철학회, 2003; 『회남자』의 자연관, 『哲學硏究』93집, 대한철학회, 2005.

있다. 그런데 아쉽게도 동양의 자연관은 여러 가지 동양의 자연관들 가운데 주로 한 가지만 알려지고 또 강조되었다. 이것은 동양의 자연관에 대한 포괄적인 연구가 이루어지지 않았던 때에 서양학자들에 의해서 알려지게 된 결과이다. 동양의 자연관을 자세하게 살펴보면 일반적으로 동양의 자연관으로 알려진 자연관은 전체가 아니라는 게 분명하게 드러난다. 이것을 이 책에서는 특히 강조하려고 한다.

춘추전국시대에 인간의 본성에 대한 다양한 견해가 나왔듯이 자연에 대한 관점도 다양하게 나타났다. 예컨대 자연과 인간을 분리해서 생각해야 한다는 자연관이나 자연을 극복해야 한다는 자연관, 그리고 자연에 순응해서 자연과 인간이 하나가 되어야 한다는 자연관 등이 이미 학자들에 의해서 제시되었다.

현대에 와서 서양의 과학기술이 동양을 앞서면서 동양의 자연관에 대한 반성도 있었던 게 사실이지만 과연 서양이 바람직한 모델이 될 수 있는가 하는 데에는 회의(懷疑)적인 견해가 지배적이다. 과학기술의 방면에서 동양이 서양에 비해 뒤처진 게 사실이지만 그렇다고 동양인의 삶의 방식 자체가 잘못되었다는 건 아니다.

오히려 동양적인 삶의 방식이 인류가 이 지구상에서 더 오랫동안 생존할 수 있는 방법인지도 모른다. 현대에 와서 동양의 자연관에 주목하는 이유는 바로 여기에 있다. 말하자면 굵고 짧게 살 것인가 아니면 가늘고 길게 살 것인가를 선택해야 한다. 실제로 굵고 짧게 사는 방법은 그렇게 어렵지 않다. 더 어려운 것은 가늘고 길게 사는 방법이다.

한정된 자원을 효과적으로 사용하여 지구상에서 인류가 보다 오래 살아남으려면 지속적인 발전이나 성장만을 강조해서는 안 된다. 성장은 어쩌면 인류의 미래를 망치는 독인지도 모른다. 성장이란 결국 한정된 자원을 빠르게 소모하는 생활방식이기 때문에 장기적으로 바람직하지 않다. 인류는 불과 몇 십 년 만에 과거 인류가 수만 년 동안 소비한 에너지보다 더 많은 에너지를 소비하고 말았다는 사실에 주목할 필요가 있다.

지금까지 과학이란 것은 그러한 발전논리의 시녀가 되어서 그들의 손발이 되어주었다. 이제 여기서 벗어날 때가 되었다. 이제 과학도 가늘고 길게 사는 방법을 연구하는 데 모든 힘을 쏟아야 할 때이다. 동양의 자연관은 이러한 방면에 있어서는 좋은 모델이 될 수 있을 것 같다.

끝으로 이 책의 출판을 위해서 여러모로 애써주신 한국학술정보(주)의 여러분들께 감사의 인사를 전한다.

2006년 11월

지은이 씀

목 차

I

『시경(詩經)』의 자연관

Ⅰ. 『시경(詩經)』의 자연관

사마천(司馬遷)은 『사기』의 「공자세가」에서 말하기를 "옛날에는 시(詩)가 3000여 편이었으나 공자에 이르러 그 중복된 것을 빼고 예의에 응용할 수 있는 것만 취하였다."[2]고 하였다. 『사기』에는 305편의 시를 공자가 정리하였다고 구체적인 시의 편수를 말하고 있기도 하다. 실제로 『논어』의 「위정」에는 "『시경』 삼백 편을 한마디로 표현하면 생각에 사악함이 없는 것이라 하겠다."[3]는 공자의 말이 나온다. 공자 당시에 이미 삼백여 편의 시가 전해지고 있었던 사실은 분명하다.

그러나 공자 당시에 존재했던 삼백여 편의 시가 지금 우리가 『시경』이라고 부르는 책에 나오는 시와 똑같다고 믿을 수는 없다. 지금 전해지고 있는 『시경』은 한(漢)나라 사람 모공(毛公)이 전하였다고 『한서』의 「예문지」에 기록되어 있다. 모공이 전한 『시경』은 고문으로 되어 있었는데, 동한(東漢)의 정현(鄭玄)이 여기에 주석(箋)을 달았다. 위진(魏晉) 이후 금문으로 된 다른 『시경』들은 없어지고 모공의 『시경』만 남게 되었다.

우리는 『시경』에 나오는 시들의 내용을 통해서 그것들이 만들어진 시기를 짐작할 수 있는데, 대략 기원전 12세기에서 기원전 7세기 사이의 작품이라

2) 『史記』 卷四十七, 「孔子世家」, "古者詩三千餘篇, 及至孔子, 去其重, 取可施於禮義."
3) 『論語』 「爲政」, "子曰: 詩三百, 一言以蔽之, 曰思無邪."

고 한다. 이 작품들은 당시의 민가에서 널리 유행하던 것도 있고, 왕실의 통치 계급들이 부른 노래들도 있고, 조정에서 제사를 지낼 때 사용하던 노래들도 있다.

『시경』을 통해서 우리는 고대인들의 생활 모습과 그들의 생각을 엿볼 수 있다. 또한 『시경』에는 중국 고대인들의 자연에 대한 지식과 생각도 잘 나타나고 있다. 그래서 이미 공자는 제자들에게 "애들아, 왜 『시경』을 공부하지 않느냐? 『시경』의 시들은 사람의 감흥을 일으켜 줄 수 있고, 사물을 올바로 볼 수 있게 하며, 남과 잘 어울릴 수 있게 하고, 잘못을 원망할 수 있게 한다. 가까이는 아버지를 섬기게 하고, 멀리는 임금을 섬기게 한다. 그리고 새 짐승과 풀 나무의 이름도 많이 알게 하는 것이다."[4]라 말했었다. 『시경』에서 배울 수 있는 게 많지만 그 가운데 하나가 바로 동식물의 이름과 그것의 쓰임에 관한 지식이라고 공자는 생각했던 것이다.

『시경』은 고대인들에게 자연교과서와 같은 역할도 함께 했던 게 분명하다. 여기에서는 『시경』에 나타나는 이러한 고대인들의 자연관을 천관(天觀), 천문학에 대한 지식, 역법(曆法)의 활용, 동물에 대한 내용, 식물에 대한 내용, 자연의 다양한 이용 등으로 나누어서 살펴보고자 한다.

1. 천관(天觀)

『시경』에는 고대인들의 하늘(天)에 대한 믿음이 잘 드러나고 있다. 고대인들이 생각한 하늘은 단순한 물질이나 장소가 아니라 인간을 낳고 다스리는 인격적인 존재였다. 풍우란은 『중국철학사』에서 천(天)의 의미를 다섯 가지로 나누어서 설명하고 있다. 첫째는 물질적인 천이다. 이것은 우리가 일상적으로 하늘과 땅이라고 말할 때의 하늘을 가리킨다. 둘째는 주재(主

4) 『論語』 「陽貨」, "子曰; 小子! 何莫學夫詩? 詩可以興, 可以觀, 可以群, 可以怨. 邇之事父, 遠之事君. 多識於鳥獸草木之名."

宰)로서의 천이다. 이것은 인격적인 존재인 상제(上帝)나 천제(天帝)를 가리킨다. 셋째는 운명으로서의 천이다. 이것은 인생에서 우리가 어떻게 할 수 없는 대상을 가리킨다. 넷째는 자연으로서의 천인데, 자연의 운행을 가리킨다. 다섯째는 의리(義理)의 천으로 우주의 최고 원리를 의미한다. 그리고 그는 『시경』·『서경』·『좌전』·『국어』 등의 경전에 나오는 천은 물질적인 천을 제외한다면 모두 주재(主宰)의 의미를 지닌 천인 것 같다고 말했다.[5] 그의 주장대로 『시경』에 나오는 천은 대부분 인격적인 초월자를 의미하고 있다.

학자들에 의하면 은(殷)나라 사람들이 숭배하였던 인격적인 초월자는 상제였다. 당시 사람들은 상제가 인간만사와 자연현상을 모두 관장하는 것으로 믿었다. 그러나 천(天)에 대한 숭배는 아직 나타나지 않았다. 주대(周代)에 들어와서 천에 대한 숭배가 시작되었는데 『시경』에 나타나는 하늘에 대한 숭배는 결국 『시경』이 주나라 때 이루어진 작품임을 말하고 있다.

하늘에 대한 믿음은 지금까지도 우리들에게 남아 있는데, 이것은 우리말의 '하느님'에 잘 나타나고 있다. 하늘을 단순한 자연의 일부로 생각하지 않고 인격적인 초월자로 믿은 까닭은 모든 자연대상에 신성이 깃들어 있다고 생각했기 때문이다. 예를 들어 산에는 산신이 있고, 바다에는 바다의 신이 있으며 커다란 강이나 바위에도 신이 있다는 생각은 하늘에도 신이 있다는 믿음으로 자연스럽게 발전할 수 있다.

그리고 하늘에 있는 신은 최고의 신이기 때문에 다른 모든 잡다한 신들보다도 더 힘이 있고 능력이 있는 존재라고 생각하였으리라. 『시경』에는 천의 능력에 대한 것이 나오고 있는데, 그 가운데 하나는 사람들을 생산하는 능력이다. 대아(大雅)의 증민(烝民)에는 "하늘이 백성들을 낳으시고 사물에 법칙이 있게 하셨네."[6]라는 내용이 나온다. 하늘은 사람들을 생산하였을 뿐만 아니라 모든 사물들에 법칙이 있도록 하였다고 믿었다. 소아(小雅)의 소반

5) 馮友蘭, 『中國哲學史』 上冊, (上海: 商務印書館, 1934), p.55 참조.
6) "天生烝民, 有物有則."

(小弁)에도 "하늘이 나를 낳으셨는데 나에게는 때가 안 오려는가?"7)라는 구절이 있다.

이러한 내용을 보면 중국의 하늘은 기독교의 창조주와 크게 다르지 않다. 물론 천지창조에 대한 구체적인 언급이 없기 때문에 그대로 같다고 단정할 수는 없지만. 『성경』의 내용은 매우 구체적이어서 좋지만 너무 구체적인 설명은 그만큼 오류를 범할 수 있는 여지도 많다는 약점을 지니기도 한다. 『시경』에는 만물의 생산에 대한 구체적인 내용은 보이지 않지만 그것을 짐작하게 하는 구절들은 있다.

『성경』에는 신이 인간을 흙으로 만들었다고 했지만 『시경』에서는 생산했다고 말한 점이 재미있는 차이이다. 우리가 이미 잘 알듯이 기독교에서 신과 인간은 질적으로 차이가 난다. 그러나 『시경』에서는 항상 생자(生字)를 쓰고 있는데, 이것은 하늘과 인간 사이에는 질적 차이가 없음을 의미한다고 해석할 수 있다. 그래서 소아의 교언(巧言)에서는 "아득히 높은 하늘이여! 하늘은 부모라 하였거늘"8)이라고 말하고 있다. 하늘을 인간의 부모라고 생각한 전통은 이미 고대부터 내려왔으며 당시에 널리 퍼져 있던 사상이었던 모양이다. 부모와 자식은 생긴 모습도 비슷하고 질적인 차이도 있을 수 없다.

그러면 인간이 아닌 만물들은 어떻게 생겨났는가? 주송(周頌)의 천작(天作)에는 "하늘이 높은 산을 만드셨는데 태왕께서 그것을 다스리셨네."9)라는 구절이 있다. 하늘은 인간을 낳았을 뿐만 아니라 높은 산도 만들었다고 분명히 밝히고 있다. 여기서는 생자(生字)를 안 쓰고 작자(作字)를 썼다는 사실이 주목할 만하다. 사람을 낳음과 물건을 만듦의 차이를 나타내기 위한 표현으로 볼 수 있다.

하늘은 모든 사람들에게 부모와 같은 존재이지만 항상 자비롭지는 않다. 특히 일반 민중들이 경험하는 하늘은 엄하고 가혹하며 변덕스러운 존재이다.

---

7) "天之生我, 我辰安在."
8) "悠悠昊天, 曰父母且."
9) "天作高山, 大王荒之."

열악한 환경 속에서 살아가는 사람들에게 자연은 엄청난 시련을 끊임없이 안겨준다. 이러한 모든 자연의 재해를 하늘이 주는 벌이라고 옛날 사람들은 생각하였다.

대아의 상유(桑柔)에는 "하늘이 재난을 내리사 우리가 받드는 임금을 멸했네. 수많은 해충들 내리사 우리 곡식을 해쳤네. 슬프도다, 이 나라 곳곳마다 황폐하지 않은 곳이 없으니, 하늘이 내리신 이 재앙 생각할 기력이 없네."10) 라는 탄식이 있다. 이 시는 기내(畿內)의 제후인 예백(芮伯)이 여왕(厲王)을 풍자하여 지은 것이라고 한다. 세상은 매우 어지러운데 간사한 무리들이 득세하고 선한 사람은 핍박받고 있음을 이 시는 한탄하고 있다.

『시경』의 시에서는 대체로 위정자가 정치를 제대로 하지 못하는 경우와 자연의 재해를 연결해서 보았고, 재해를 하늘의 벌이라고 여겼다. 결국 비정상적인 자연현상은 위정자들의 잘못으로 일어난다는 것이다. 대아의 첨앙(瞻卬)에도 "넓은 하늘 우러러보니 우리를 사랑하시지 않네. 오랫동안 평안치 않으니 하늘이 큰 재앙을 내리사, 나라는 안정되지 않고 백성들은 시름에 지쳐 있네. 벼벌레의 피해는 퍼져만 가고 나라의 재앙 평정할 길이 없구나! 형죄는 그물처럼 덮쳐 있나니 병폐는 걷힐 줄 모르네."11) 라고 노래하고 있다.

이 시는 서주(西周)의 마지막 왕이었던 유왕(幽王)을 풍자한 작품이라고 하는데, 유왕은 포사(褒姒)라는 여자에게 빠져 나라의 일을 돌보지 않았다고 한다. 한편으로 자연의 재해는 하늘이 내린 벌이라고 이 시는 말하고 있으면서도 또 한편으로 이 시는 재앙의 원인은 사람에 있다고 하였다. 이것을 이 시는 "똑똑한 사람은 나라를 일으키지만 똑똑한 여자는 나라를 기울게 하네, 똑똑한 저 여인은 올빼미같이 미운 짓만 하네, 여인의 긴 혀는 화의

---

10) "天降喪亂, 滅我立王. 降此蟊賊, 稼穡卒痒. 哀恫中國, 具贅卒荒. 靡有旅力, 以念穹蒼."

11) "瞻卬昊天, 則不我惠. 孔塡不寧, 降此大厲. 邦靡有定, 士民其瘵. 蟊賊蟊疾, 靡有夷屆. 罪罟不收, 靡有夷瘳."

근원이라네. 난리는 하늘이 내린 것이 아니라 여인에 의해 생겨나는 것이니, 아무리 가르쳐도 효험이 없는 것은 여자와 내시라네."[12]라고 노래하고 있다.

세상이 혼란하게 된 이유는 많은 경우에 하늘 때문이 아니라 인간 때문이라고 이 시의 작자는 판단하였다. 사람이 잘못하면 하늘이 벌을 주기도 하지만 세상의 어지러움을 인간 스스로 만들기도 한다. 나라를 제대로 다스리지 못하게 되면 백성들은 굶주리게 되고 외적이 침입하여 피해를 입기도 한다. 그리고 풍년이 들었을 때 식량을 비축해 두지 않으면 흉년이 들었을 때 많은 사람들이 굶주리지 않을 수 없게 된다. 특히 백성의 피해가 많은 전쟁은 사람이 일으키는 재앙이고 하늘의 잘못이 아니다. 『시경』에서 시인들은 하늘을 원망하고 있지만 실제로는 사람들이 올바르게 행동하지 않음을 원망하고 있다.

우리는 살면서 세상의 일이 언제나 합리적으로 이루어지지는 않는다는 사실을 종종 경험하게 된다. 이러한 일을 경험하는 사람들은 하늘을 원망하거나 의심할 수도 있다. 神이 없다고 주장하는 사람들이 내세우는 대표적인 이유 가운데 하나가 바로 이것이기도 하다. 우리가 상식적으로 생각하면 신은 선하기 때문에 선한 사람은 복을 받고 악한 사람은 벌을 받아야 한다. 그러나 현실에서는 이와 같지 않은 일들이 너무나 자주 일어난다.

『시경』의 시인들도 바로 이 점을 들어서 하늘을 원망하고 있다. 소아의 절남산(節南山)에는 "하늘은 공평하지 못하여 지독한 재난을 내리시고, 하늘은 은혜롭지 못하여 크나큰 변괴를 내리셨네."[13]라는 구절이 있다. 이 시는 주나라의 대부가 정사(政事)를 제대로 돌보지 않는 대사(大師)와 윤씨를 풍자했다고 한다. 정치를 잘못하여 백성들이 어려움을 당하는 모습을 보고서 하늘을 원망하고 있다. 같은 시에는 "무정한 하늘이여, 우리 백성들을 못살게 하지 마소서."[14]라는 원망도 나온다. 소아의 우무정(雨無正)이라는

12) "哲夫成城, 哲婦傾城. 懿厥哲婦, 爲梟爲鴟. 婦有長舌, 維厲之階. 亂匪降自天, 生自婦人. 匪教匪誨, 時維婦寺."

13) "昊天不傭, 降此鞠訩. 昊天不惠, 降此大戾."

시에도 "광대한 저 하늘조차도 이제는 그 은덕을 아끼시는지, 난리와 기근을 잇달아 내리셔서 천하 사람들 죽게 만드네. 은덕이 무한한 하늘조차도 포악해져 우리 백성들 돌보지 않네. 죄 있는 사람들은 오히려 그 죄를 묻어주고, 아무 죄 없는 우리들만 함정에 빠뜨리신 까닭을 모르겠네."[15]라는 하늘을 원망하는 내용이 나온다.

하늘이 선한 존재라면 이 세상은 합리적으로 움직여야 하며, 선한 사람은 복을 받아서 잘살고 악한 사람은 벌을 받아서 못살아야 한다. 그러나 실제로 세상은 그렇지 못해서 악한 사람들은 잘살고 선한 사람들은 불행하게 사는 경우가 많다. 자연의 재해가 생기게 되면 옛날이나 지금이나 어렵게 사는 사람들이 더욱 고통을 받는다. 더욱이 이러한 어려움이 발생하였을 때에 위정자들이 정치를 잘못하게 되면 일반 백성들의 어려움은 더 커질 수밖에 없다. 전쟁이 일어나거나 홍수가 나거나 가뭄이 심해졌을 때 일반 백성들의 어려움은 이루 다 말할 수 없다.

어째서 이렇게 아무런 잘못도 없는 사람들이 고통을 당하여야 되는가? 이 시를 지은 사람은 하늘이 백성들에게 은덕을 내리지 않고 있다고 하고 더 나아가서 하늘이 포악해졌다고도 말하고 있다. 하늘이 포악해지지 않았다면 사람들에게 그러한 어려움을 내리지 않았을 것이라고 원망하고 있다. 『시경』의 시인들은 세상이 잘못되고 있을 때 그리고 자신이 부당한 처우를 당해서 억울하다고 생각되었을 때 하늘에 하소연하고 하늘을 원망하기도 하였다.

그러므로 『시경』에 나타나는 하늘은 너무나 무서워서 감히 말도 할 수 없는 그런 존재가 아니라 무엇이 잘못되었다고 하소연도 할 수 있고 원망도 할 수 있는 그런 존재로 나타나는 게 특징적이다. 부모는 자식들이 무조건 복종만 하는 그런 존재는 아니다. 부모는 엄할 때도 있지만 자식들이 반항

---

14) "不弔昊天, 不宜空我師."

15) "浩浩昊天, 不駿其德. 降喪饑饉, 斬伐四國. 旻天疾威, 不慮不圖. 舍彼有罪, 旣伏其辜. 若此無罪, 淪胥以鋪."

도 하고 원망도 할 수 있는 그런 존재이다. 『시경』의 시인들은 세상이 어지러울 때도 하늘을 거론하고 자연의 재해가 일어나도 하늘을 쳐다보았으며 자신이 억울한 일을 당했을 때도 하늘에 하소연하였다.

2. 천문학에 대한 지식

『시경』에는 고대인들이 당시에 보고 들은 사실이 기록되어 있기 때문에 우리는 여기에 실린 시들을 통해서 고대인들의 지식과 당시에 실제로 일어났던 일들을 추론할 수 있다. 그런 것 가운데 하나가 바로 『시경』에 기록된 천문학과 관련된 자료들이다. 『시경』에는 여러 가지 별들의 이름이 나오고 있는데, 특히 우리의 관심을 끄는 부분은 28수(宿)에 속하는 별들에 관한 기록이다. 28수란 28개의 별자리를 말하는데, 고대인들은 이 별자리의 움직임을 관찰하여 계절의 변화를 알았으며 해와 달의 움직임도 파악하였다.

이 28개의 별자리들은 다시 위치에 따라 동서남북으로 나눌 수 있다. 동서남북에 위치하는 별자리들을 합쳐서 거기다가 각각 동물의 이름을 붙였다. 동쪽에 있는 별자리들을 합쳐서 청룡이라고 부르고, 서쪽에 있는 것을 백호라 하고, 남쪽에 있는 것을 주작이라고 하고, 북쪽에 있는 별자리들을 합쳐서 현무라고 불렀다.

28수 가운데 청룡에 속하는 별자리는 각(角)·항(亢)·저(氐)·방(房)·심(心)·미(尾)·기(箕) 등이고, 주작에 속하는 것은 정(井)·귀(鬼)·류(柳)·성(星)·장(張)·익(翼)·진(軫) 등이며, 백호에 속하는 것은 규(奎)·루(婁)·위(胃)·묘(昴)·필(畢)·자(觜)·삼(參) 등이 있고, 현무에 속하는 별자리는 두(斗)·우(牛)·여(女)·허(虛)·위(危)·실(室)·벽(壁) 등이다.

1978년 중국의 호북성(湖北省) 수현(隨縣)에서 전국시대(B. C. 475 ~ B. C. 221) 초기의 무덤인 증후을(曾候乙)에서 옻칠상자가 발굴되었는데, 그 뚜껑에 28수의 이름이 쓰여 있었다. 이것은 28수의 이름이 기록된 가장 오래된 자료여서 이 분야의 연구에 많은 도움을 주었다. 그림의 가운데는 두(斗)자가 크게 쓰여 있고 그 둘레에 다른 28수의 이름이 시계 방향으로 배치되어 있다. 이 고분(古墳)은 고증(考證)에 의하면 기원전 433년경에 만들어졌으므로 4상과 28수가 이루어진 연대는 이보다 더 빠를 것이다.[16] 그래서 진준규(陳遵嬀)는 4상과 28수는 전국 이전이나 전국 초기에 형성된 이론이라고 보았다.

28수란 명칭은 이미 『주례(周禮)』「춘관(春官)」과 「추관(秋官)」에 나오지만 자세한 설명은 없다. 그리고 『이아(爾雅)』의 「석천(釋天)」에는 17수의 이름이 나오고, 『예기(禮記)』의 「월령(月令)」에는 25수의 이름이 나온다. 28수의 이름이 모두 등장하는 곳은 『여씨춘추(呂氏春秋)』의 「유시람(有始覽)」과 『사기』의 「율서(律書)」이다. 『시경』에는 28수에 속하는 여러 개의 별들이 나온다. 진준규는 『중국천문학사』에서 8개의 별자리들이 있다고[17] 하였으나 논란의 여지가 있다. 그가 나열한 별자리들은 화수(火宿)·기수(箕宿)·견우(牽牛)·직녀(織女)·정수(定宿)·묘수(昴宿)·필수(畢宿)·삼수(參宿) 등이다.

빈풍(豳風)의 칠월(七月)에는 "七月流火"(7월에는 화성이 서쪽으로 내려가고)라는 구절이 나오는데, 주자(朱子)는 화(火)를 대화(大火) 혹은 심수(心宿)라고 해석하였다. 그리고 『모전(毛傳)』에서도 대화(大火)라고 해석하였다. 그런데 대화는 28수 가운데 동방칠수(東方七宿)의 하나인 방수(房宿)이고, 심수(心宿)도 하나의 별자리로서 서로 다른 것이 문제이다. 진준규에 의하면 대화는 옛날에 대진(大辰)이라고도 불렀는데, 방수(房宿)·심수(心宿)·미수(尾宿)를 합쳐서 부르는 이름이라고 한다.[18] 그렇다면 주자가 화(火)를 대화 혹은 심수(心宿)라고 해석한 의미는 어느 정도 분명해진다.

16) 申先甲, 『中國春秋戰國科技史』, (北京: 人民出版社, 1994), p.67 참조.
17) 陳遵嬀, 『中國天文學史』 第二冊, (臺北: 明文書局, 1985), pp.65~66 참조.
18) 같은 책, p.91.

심수는 세 개의 별로 방수(房宿)의 동쪽에 있는 별자리이다. 소남(召南)의 소성(小星)에 "嘒彼小星, 三五在東"(반짝이는 작은 별이 동쪽에 서너너덧 개 있을 때)라는 문장이 나오는데, 『모전』에서는 삼(三)을 심수라 하고, 오(五)를 주수(噣宿)라 하였다. 『석문(釋文)』에 의하면 주수는 유수(柳宿)인데, 이 별자리는 남방칠수(南方七宿) 가운데 하나이다. 정현(鄭玄)은 『모시전(毛詩箋)』에서 심수가 동쪽에 있으면 삼월이고, 주수가 동쪽에 있으면 정월이라고 설명하였다. 당풍(唐風)의 주무(綢繆)에도 "三星在天"(삼성이 하늘에 반짝이네)라는 구절이 있는데, 『모전』에는 삼성(三星)을 서방칠수(西方七宿) 가운데 하나인 삼수(參宿)라고 하였고, 『모시전』과 마찬가지로 주자는 이것을 심수라고 하였다.

소아의 대동(大東)에는 동방칠수 가운데 하나인 기수(箕宿)가 나온다. 이 별자리는 모두 네 개의 별들로 이루어졌고, 그 모양이 키와 같이 생겨서 기수라고 하였다. 또한 이 시에는 견우(牽牛)라는 별자리도 나오는데, 견우는 북방칠수 가운데 하나인 우수(牛宿)이다. 견우가 나오면 직녀(織女)가 나오지 않을 수 없다. 직녀는 북방칠수에 속하는 별자리인데, 진준규의 『중국천문학사』에도 견우와 직녀가 모두 나온다.

그리고 이 시에는 "維北有斗"(북쪽의 북두칠성)이라는 구절이 있는데, 두성(斗星)이 어느 별을 가리키는지가 문제가 된다. 주자는 이것을 기수의 북쪽에 있는 남두(南斗)라고 하였지만 다른 사람들은 북두칠성이라고 하였다. 예를 들면 명나라 때 심만아(沈萬鈳)가 편찬한 『시경류고(詩經類考)』에서는 두(斗)를 북두칠성으로 해석하고 있다.[19] 이 시의 문맥으로 보아도 남두성보다는 북두칠성이 합당한 듯하다. 북두칠성은 북방칠수에 속하는 별인데, 진준규가 『시경』에 나온다는 사실을 언급하지 않은 점이 이상하다.

용풍(鄘風)의 정지방중(定之方中)에는 "定之方中, 作於楚宮"(정성이 남녘 하늘 가운데 빛나니 초구에 궁실을 짓네)라는 가사가 나온다. 『모전』에

19) 『續修四庫全書』 59, 經部, 詩類, pp.84~85.

서는 정수(定宿)를 북방칠수 가운데 하나인 영실(營室)이라고 하였다. 이 별자리가 초저녁에 정남에 올 때는 절기로는 소설(小雪)에 해당한다. 이때는 이미 모든 농사가 끝났기 때문에 궁실을 지을 수 있다고 했다.

서방칠수에 속하는 삼수(參宿)와 묘수(昴宿)는 소남(召南)의 소성(小星)에 나온다. 이 시에서는 "반짝반짝 작은 별은 삼성인가 묘성인가"[20]라고 노래하고 있다. 『예기』의 「월령」에서는 정월의 초저녁에 삼수가 남중한다고 하였다. 묘수는 백호에 해당하는 서방칠수의 중앙에 위치하고 있는 별자리인데, 『서경(書經)』의 「요전(堯典)」에서는 "해가 가장 짧은 것과 묘수가 나타나는 것을 가지고 음력 십일월을 바로잡는다."[21]라는 설명이 있어서 동지(冬至)에 이 별자리가 남중한다는 사실을 알 수 있다.

서방칠수에 속하는 필수(畢宿)는 소아의 대동(大東)과 점점지석(漸漸之石)에 나온다. 대동에서는 "구부정한 천필(天畢) 성좌는 줄지어 벌려 있네"[22]라 하였고, 점점지석에서는 "달이 필수를 만났으니 큰비가 오겠네"[23]라 하였다. 필수(畢宿)는 여덟 개의 별들로 이루어져 있고 그 모양이 토끼를 잡는 자루가 달린 그물과 같이 생겼다.

『시경』의 대동에는 28수에 속하는 별자리들의 이름 이외에도 은하수를 가리키는 한(漢)이 나오고, 금성(金星)을 가리키는 계명(啓明)과 장경(長庚)도 나온다. 금성이 새벽에 동쪽에서 보이면 그것을 계명이라 하고, 저녁에 서쪽에 있으면 장경이라고 부른다. 『시경』에 나타나는 별들의 이름이 물론 당시 사람들이 알고 있었던 전부는 아닐 것이다. 그리고 언급된 거의 모든 별들의 이름이 28수에 속하는 것을 보면 당시에 이미 28수에 대한 지식이 일반화되어 있었음을 알 수 있다.

천문학과 관련된 『시경』의 기록들 가운데 또 주목을 받는 부분은 바로 일

20) "嘒彼小星, 維參與昴."
21) "日短星昴, 以正仲冬."
22) "有捄天畢, 載施之行."
23) "月離于畢, 俾滂沱矣."

식과 월식에 대한 내용이다. 소아의 시월 초(十月之交)에 "시월 달 초하루인 신묘날에 일식이 일어나니 아주 나쁜 일일세. 지난번엔 월식이 있더니 이번엔 일식이 일어났으니 지금 우리 백성은 아주 슬퍼하고 있네. 해와 달이 흉함을 알리려고 그들의 길대로 돌지 않으니, 온 세상 정사가 어지러워 좋은 길을 따르지 않았기 때문이라. 저번의 월식은 보통 있는 일이라 하지만 이번의 일식은 어디에 잘못이 있는 건지 아는가?"[24]라는 내용이 있다.

문제는 이 일식과 월식이 언제 일어났는가 하는 점이다. 『모전』에서는 이 작품은 유왕(幽王)시대에 대부가 유왕을 풍자한 시라고 하였다. 그러나 정현은 이 작품은 여왕(厲王)시대의 것이라고 주장하였고, 일본의 학자 평산청차(平山淸次)와 소창신길(小倉伸吉) 그리고 독일의 학자 하트러(Willy Hartrer)는 평왕(平王)시대에 있었던 일이라고 주장하였다.[25]

진준규는 여러 가지 주장들을 종합하고 오스트리아의 천문학자 오폴체스(V. Oppolzes)가 1887년에 쓴 『일월식 사전』을 참조하여 『시경』의 일식은 유왕(幽王) 6년 10월에 일어났으며, 서기로는 기원전 776년 9월 6일에 일어난 일이라고 결론을 내렸다. 그리고 이 시에 나오는 월식은 기원전 776년 8월 21일에 있었던 일이라고 주장하였다.[26]

이 시에서는 일식이나 월식을 단순한 자연현상이 아니라 위정자들이 정치를 제대로 하지 않을 때 그들에게 경고하기 위해서 일어나는 현상으로 보았다. 자연현상과 인간의 일이 밀접하게 서로 연관되어 있다는 천인감응의 사상이 이 시에는 들어 있다. 또한 이 시는 고대인들의 천문에 대한 관심과 지식이 들어 있어서 중요한 자료가 된다. 이 시에 나오는 삭일(朔日)이라는 말은 음력으로 매월 초하루를 의미하는데 중국문헌에 최초로 등장하는 용어라는 점도 언급할 필요가 있다.[27]

---

24) "十月之交, 朔日辛卯. 日有食之, 亦孔之醜. 彼月而微, 此日而微. 今此下民, 亦孔之哀. 日月告凶, 不用其行. 四國無政, 不用其良. 彼月而食, 則維其常. 此日而食, 于何不臧."

25) 陳遵嬀, 『中國天文學史』 第三冊, pp.23~24 참조.

26) 같은 책, p.178 참조.

3. 역법(曆法)의 활용

고대인들이 별자리에 관심을 가지고 꾸준히 관찰한 이유는 그것들의 움직임을 보고서 계절의 변화를 알 수 있기 때문이다. 예를 들어 빈풍의 칠월에 나오는 화성(火星)은 대화(大火, Antares)인데, 이 별은 옛날부터 계절을 확정하는 중요한 기준이었다. 이것은 하지(夏至) 무렵의 초저녁에 남중하기 때문에 여름을 대표한다. 그리고 전설에 의하면 전욱(顓頊)시대에 이미 화정관(火正官)이 있어서 대화의 별자리를 관측하여 계절을 확정하고 농업생산을 지도하였다고 한다.[28] 초저녁에 이 별이 지평선 위에 나타나는 때가 춘분 전후가 되기 때문에 농업과 특히 관련이 있었을 것이다. 또한 앞에서 이미 나온 묘수는 겨울을 알 수 있는 별자리이기도 하다.

이러한 계절에 대한 관심은 자연히 역법의 발달로 이어지게 되었다. 춘추 후기에 1년을 $365\frac{1}{4}$일로 하고 19년에 7번의 윤달을 넣는 사분력(四分曆)이 생기게 되었다. 『한서』「예문지(藝文志)」에 의하면 고대 중국에는 황제력(黃帝曆)·전욱력(顓頊曆)·하력(夏曆)·은력(殷曆)·주력(周曆)·노력(魯曆) 등 6가지 종류의 역법이 있었다고 한다.[29] 이러한 역법들에 대한 자세한 내용은 진시황의 분서로 말미암아 알 수 없으나 대체로 이 역법들이 사분력에 속한다는 사실은 추정할 수 있다.

그리고 하력(夏曆)·은력(殷曆)·주력(周曆)은 일 년의 시작을 다르게 하고 있다는 점은 이미 잘 알려져 있다. 주력에서는 동지(冬至)가 있는 달을 일 년이 시작되는 정월(正月)로 하고 있고, 은력에서는 동지가 있는 달의 다음 달을 정월로 하고, 하력에서는 동지가 있는 달의 다음다음 달을 정월로 한다. 신선갑(申先甲)에 의하면 주(周)의 왕실과 그와 성씨가 같은 제후국에서는 주력을 사용하였고, 정(鄭)·송(宋)·제(齊) 등 은족이 건설

27) 陳遵嬀, 『中國天文學史』 第一冊, p.200 참조.
28) 殷瑋璋·曹淑琴, 『中國遠古暨三代科技史』, (北京: 人民出版社, 1994), p.61.
29) 申先甲, 『中國春秋戰國科技史』, (北京: 人民出版社, 1994), p.85 참조.

한 제후국에서는 은력을 사용하였으며, 진(晉)과 진(秦) 등 하(夏)족이 많이 살고 있는 지역에서는 하력을 사용하였다고 한다.[30] 하력은 우리가 현재 사용하고 있는 음력(陰曆)과 대체로 같다고 생각할 수 있다.

우리는 『시경』에서 주력과 하력이 모두 사용되었음을 알 수 있다. 그래서 시에 나오는 월명(月名)을 단순히 그대로 보아서는 안 되고, 그것이 주력인지 하력인지를 판단하고 다시 우리가 현재 사용하는 양력이나 음력과 비교해야 한다. 예를 들어 빈풍의 칠월은 하력의 칠월이므로 음력으로 칠월이 된다. 그러나 소아의 시월지교(十月之交)에 나오는 10월은 주력에 의한 이름이다. 주력의 10월은 하력으로 8월에 해당하니 지금의 음력으로 8월이다. 사실 『시경』에서 주력이 사용된 곳은 여기뿐이다.

이 시는 당시에 사용하였던 역법의 정확성을 보여주는 귀중한 자료를 담고 있다. 앞에서 이미 보았듯이 이 시의 시작에는 "十月之交, 朔日辛卯, 日有食之"(시월달 초하루인 신묘날에 일식이 일어나니)라는 구절이 나온다. 교(交)란 해와 달이 만나는 때라고 『모전』에서는 설명하였다. 해와 달이 만나면 달은 빛을 잃어 완전히 우리에게 보이지 않는데 그때가 바로 초하루이다. 이것은 바로 그 다음에 나오는 삭일(朔日)과 같은 뜻이다. 그런데 중요한 점은 일식은 항상 삭일(朔日)에만 일어난다는 사실이다. 당시에 이미 정확하게 달의 운동을 알고 있어서 삭망(朔望)을 예측할 수 있었음을 우리는 이 시를 통해서 알 수 있다.[31] 이보다 한참 후인 한(漢)나라의 초기에 일어난 일식에 대한 기록을 보면 회(晦, 그믐날)에 일식이 일어났다는 경우가 많다.[32] 이것은 한나라의 역법이 정확하지 못하였음을 보여주는 뚜렷한 증거이다.

그리고 시월지교 앞에는 정월(正月)이라는 시가 있는데, 이 시에서 말하는 정월은 일 년이 시작되는 달을 말하는 게 아니고 정양지월(正陽之月)이

---

30) 申先甲, 『中國春秋戰國科技史』, (北京: 人民出版社, 1994), p.86.
31) 陳遵嬀, 『中國天文學史』 第一冊, p.200 참조.
32) 陳遵嬀, 『中國天文學史』 第三冊, p.38 참조.

라고 해서 양(陽)의 기운이 가장 큰 달을 말한다. 그래서 『모전』에서는 "정월은 하력(夏曆)으로 사월이다."[33)]라고 설명하였다. 실제로 한대(漢代)에 이루어진 위서(緯書) 『계람도(稽覽圖)』에서는 복괘(復卦)를 11월에 배당하고 건괘(乾卦)를 4월에 해당한다고 하였다.[34)] 건괘는 여섯 개의 양효(陽爻)로 이루어져 있고, 음효(陰爻)는 하나도 없는 괘이다. 양(陽)이 최고로 왕성하고 음(陰)의 기운은 전혀 없는 그런 계절에 해당함을 의미한다.

빈풍의 칠월은 『예기』의 「월령」과 유사한 작품인데, 각각의 달에 해야 하는 중요한 일들을 노래하고 있다. 이 노래는 당시 농민들의 일상적인 생활을 잘 보여주고 있다. 이 노래는 사람들에게 각 달(月)에 무엇을 해야 하는지를 가르쳐 주는 역할을 하였던 모양이다.

먼저 7월에는 대화라는 별이 서쪽으로 내려가 있는 모습이 하늘에서 관찰할 수 있는 중요한 현상임을 말하고 있다. 이것은 옛날 사람들이 대화의 움직임을 통해서 계절의 변화를 짐작하였음을 잘 보여주고 있다. 7월에 하는 일은 나물과 콩을 삶아 먹고 참외를 따 먹는 것이며, 자연현상은 때까치가 울고 귀뚜라미는 들판에 머무는 것이다.

8월에는 갈대를 베고 길쌈을 하며, 곡식을 베고 대추를 떨며 박을 따는 일을 해야 한다. 귀뚜라미는 8월에 처마 밑에 있다. 9월에는 된서리가 내리고 귀뚜라미가 문 앞에 있다. 이달에는 겹옷을 준비하고, 삼씨를 줍고, 씀바귀 캐고, 땔나무를 베고, 마당을 닦는다. 10월에는 낙엽이 지고 귀뚜라미는 침상 밑으로 들어온다. 그러므로 방안의 구멍을 막고 불을 놓아 쥐를 쫓고, 북창을 막고 흙칠을 한다. 이달에는 벼를 베고, 곡식을 곳간에 넣고 마당을 청소한다. 11월에는 바람이 차가워지는데, 이달에 오소리와 여우 그리고 살쾡이를 사냥하여 옷을 만든다. 12월에는 추위가 닥쳐오니 얼음을 깨고, 사냥을 나간다. 1월에는 얼음을 창고에 쌓아두고, 쟁기를 손질한다. 2월에는 밭을 갈고 빙고에 쌓아둔 얼음을 꺼낸다. 3월에는 뽕잎을 딴다. 4월에는 애

33) 『漢文大系』 十二, 『毛詩』 「小雅」, 正月, p.5, "正月夏之四月"
34) 馮友蘭, 『中國哲學史新編』 第三冊, (北京: 人民出版社, 1992), p.200.

기풀 열매를 딴다. 5월에는 매미와 여치가 운다. 6월에는 베짱이가 우는데, 돌배와 머루를 딴다.

이 시는 각 달에 해당하는 자연현상과 농민들이 해야 하는 일들을 잘 설명하고 있다. 이것을 통하여 사람들은 계절의 변화를 깨닫고 거기에 맞추어 행동을 할 수 있었으리라. 특히 달의 움직임을 중심으로 하고 있는 당시 역법의 단점은 역시 계절의 변화를 정확하게 알 수 없다는 사실이다. 물론 24절기를 통해서 이러한 단점을 보완하였지만 이것 또한 일반인들이 모두 활용할 수는 없었다. 그렇다면 이보다 쉽게 어떤 달에 어떤 자연현상이 일어난다는 사실을 일반인들에게 노래로 알려준다면 아주 좋을 것이다. 이 시는 바로 그러한 역할을 충분히 할 수 있다.

4. 동물에 대하여

청(淸)의 서정(徐鼎)이 편찬한 『모시명물도설(毛詩名物圖說)』[35]에 의하면 『시경』에 나오는 새는 38종류이고, 짐승은 29종, 곤충이 27종, 물고기가 19가지나 된다. 이렇게 많은 동물들의 종류가 『시경』에 나오는 걸 보면 이 책이 단순히 노래의 가사를 모은 가사집이 아니라 다양한 동물들의 종류를 알리는 역할도 함께 하였음을 알 수 있다. 말하자면 『시경』은 요즘에 나오는 동물도감이나 식물도감과 같은 역할을 하였다 하겠다.

동물들 가운데 새가 가장 많은데, 그 종류는 다음과 같다. 雎鳩(저구: 물수리), 黃鳥(황조: 꾀꼬리), 鵲(작: 까치), 鳲鳩(시구: 뻐꾸기), 雀(작: 참새), 燕(연: 제비), 雉(치: 수꿩), 雉(치: 암꿩), 鴈(안: 기러기), 流離(유리: 올빼미), 烏(오: 까마귀), 鶉(순: 메추라기), 鳩(구: 산비둘기), 雞(계: 닭), 鳧(부: 물오리), 鴇(보: 너새), 晨風(신풍: 송골매), 鴞(효: 올

35) 『續修四庫全書』 62, 經部, 詩類, pp.585~657.

빼미), 鵜(제: 사다새), 鶪(격: 때까치), 鴟(치: 부엉이), 鸛(관: 황새), 雛(추: 집비둘기), 脊令(척령: 할미새), 隼(준: 송골매), 鶴(학: 두루미), 桑扈(상호: 청작새), 鸒斯(여사: 큰부리까마귀), 鶉(단: 수리), 鳶(연: 솔개), 鴛鴦(원앙: 원앙새), 鷮(교: 꿩), 鶖(추: 두루미), 鷹(응: 매), 鷖(예: 갈매기), 鳳凰(봉황: 봉황), 鷺(로: 백로), 桃蟲(도충: 뱁새).

그러나 송(宋)의 채변(蔡卞)이 편찬한 『모시명물해(毛詩名物解)』[36]에는 33종류의 새가 나온다. 서정의 책에는 鴻(홍: 큰기러기)이 없는데, 채변의 책에는 나온다. 鴻(홍)과 鴈(안)을 같은 새로 보느냐 다른 새로 보느냐 하는 문제가 있다. 그리고 채변의 책에는 鶚(악: 물수리)이 나오지만 서정의 책에는 나오지 않는다. 명(明)의 풍복경(馮復京)이 편찬한 『육가시명물소(六家詩名物疏)』[37]에는 41종류의 새가 실려 있다.

『모시명물도설』에 의하면 『시경』에 나오는 짐승(獸)은 모두 29종류인데, 그 이름은 다음과 같다. 馬(말), 麟(린: 기린), 鼠(쥐), 麕(균: 노루), 鹿(록: 사슴), 尨(방: 삽살개), 騶虞(추우: 전설적인 동물), 羊(양), 牛(소), 兎(토: 토끼), 虎(호: 호랑이), 狼(랑: 이리), 盧(로: 사냥개), 貆(훤: 오소리), 碩鼠(석서: 큰 쥐), 貉(학: 담비), 狐(호: 여우), 狸(리: 살쾡이), 熏鼠(훈서: 작은 쥐), 兕(시: 외뿔소), 熊(웅: 곰), 羆(비: 말곰), 豺(시: 승냥이), 猱(노: 원숭이), 豕(시: 돼지), 猫(묘: 고양이), 貔(비: 맹수 이름), 豹(표: 표범), 象(상: 코끼리).

채변의 책에는 25종류의 짐승들이 나오는데, 서정의 책에 나오지 않는 동물들도 있다. 예를 들면 麐(린: 암기린), 麝(사: 사향노루), 麈(주: 고라니) 등이 나온다. 이 두 책과는 다르게 『육가시명물소』에는 84종류의 짐승들이 나오고 있는데, 같은 종류의 짐승들이지만 조금 다른 점이 있으면 따로 분류해서 기록하였다. 예컨대 같은 말이지만 말 종류도 많은데, 그것들을 하나하나 따로 소개하였다. 이것은 『시경』에 나오는 동물들의 종류가 많고

36) 『文淵閣四庫全書』 70, 經部 64, 詩類, pp.535~609.
37) 『文淵閣四庫全書』 80, 經部 74, 詩類, p.1~578.

매우 자세하게 분류하였음을 말해 준다. 『모시명물해』는 17종류의 말을 자세히 따로 분류하여서 소개하였다.

다음으로 나오는 내용은 물고기의 종류이다. 『모시명물도설』에는 모두 19종류의 물고기가 실려 있고, 『모시명물해』에는 6종류가 나오고, 『육가시명물소』에서는 23종류가 있는데, 여기에 뱀이나 조개도 들어 있다. 『모시명물도설』에 나오는 물고기의 종류는 다음과 같다. 魴(방: 방어), 鱣(전: 철갑상어), 鮪(유: 다랑어), 鰥(환: 큰 민물고기), 鱮(서: 붕어와 비슷한 민물고기), 鯉(리: 잉어), 鱒(준: 송어), 鱨(상: 자가사리), 鯊(사: 모래무지), 鱧(례: 가물치), 鰋(언: 메기), 嘉魚(가어: 연어과에 속한 민물고기), 鼈(별: 자라), 虺(훼: 살모사), 蛇(사: 뱀), 龜(귀: 거북이), 貝(패: 조개), 鼉(타: 악어), 鰷(조: 피라미).

『육가시명물소』에는 이 밖에도 龍(용), 魚(어), 台(태), 潛(잠) 등이 들어 있다. 龍(용)을 물고기 종류에 넣은 것이 특이하다. 魚(어)는 「주남」의 여분(汝墳)에 나오는데, 거기에는 魴魚(방어)로 되어 있다. 이것을 두 종류의 물고기로 본 것이 특이하다. 台(태)는 鮐(태)와 같은 글자이니 복어를 말한다. 潛(잠)은 물고기를 모이게 하기 위하여 물속에 쌓는 섶을 말하는데 물고기의 종류에 넣었으니 잘못이다.

다음으로 나오는 동물들에는 곤충이 있다. 『모시명물도설』에는 모두 27종의 곤충들이 나오고, 『육가시명물소』에는 31종으로 분류하고 있다. 『육가시명물소』에는 鼠(서: 쥐), 碩鼠(석서: 큰 쥐), 蠱(고: 멎다), 熠燿(습요: 도깨비불) 등이 포함되어 있어서 오류가 보인다. 『모시명물도설』에 나오는 곤충들은 다음과 같다. 螽斯(종사: 메뚜기, 여치), 草蟲(초충: 베짱이), 阜螽(부종: 벼메뚜기, 누리), 蝤蠐(추제: 나무굼벵이), 螓(진: 씽씽매미), 蛾(아: 누에나방), 蒼蠅(창승: 쇠파리), 蟋蟀(실솔: 귀뚜라미), 蜉蝣(부유: 하루살이), 蠶(잠: 누에), 蜩(조: 매미, 쓰르라미), 莎雞(사계: 베짱이), 蠋(촉: 나비애벌레), 伊威(이위: 쥐며느리), 蠨蛸(소초: 갈거미), 宵行(소행: 개똥벌레), 蜴(척: 도마뱀), 螟蛉(명령: 뽕나무 좀), 蜾蠃(과라: 나나니 벌), 蜮(역: 물여우), 螟(명: 멸구), 螣(특: 박각시 애벌레), 蟊(모: 뿌리 잘라 먹는 벌레), 賊(적: 벌레 이름), 青蠅(청승: 쉬파리), 蠆(채: 전갈), 蜂(봉: 벌). 여기서 도마뱀이 벌레로 분류된 것이 특이한 점이다.

5. 식물에 대하여

『시경』에 나오는 식물은 크게 풀 종류와 나무 종류로 나눌 수 있다. 『모시명물도설』에는 풀 종류가 88종이 실려 있고, 나무는 모두 54종이 실려 있다. 그러나 『육가시명물소』에는 나무가 85종, 풀이 94종 그리고 곡식이 28종 나온다. 『모시명물도설』에 나오는 나무의 종류는 다음과 같다. 桃(도: 복숭아나무), 楚(초: 싸리나무), 甘棠(감당: 팥배나무), 梅(매: 매화나무), 唐棣(당체: 산앵두나무), 李(리: 오얏, 자두), 棘(극: 가시나무), 榛(진: 개암나무), 栗(율: 밤나무), 椅(의: 의나무), 桐(동: 오동나무), 梓(재: 가래나무), 漆(칠: 옻나무), 桑(상: 뽕나무), 檜(회: 전나무), 松(송: 소나무), 木瓜(목과: 모과나무), 蒲(포: 냇버들), 杞(기: 고리버들), 檀(단: 박달나무), 舜(순: 무궁화), 柳(류: 버드나무), 棘(극: 대추나무), 樞(우: 느릅나무), 栲(고: 복나무), 杻(뉴: 감탕나무), 椒(초: 산초나무), 栩(허: 상수리나무), 楊(양: 냇버들), 條(조: 유자나무), 梅(매: 매화나무), 駮(박: 참빗살나무), 檖(수: 돌배나무), 枌(분: 흰느릅나무), 鬱(울: 산앵두나무), 棗(조: 대추나무), 樗(저: 가죽나무), 杞(기: 구기자나무), 常棣(상체: 아가위나무), 杞(기: 호랑가시나무), 枸(구: 호깨나무), 楰(유: 광나무), 穀(곡: 닥나무), 桋(이: 멧대추나무), 柞(작: 떡갈나무), 棫(역: 두릅나무), 楛(호: 호나무, 가시나무), 栵(열: 산밤나무), 檉(정: 위성류, 능수버들), 椐(거: 영수목), 檿(염: 산뽕나무), 柘(자: 산뽕나무), 梧桐(오동: 벽오동나무), 栢(백: 측백나무).

나무 이름 가운데 杞(기)는 『시경』에 모두 7번 나오는데, 최근의 연구에서 「정풍(鄭風)」의 장중자(將仲子)에 나오는 杞는 산버들이고 나머지는 모두 구기자라고 주장하기도 하였다.[38] 그러나 『모시명물도설』에 의하면 장중자의 杞는 杞柳(기류: 고리버들, 산버들) 혹은 택류(澤柳)이다. 그리고 소아의 사모(四牡)에 나오는 杞는 枸杞(구기자)이고, 소아의 남산유대(南山有臺)에 나오는 杞는 枸骨(구골: 호랑가시나무)이다.

『모시명물도설』에서 소개하고 있는 풀 종류는 모두 88종인데, 여기서는 곡식과 일반식물을 구분하지 않았다. 풀의 종류는 다음과 같다. 荇(행: 노랑어리 연꽃), 葛(갈: 칡), 卷耳(권이: 도꼬마리), 藟(류: 등나무), 芣苢(부이: 질경이), 蔞(루: 산쑥), 蘩(번: 산흰쑥), 蕨(궐: 고사리), 薇(미: 고비), 蘋(빈: 네가래), 藻(조: 개구리밥), 茅(모: 띠), 葭(가: 갈대), 蓬(봉: 쑥), 匏(포: 박), 葑(봉: 순무), 菲(비: 순무와 비슷한 야채), 荼(도: 씀바귀), 薺(제: 냉이), 苓(령: 감초), 茨(자: 납가새), 唐(당: 새삼), 麥(맥: 보리), 蝱(맹: 패모), 綠(록: 조개풀), 竹(죽: 마디풀), 瓠(호: 박), 菼(담: 물억새), 芄蘭(환란: 새박덩굴), 諼草(훤초: 망우초), 黍(서: 메기장), 稷(직: 차기장), 蓷(퇴: 익모초), 蕭(소: 물억새), 艾(애: 쑥), 麻(마: 삼), 荷(하: 연), 龍(용: 개여뀌), 茹藘(여려: 꼭두서니), 荼(도: 띠꽃, 삘기), 蕑(간: 들난초), 勺藥(작약: 작약), 莠(유: 가라지), 莫(모: 나물), 藚(속: 택사), 稻(도: 벼), 粱(양: 수수), 蘞(렴: 거지덩굴), 蒹(겸: 물억새), 茭(교: 당아욱), 紵(저: 모시풀), 菅(간: 솔새), 苕(초: 완두), 鷊(역: 수초), 蒲(포: 부들), 萇楚(장초: 양도장), 稂(랑: 가라지), 蓍(시: 톱풀), 葽(요: 애기풀), 薁(욱: 까마귀머루), 葵(규: 염주덩굴), 菽(숙: 콩), 瓜(과: 참외), 壺(호: 박), 苴(저: 삼), 韭(구: 부추), 果蓏(과라: 쥐참외), 苹(평: 다북쑥), 蒿(호: 쑥), 芩(금: 풀 이름), 臺(대: 삿갓사초), 萊(래: 명아주), 莪(아: 쑥), 芑(기: 상치), 蓫(축: 소루장이), 葍(복: 예무), 莞(완: 왕골), 蔚(위: 제비쑥), 蔦(조: 담쟁이덩굴),

38) 洪承直·申鉉哲, "식물의 분류학적 실체를 통한 『詩經』의 새로운 이해", 『中國語文論叢』, 제15집, 1998, p.291.

女蘿(여라: 소나무겨우살이), 芹(근: 미나리), 藍(람: 쪽), 苕(초: 능소화), 菫(근: 제비꽃), 筍(순: 대순), 荼(도: 감제풀), 蓼(료: 여뀌), 茆(묘: 순나물).

『육가시명물소』에 나오는 곡식의 종류를 보면 다음과 같다. 麥(맥: 보리), 黍(서: 메기장), 稷(직: 차기장), 苗(묘: 싹), 穗(수: 이삭), 麻(마: 삼), 稼(가: 심을 가), 穡(색: 거둘 색), 禾(화: 벼), 稻(도: 벼), 粱(양: 수수), 菽(숙: 콩), 苴(저: 삼), 重穋(중륙: 늦벼와 올벼), 百穀(백곡: 여러 곡식), 藿(곽: 콩잎), 粟(속: 조), 種(종: 씨), 穎(영: 이삭), 秬(거: 검은 기장), 秠(비: 검은 기장), 穈(문: 붉은 기장), 芑(기: 흰차조), 糧(량: 곡식), 疏粺(소패: 현미와 정미), 來牟(래모: 밀과 보리), 秭(자: 만억), 稙穉(직치: 이른 벼와 늦은 벼).

여기에 나온 28가지의 이름은 전부가 곡식 이름은 아니고 곡식과 연관된 개념들도 있다. 예를 들어 이삭을 뜻하는 穗(수)도 있고, 싹을 뜻하는 苗(묘)도 있다. 특히 秭(자)는 수를 나타내는 글자로 만의 억 배라는 뜻인데, 곡식이 많다는 의미를 나타낸다. 이것은 주송의 풍년(豐年)에 나온다. 그러나 『육가시명물소』는 『한시전(韓詩傳)』에서는 秭가 陳穀(진곡: 묵은 곡식)이라고 말했음을 인용하고 있다.39) 사실 이 시에는 곡식에 해당하는 稌(도: 찰벼)가 있는데, 이것이 빠진 것은 오류가 분명하다. 稌는 『모시명물도설』에도 보이지 않아서 이상하다. 그리고 『모시명물도설』에서는 소아의 채기(采芑)에 나오는 芑(기: 상치)만 설명하고, 대아의 생민(生民)에 나오는 芑(기: 흰차조)는 언급하지 않았다. 이와는 반대로 『육가시명물소』에서는 흰차조는 설명하고 상치는 설명하지 않았다. 秬(거)와 秠(비)는 모두 검은 기장이지만, 秠는 껍질 하나 안에 알이 두 개 들어 있는 종류이다.

39) 『六家詩名物疏』, pp.80~549.

6. 자연의 다양한 이용

『시경』에는 고대 중국인들이 다양한 자연의 산물들을 이용하였다는 사실을 잘 보여주는 내용이 많이 나온다. 그 내용을 크게 식물의 채취, 고기잡이, 사냥, 벌목 등으로 나눌 수 있다. 그 가운데 식물채취를 노래하는 내용이 가장 많이 등장하고 있다. 『시경』에 나오는 처음의 노래인 관저(關雎)에 이미 노랑어리 연꽃(荇菜)을 채취하는 모습을 묘사하고 있다. 노랑어리 연꽃은 물위를 떠다니는 식물로 식용이나 돼지 사료로 사용할 수 있기 때문에 당시에 사람들이 많이 뜯으러 다녔던 모양이다.

두 번째의 시인 갈담(葛覃)에는 칡을 사용해서 옷을 만들어 입을 수 있다는 사실을 알려주는 내용이 나온다. 여기에는 "잘라다가 쪄내서 고운 칡베 굵은 칡베 베옷 지어 입으니 좋을시고"[40]라 노래해서 칡베를 만드는 과정을 상당히 구체적으로 설명해서 돋보인다. 세 번째의 시에는 도꼬마리(卷耳)를 채취한다는 내용이 나오는데, 도꼬마리는 식용과 약용으로 쓰이는 유용한 식물이다. 그 잎으로 생즙을 만들어 먹으면 눈과 귀가 밝아지고, 신경계통의 질병과 감기와 두통에도 효험이 있다고 알려져 있다.

여덟 번째의 시는 질경이(芣苢)를 뜯는 내용으로 이루어져 있어서 특색이 있다. 질경이를 뜯는 일이 당시에 상당히 일반화되어 있었음을 알 수 있다. 이것을 뜯어 말렸다가 먹을 수도 있는데, 구황식물로 널리 이용되었다고 한다. 그 잎은 해열·거담·이뇨·진해의 효능이 있어 감기·기침·기관지염·설사 등에 사용하였다.

소남의 채번(采蘩)에는 산흰쑥을 뜯어 제사에 그것을 쓴다는 구절이 나온다. 蘩(번)을 어떤 책에서는 다북떡쑥(Anaphalis sinica)으로 번역하고 있는데 고려대학교에서 출판한 『중한사전』에서는 산흰쑥(Artemisia sieversiana)으로 번역하고 있어서 어느 것이 옳은지 알 수 없다. 소남의 초충

40) "是刈是濩, 爲絺爲綌, 服之無斁."

(草蟲)에는 蕨(궐)과 薇(미)라는 식물이 등장한다. 『중한사전』에서는 두 가지를 모두 고사리로 번역하였고, 薇蕨(미궐)을 고사리와 고비로 번역해서 薇(미)를 고사리로, 蕨(궐)을 고비로 보기도 하였다. 그러나 민중서관에서 나온 『한한대자전(漢韓大字典)』에서는 고비와 고사리로 순서가 바뀌었다. 薇(미)가 고비이고 蕨(궐)이 고사리라고 하였다. 고비(Osmunda japonica)와 고사리(Pteridium aquilinum var. latiusculm)는 다 같이 양치식물에 속하지만 다른 식물이다. 이 식물들은 모두 식용으로 사용하거나 약으로 쓸 수 있는데, 지금도 고사리는 우리가 많이 사용하는 식물이다. 이 밖에도 식물의 채취와 이용에 관한 내용은 『시경』에 많이 나오지만 일일이 다 열거할 수 없을 뿐이다.

고기잡이에 대해서는 먼저 위풍(衛風)의 석인(碩人)에 "찰랑찰랑 고기 그물을 죄면 철갑상어 떼가 팔딱거리고"[41]라는 구절이 보인다. 여기에 나오는 고기의 이름은 鱣(전)과 鮪(유)인데, 鱣(전)을 『모전』에서는 잉어(鯉)라고 하였으나 다른 곳에서는 철갑상어(Acipenser sinensis)로 번역하고 있다. 鱣(전)이라는 글자가 이 두 가지 물고기들을 모두 가리키기도 한다는 사실을 알 수 있다. 『모시명물도설』에서는 이것을 잉어로 보았다. 鮪(유)는 『모전』에서는 鮥(락)이라고 하였는데, 鮥(락)도 철갑상어를 가리키는 말이다. 그렇다면 鱣(전)과 鮪(유)는 모두 철갑상어와 같은 종류의 물고기를 말하는 게 분명하다. 김학주의 『시경』에서는 이것을 붕어라고 번역한 게 특이하다.

소아의 어려(魚麗)에도 고기잡이에 대한 내용이 보인다. 이 시에는 통발을 사용해서 鱨(상)·鯊(사)·魴(방)·鱧(례)·鰋(언)·鯉(리) 등의 물고기를 잡는다는 구절이 있다. 鱨(상)이라는 물고기는 황협어(黃頰魚)라고도 부르는데 모양이 메기같이 생긴 자가사리(Liobagrus mediadiposalis)라는 민물고기이다. 『모시명물도설』에 나오는 이 물고기의 그림을 보면 메기와

---

41) "施罛濊濊, 鱣鮪發發."

비슷하다는 사실을 알 수 있다.[42] 김학주의 『시경』에서는 이것을 날치라고 번역하고 있는데, 착오가 있는 것 같다.[43] 날치(Prognichthys agoo)는 바닷물고기로 자가사리보다 상당히 더 크다.

鯊(사)는 문절망둑(Acanthogobius flavimanus)이라고 번역한 곳도 있고, 모래무지(Pseudogobio esocinus)라고 번역한 곳도 있는데, 문절망둑은 바닷물고기이고, 모래무지는 민물고기이므로 모래무지가 옳다. 魴(방)은 보통 방어(Seriola quinqueradiata)로 번역하는데 문제는 바닷물고기인 방어와 가물치(snake head / Channa argus)가 같이 잡힐 수 있는가 하는 점이다. 중화학술원(中華學術院)에서 펴낸 『中文大辭典(중문대사전)』에서는 魴鱧(방례)를 고기의 이름이라고 설명하고 있어서 가물치의 일종이 아닌가 생각된다. 鱧(례)는 가물치를 말한다. 鰋(언)은 메기를 말하고, 鯉(리)는 잉어이다.

빈풍의 구역(九罭)에는 "가는 고기그물에 송어(鱒)와 방어가 걸렸네"[44]라는 구절이 있다. 송어(Oncorhynchus masou var. masou)는 바다에도 살고 민물에도 사는 물고기인데, 바다에서 다 자란 송어는 민물로 돌아와 알을 낳고 죽는다. 소아의 채록(采綠)에도 "낚시로 무엇을 낚는가, 방어와 서어라네"[45]라고 하였다. 서어(鱮)는 연어(鰱魚)라고도 하는데 붕어와 비슷한 민물고기이다. 이것은 바다에 살다가 민물로 돌아와 알을 낳는 연어(chum salmon)와는 다른 종류이다.

들짐승의 사냥에 대해서는 소남의 추우(騶虞)에 나오는데, 특이하게도 추우를 『모시명물도설』에서는 동물의 한 종류로 분류하고 있다. 그리고 『육가시명물소』에서도 추우를 동물의 한 종류로 분류하고 있는데, 호랑이와 비슷하지만 생물을 먹지 않는 의로운 동물이라고 한다. 이 시에는 豝(파)와 豵

---

42) 『毛詩名物圖說』, p.615.
43) 金學主, 『詩經』, (서울: 明文堂, 1993), p.277.
44) "九罭之魚, 鱒魴."
45) "其釣維何, 維魴及鱮."

(종)이라는 짐승을 사냥하는 내용이 나온다. 豝(파)는 암퇘지이고, 豵(종)은 돼지새끼를 말한다. 『모시명물도설』에는 이 짐승들이 나오지 않는데, 『육가시명물소』에는 나온다.

왕풍(王風)의 토원(兎爰)에는 "토끼는 깡충깡충 뛰는데, 꿩은 그물에 걸렸네"46)라는 구절이 있다. 이것은 어지러운 세상을 풍자한 시로 간사한 무리는 출세하고 훌륭한 사람은 박해를 받는다는 내용을 담고 있다. 우리는 여기서 당시에 사람들이 그물을 가지고 토끼나 다른 짐승들을 사냥했음을 알 수 있다. 토끼를 그물로 잡는 것에 대해서는 주남의 토저(兎罝)에도 나온다.

소아의 길일(吉日)에도 "작은 암퇘지도 쏘고 큰 들소도 잡아, 손님들께 음식 올리고 좋은 술도 따르네."47)라는 구절이 있다. 兕(시)는 외뿔을 가진 들소라고 하는데, 코뿔소와는 다른 종류인 모양이다. 『모시명물도설』의 그림을 보면 들소와 같지만 뿔이 하나인 점이 다르다. 『이아』에서는 兕(시)는 소와 비슷하다고 하였고, 곽박(郭璞)은 뿔이 하나이고 털은 푸르며 무게는 천 근이 나간다고 설명하였다.48)

벌목을 노래한 시도 있는데, 예를 들면 소아의 거할(車舝)에 "높은 산등성이에 올라 떡갈나무 장작을 패네. 떡갈나무 장작을 패노라니 그 나뭇잎은 무성하기도 하네."49)라는 내용이 나온다. 柞(작)은 떡갈나무(Quercus dentata)로 갈참나무(Quercus aliena)와는 다른 종류인데, 김학주의 『시경』에는 갈참나무로 번역되어 있다.50) 우리가 흔히 도토리묵을 만들어 먹는 열매가 바로 떡갈나무의 열매이다.

대아의 역복(棫樸)에서는 "더부룩한 상수리나무 떨기를 땔나무와 모닥불감으로 자르네"51)라는 구절이 나오는데, 棫(역)이 무슨 나무인지에 대해서는

46) "有兎爰爰, 雉離于羅."
47) "發彼小豝, 殪此大兕. 以御賓客, 且以酌醴."
48) 『毛詩名物圖說』, p.603.
49) "陟彼高岡, 析其柞薪. 析其柞薪, 其葉湑兮."
50) 金學主, 『詩經』, p.376.
51) "芃芃棫樸, 薪之槱之."

서로 다른 의견이 있다. 김학주의 『시경』에서는 백유나무라고 번역하였고, 민중서관에서 나온 『한한대자전』에서는 두릅나무와 떡갈나무라고 풀이하였다. 『이아』에서는 白桵(백유)라고 하였고, 육기(陸璣)는 柞(작)이라고 하였다.[52] 고려대학교에서 나온 『중한대사전(中韓大辭典)』에는 백유를 상수리나무(Quercus acutissima)라고 하였다. 두릅나무는 어릴 때 새싹을 식용으로 하는 식물이지만 땔나무로 사용하기에는 적당하지 않은 듯하다. 그렇다면 떡갈나무나 상수리나무가 바른 해석이라고 하겠다.

그리고 상송(商頌)의 은무(殷武)에도 "경산에 올라가니 소나무와 측백나무 쭉쭉 뻗어 있네. 이것을 자르고 옮겨다가 깎고 자르고 하니"[53]라고 하여 나무를 이용하는 내용이 있다. 栢(백)은 측백나무인데, 소나무와 함께 상록수이기 때문에 굳은 절개를 상징하는 나무이기도 하다. 김학주의 『시경』에서는 栢(백)을 잣나무로 번역하였다.

맺음말

지금까지 『시경』에 나타나는 중국 고대인들의 자연관을 천관(天觀), 천문학에 대한 지식, 역법(曆法)의 활용, 동물에 대한 내용, 식물에 대한 내용, 자연의 다양한 이용 등으로 나누어서 살펴보았다. 고대인들은 하늘을 인격적인 존재로 보고 자연의 재해를 그 인격적인 존재가 인간에게 내리는 벌이라고 생각하였다. 이러한 그들의 생각은 자연현상을 단순한 자연현상으로 생각하지 않고 하늘의 의지를 반영하는 현상으로 보게 만들었다. 자연현상에서 하늘의 뜻을 찾았기 때문에 그들이 경험한 자연의 현상은 물질들의 단순한 움직임이 아니라 의지가 들어 있어 하늘의 기분을 나타내는 얼굴 표정과도 같은 것이었다.

그런데 『시경』에 나오는 하늘은 절대적인 존재이기는 하지만 인간이 무조

52) 『毛詩名物圖說』, p.655.
53) "陟彼景山, 松柏丸丸. 是斷是遷, 方斲是虔."

건 복종만 해야 하는 그런 존재는 아니었다. 오히려 하늘은 인간의 부모와 같은 존재이기 때문에 사람들이 고통을 당할 때에는 원망도 하고 하소연도 하는 그런 존재였다. 사람들은 자연현상을 통해서 하늘의 기분을 읽었고 그러한 하늘의 표정에 대해서 사람들은 거기에 맞는 행동을 하려고 노력하였지만 그것이 정당하지 못하다고 판단할 때는 반발도 하였다.

『시경』에 보이는 천문에 대한 기록은 중국의 고대인들이 별자리들에 대해서 많은 관심을 가지고 있었으며 일상생활에서 직접 그 지식을 활용하였다는 사실을 알려준다. 특히 28수(宿)에 해당이 되는 별자리들의 이름이 많이 나오는 것으로 봐서 당시에 이미 중요한 별자리들이 널리 알려져 있었음을 알 수 있다. 뿐만 아니라 일식과 월식에 대한 기록도 보이는데, 이것은 천문학사에 있어서도 중요한 자료가 된다.

『시경』은 또한 당시에 사용된 역법(曆法)의 종류와 그 형태를 보여주기도 한다. 주나라에서는 세 가지 종류의 역법이 사용되었다고 하지만 『시경』에는 주력(周曆)과 하력(夏曆) 두 가지만 나오고 있다. 빈풍(豳風)의 칠월(七月)은 월령(月令)의 원시적인 형태를 가지고 있는데, 당시의 생활 모습을 잘 보여주고 있다.

『시경』에는 수많은 동식물들의 이름이 나오는데, 이것은 당시의 생활이 이러한 동식물들과 밀접하게 연관되어 있었음을 말해 준다. 고대인들은 동식물들을 통해서 그들의 감정을 나타내기도 하고, 자연의 아름다운 풍경을 노래하기도 하고, 그것들을 이용하기도 하였다. 『시경』의 시들은 그래서 자연과 어우러져 살았던 사람들의 모습을 그림과 같이 생생하게 우리에게 전해 주고 있다.

지금 우리 주위의 강과 시내는 더러운 물이 흘러서 고기와 벌레들도 살지 못하고, 산과 들에 그렇게 많던 짐승들도 대부분 사라지고 말았다. 공기는 오염되어서 숨을 쉬는 것조차 여의치 못하고 물도 더러워서 마실 수가 없는 지경에 이르렀다. 이러한 상황에서도 발전을 더 못해서 안달인 현대인들은 『시경』에 나타나는 아름답고 평화로운 자연의 모습을 회복하기 위하여 조금이라도 노력을 해야 할 것이다.

II

『서경(書經)』의 자연관

Ⅱ. 『서경(書經)』의 자연관

진(秦)나라 이전에는 『서경』을 『서(書)』라고만 했으나 나중에 이 책을 높이기 위해 경(經)자를 붙여서 불렀다. 한(漢)나라 때에는 이 책을 『상서(尙書)』라고 부르기도 했는데 아직까지도 그대로 사용하는 경우가 많다. 또한 『상서』에는 『고문상서(古文尙書)』와 『금문상서(今文尙書)』가 있는데 『금문상서』는 한나라 문제(文帝) 때 복생(伏生)이란 사람이 전하였고 29편으로 되어 있으며 현재까지 전해 내려오고 있다.

그리고 지금 있는 『고문상서』는 동진(東晉)시대에 매색(梅賾)이란 사람이 임금에게 바친 책인데 모두 58편으로 복생의 『금문상서』보다 25편이 더 많다. 이 25편에 대해서는 이미 송나라 때 주희(朱熹)·채침(蔡沈) 등이 의심했으며, 원나라 때에는 조맹부(趙孟頫)와 오징(吳澄)이 의심했고, 명나라 때에는 매작(梅鷟)과 초횡(焦竑)이 계속해서 의문을 제기하였다.

청나라 때에도 『고문상서』의 25편이 위서(僞書)임을 주장한 학자들이 많았는데, 대표적인 인물은 고염무(顧炎武)·황종희(黃宗羲)·염약거(閻若璩) 등이다. 특히 염약거는 『상서고문소증(尙書古文疏證)』 8권을 지어 99가지 증거를 제시하면서 그것이 위서임을 밝혔다. 그리고 손성연(孫星衍)도 그의 저서 『상서금고문주소(尙書今古文注疏)』에서 고문 25편을 제외하였다. 마찬가지로 현대의 학자인 굴만리(屈萬里)도 『상서금주금역(尙書今註今譯)』에서 손성연의 입장을 지지하고 25편을 싣지 않았다.

이 글에서는 일반적으로 인정을 받고 있는 복생의 『금문상서』에 나타나는 중국 고대인들의 자연관을 살펴보려고 한다. 『금문상서』의 각 편들이 언제 이루어진 것이냐에 대해서도 여러 가지 주장들이 있지만 우리는 이 책에서 중국 고대인들의 자연관을 어느 정도 파악할 수 있다. 중요한 점은 이러한 고대인들의 자연관이 아직까지도 그 영향력을 발휘하고 있다는 사실이다.

『서경』에 나타나는 자연관을 보면 우리가 그동안 많이 들어온 동양의 자연관과 서양의 자연관에 차이가 있다는 말도 문제가 있음을 깨닫게 된다. 흔히들 서양인은 자연에 대해서 적극적이고 동양인들은 소극적이라고 하지만 『서경』에는 고대인들의 자연에 대한 적극적인 태도가 잘 나타나고 있다. 그들이 주어진 자연을 변화시켜 사람들이 살기 좋은 자연으로 만드는 일을 당연하다고 생각했음을 우리는 우(禹)임금의 일화를 통해서 알 수 있다. 이러한 적극적인 고대인들의 자연관은 자연은 투쟁과 착취의 대상이 아니라 적극적으로 가꾸어야 하는 대상임을 현대인들이 깨닫게 하는 데 도움을 줄 수 있다.

1. 천문학의 발달

신석기시대부터 인류가 농업을 시작하면서 천문학적인 지식이 절실하게 필요하였고, 그래서 천문학에 많은 발전이 있었다. 농사를 짓는 데 있어서 가장 필요한 것은 바로 계절을 정확히 파악하는 일이다. 그래야 제때에 파종을 하고 수확을 제대로 할 수 있기 때문이다. 씨앗을 제때에 심지 않으면 곡식이 잘 자라지 못하게 되고 그러면 자연 수확량이 줄어들어 생활에 어려움을 겪을 수밖에 없다. 이러한 필요는 사람들로 하여금 자연을 관찰하게 만들었다.

온대 지방에서는 대체로 사계절이 뚜렷하다. 봄이 되면 날씨가 따뜻해지고 들판에는 꽃들이 피기 시작하며 여기저기서 새들이 짝을 짓고 둥지를 만든다. 그리고 철새 가운데 초봄에 가장 눈에 잘 띄는 새는 제비이다. 제비가 보일 때 씨앗을 심기 시작하면 된다는 걸 사람들은 알았다.

가을이 되면 차차 날씨가 서늘해지고 들판의 곡식들은 익어서 추수할 날을 기다린다. 산의 나무들은 단풍이 들고 점차 해가 짧아지는 현상은 고대인들도 쉽게 알 수 있었다. 날씨가 추워지면 모든 풀들은 시들고 가을을 대표하는 철새들도 날아오기 시작한다. 이러한 계절의 변화를 관찰하고 사람들은 추수를 하였고 다가오는 겨울을 대비하였다.

이렇게 계절을 파악하는 방법보다 더 정확한 방법을 고대인들은 생각하게 되었다. 그것은 바로 태양의 움직임을 관찰하는 것과 달이 차고 기우는 현상을 관찰하는 것 그리고 하늘에 있는 별들을 자세히 살펴보는 방법이다. 그래서 『書經』의 「堯典」에는 "자주 해와 달 그리고 별들을 관측하여 백성들에게 때를 알려주도록 했다."[1]는 말이 나온다. 일반인이 때를 정확히 아는 것은 힘들기 때문에 국가의 지도자가 직접 나서서 천체를 관측하여 일반인들에게 농사를 짓는 적당한 때를 알려주었다.

김경방(金景芳)과 여소강(呂紹綱)은 『상서・우하서신해(尙書・虞夏書新解)』에서 이 글의 의미를 중요하게 보고 있다. 이들에 의하면 고대인들이 계절을 아는 데 주로 이용한 방법은 대화(大火)라는 별자리의 위치를 관찰하는 것이었는데 해와 달의 움직임을 보고 계절을 아는 방법은 새로운 것이라는 주장이다.[2] 여기에 나오는 천체는 해와 달 그리고 성신(星辰)인데, 성신에 대한 해석에는 이견(異見)이 있다. 공영달(孔穎達)은 해와 달이 모이는 곳에 28수(宿)가 있고 그때를 신(辰)이라고 말한다 했다.[3] 안사고(顔師古)는 성(星)은 사방의 중성(中星)이고 신(辰)은 해와 달이 모이는

---

1) 『尙書』 「堯典」, "曆象日月星辰, 敬授人時."
2) 金景芳・呂紹綱, 『尙書・虞夏書新解』, (沈陽: 遼寧古籍出版社, 1996), p.25.
3) 같은 책, p.29.

곳이라고 해석하였다.[4] 중성이란 초저녁이나 새벽에 남쪽 하늘에 나타나는 별자리를 말하는데 결국은 28수를 가리킨다.

태양의 고도는 1년을 주기로 해서 일정하게 변화하기 때문에 그 주기를 정확하게 측정한다면 계절의 변화를 가장 정확하게 알 수 있다. 이와 비슷한 방법은 밤낮의 길이를 가지고 계절을 아는 것이다. 이미 『서경』의 「요전」에도 일중(日中)·일영(日永)·소중(宵中)·일단(日短) 등의 말들이 나온다. 일중이란 밤과 낮의 길이가 같다는 말이고, 일영은 낮이 가장 길다는 뜻이고, 소중도 밤과 낮의 길이가 같다는 말이며, 일단은 해가 가장 짧다는 의미이다.

마융(馬融)은 주(注)에서 "일중과 소중이라는 것은 해가 나타나는 시간과 나타나지 않는 시간이 같은 것이다. 옛날의 제도에서 밤낮을 합한 길이는 물시계의 시각(時刻)으로 100각(刻)이다. 낮이 가장 긴 때는 60각이고 밤이 가장 짧은 때는 40각이다. 낮이 가장 짧을 때는 40각이고 밤이 가장 길 때는 60각이다. 밤낮이 같을 때는 밤과 낮의 길이가 모두 50각이다."[5]라 하였다. 마융의 설명은 물시계가 나타난 이후의 설명이라고 볼 수 있다. 하지만 다른 방법을 통하여서도 밤낮의 길이를 대략 아는 수는 있다.

달의 모양과 위치는 일정한 주기를 두고 변화하여서 제법 긴 시간의 흐름을 짐작할 수 있게 해 줄 뿐만 아니라 간접적으로 태양의 위치를 알려준다. 고대의 중국인들은 달의 위치를 파악하기 위해서 28宿(수)라는 별자리들을 정하고 이것을 토대로 태양의 위치를 추정함으로써 계절의 변화를 판단하였다.[6] 이러한 계절의 확정법을 중국학자 진준규(陳遵嬀)와 일본학자 신성신장(新城新藏)은 중국 고대 천문학의 커다란 진보라고 평가하고 있다.[7]

---

4) 같은 책, p.30.
5) 孫星衍 撰, 『尙書今古文注疏(上)』, (北京: 中華書局, 1998), p.15, "日中宵中者, 日見之漏, 與不見者齊也. 古制, 刻漏晝夜百刻. 晝長六十刻, 夜短四十刻. 晝短四十刻, 夜長六十刻. 晝中五十刻, 夜亦五十刻."
6) 申先甲, 『中國春秋戰國科技史』, (北京: 人民出版社, 1994), p.70.
7) 陳遵嬀, 『中國天文學史(2)』,第二冊(臺北: 明文書局, 1985), p.52.

요(堯)임금의 시대에 이러한 방법이 모두 완성된 것은 아니라 하더라도 그러한 방법의 원시적인 형태는 이미 존재했을 것이라고 짐작할 수는 있다.

고대인들이 별의 움직임을 보고서 계절을 추정하는 방법을 사용한 역사는 오래되었다. 예를 들면 일찍부터 사람들은 밤하늘 북쪽에 나타나는 북두칠성이 일정한 주기를 두고 움직인다는 사실을 관측하였다. 해가 가장 짧은 동지의 한밤중에 북두칠성의 자루 부분은 북쪽을 가리키다가 점차 시계 방향으로 한 바퀴 돌아서 다시 제자리로 오게 된다. 이것을 12로 나누어 보면 30°가 되니 북두칠성은 한 달에 30° 정도로 움직인다는 사실을 알게 된다. 그래서 북두칠성이 어떤 위치에 와 있는지를 보면 대체로 어떤 달이나 계절인지를 추정할 수 있다.

또 다른 방법은 별자리들의 남중(南中)을 가지고 계절을 추정하는 것이다. 특정한 별자리가 초저녁이나 새벽에 남쪽 하늘에 나타나는 모습을 보고서 지금이 어느 계절인지를 아는 방법이다. 『서경』의 「요전」에는 조(鳥)·화(火)·허(虛)·묘(昴)라는 별자리들이 나온다. 여기서는 일중(日中)의 때에 조(鳥)의 별자리가 나타나고 이때가 바로 중춘(仲春)이라고 하였다. 그러니까 춘분경에 해당하는 별자리가 조(鳥)이고, 하지에 나타나는 별자리가 화(火)이고, 추분에 나타나는 별자리가 허(虛)이고, 동지에 나타나는 게 묘(昴)라는 별자리이다. 이러한 별자리들이 초저녁에 남중하는 모습을 보고서 어떤 계절인지를 알았다.

조(鳥)란 하나의 별자리만을 말하지 않고 7개의 별자리 전체를 가리킨다. 이것을 주작(朱雀)이라고도 불렀는데[8] 갑골문에도 이 별들의 이름이 나온다고 한다.[9] 고대인들은 춘분 전후의 초저녁에 남쪽 하늘에 여러 개의 별들이 새의 형상을 하고 있는 현상을 발견하고 계절의 변화를 확인하였던 것이다. 여름에 해당하는 화(火)의 별자리는 대화(大火, Antares)라고도 부르는데[10] 동방칠수(東方七宿) 가운데 하나인 심수(心宿)를 말한다.[11]

---

8) 孫星衍 撰, 『尙書今古文注疏(上)』, (北京: 中華書局, 1998), p.16.
9) 申先甲, 『中國春秋戰國科技史』, (北京: 人民出版社, 1994), p.66.

전설에 의하면 전욱(顓頊)시대에 이미 화정관(火正官)이 있어서 대화의 별자리를 관측하여 농업생산을 지도하였다고 하니[12] 중국에서 별자리를 관찰하여 생활에 이용한 역사는 길다. 가을에 해당하는 허의 별자리는 현무(玄武)라고도 부르는 북방칠수 가운데 하나이다. 이 별이 초저녁에 남쪽 하늘에 나타나면 가을이다. 묘는 백호(白虎)라고 부르는 서방칠수 가운데 하나이다. 이 별은 겨울에 해당한다.

또한 「요전」에는 "在璿璣玉衡, 以齊七政(재선기옥형, 이제칠정)"이라는 문장이 있다. 이 글은 순임금의 공적을 설명하는 글인데, 『금문상서』에는 「요전」에 들어 있다. 이 문장에 대한 해석에는 여러 가지 설이 있다. 『상서대전(尙書大傳)』에서는 璿璣(선기)를 북극(北極)이라 했고, 칠정(七政)을 춘하추동(春夏秋冬)과 천문(天文), 지리(地理), 인도(人道)로 해석하였다. 정현(鄭玄)은 璿璣玉衡(선기옥형)을 혼천의(渾天儀)로, 칠정을 일월(日月)과 오성(五星)으로 보았다.[13] 굴만리(屈萬里)도 이 설을 따르고 있다.[14] 『설원(說苑)』의 「변물편(辨物篇)」에서는 선기(璿璣)를 북극으로 옥형(玉衡)을 북극 근처에 있는 육성(六星)이라고 하였다.[15]

최근에 나온 김경방과 여소강의 『상서·우하서신해』에서는 『상서대전』과 『설원』의 해석을 인정하고 있다.[16] 이들의 해석을 따라서 앞에 나온 문장을 해석하면 "북극과 그 주위에 있는 여섯 개의 별들을 관찰하여서 사계절과 천문·지리·인도를 바로잡았다."가 된다. 이 방법 역시 북두칠성의 움직임을 보고 계절을 추정하는 방법과 비슷하다 하겠다. 김경방과 여소강은 북두칠성을 보고 계절과 12달을 결정하는 방법은 주나라에 와서 나왔고 요순

10) 蔡沈, 『書經讀本』, (臺北: 大方出版社, 1978), p.3.
11) 陳遵嬀, 『中國天文學史』, 第二冊 (臺北: 明文書局, 1985), p.92.
12) 殷瑋璋·曹淑琴, 『中國遠古暨三代科技史』, (北京: 人民出版社, 1994), p.61.
13) 孫星衍 撰, 『尙書今古文注疏(上)』, (北京: 中華書局, 1998), p.36.
14) 王雲五 主編, 『尙書今註今譯』, 屈萬里 註譯, (臺北: 商務印書館, 1993), p.10.
15) 金景芳·呂紹綱, 『尙書·虞夏書新解』, (沈陽: 遼寧古籍出版社, 1996), p.101.
16) 같은 책, pp.100~103 참조.

시대에는 북극성과 그 주위의 여섯 개의 별들을 보고 계절을 알았다고 주장하였다.[17)]

『서경』에 나오는 몇 개의 말들에 근거하여 당시의 천문학에 대한 모든 지식을 알 수는 없다. 그러나 우리는 중국의 고대인들이 천체의 운동에 대하여 관심을 가졌고, 거기서 나온 결과를 생활에 활용하였다는 사실을 짐작할 수는 있다. 또한 위정자의 여러 가지 임무 가운데 하나가 바로 해와 달 그리고 별들을 정확히 관측하여 계절을 확정하여 백성들에게 알려주는 일임도 알 수 있다. 이러한 과정에서 역법(曆法)도 함께 발전하였다. 일 년의 길이를 정확하게 계산하는 일은 쉽지 않다. 태양의 움직임과 달의 움직임 그리고 별들의 움직임을 관찰하고 그것들의 변화를 종합하여 일 년을 정하고 한 달을 정하여 생활에 이용하였다.

2. 우(禹)임금의 치수(治水)

『서경』에 나오는 여러 가지 내용들 가운데 우임금에 관한 기록은 중국 고대인들의 자연관을 가장 잘 나타내 주고 있어서 주목할 만하다. 사마천의 『사기』에 의하면 우(禹)의 아버지는 곤(鯀)이고 곤은 전욱(顓頊)의 아들이다. 그리고 전욱의 아버지는 창의(昌意)이고, 창의는 황제(黃帝)의 아들이다.[18)] 요임금 시대에 홍수가 심해서 치수를 위해서 우의 아버지인 곤을 등용하였다. 곤은 9년에 걸쳐 치수에 힘썼으나 성공하지 못했다. 이것을 『서경』「요전」에서는 다음과 같이 간략하게 서술하였다.

> 요임금께서 말씀하셨다. 아아! 사악(四岳)이여! 넘실거리는 홍수가 널리 해를 끼치고, 질펀한 물이 산을 둘러싸고, 언덕을 잠기게 하여, 거친 기세는 하

17) 같은 책, p.102.
18) 司馬遷, 『史記本記』, 정범진외 역, (서울: 도서출판 까치, 1994), p.29.

> 늘에 닿을 듯하오. 아래의 백성들은 이것을 한탄하고 있으니, 그 누가 이 홍수를 다스릴 수 있겠소? 모두들 말하였다. 예! 곤이 있습니다. 요임금께서 말씀하셨다. 아아, 안 되오. 명을 어기어 백성들을 그르칠 것이오. 사악이 말하였다. 쓰십시오. 시험해 보아 좋으면 그만입니다. 요임금께서 말씀하셨다. 가서 잘 일해 주오. 곤은 9년이나 노력하였으나 성공하지 못했다.[19)]

사악(四岳)에 대해서 정현(鄭玄)은 각 계절의 일을 담당하는 네 사람의 관리를 말한다고 하였다.[20)] 『한서(漢書)』의 「백관공경표(百官公卿表)」에는 사방의 제후라고 하였고, 채침은 『서집전(書集傳)』에서 관직의 명칭으로 한 사람을 말한다고 하였다.[21)] 김경방과 여소강은 사악을 원시 씨족사회의 추장들이라고 주장하였다.[22)]

『서경』의 「홍범(洪範)」에 나오는 기자(箕子)의 말에 의하면 곤이 치수에 성공하지 못한 이유는 물의 성질을 잘 모르고서 무조건 둑으로 막으려 했기 때문이다. 물은 아래로 흐르는 성질이 있으므로 그것이 아래로 잘 흐르도록 해 주면 된다. 곤이 치수에 성공하지 못하자 요임금의 후계자인 순은 그를 우산(羽山)으로 추방하고 그의 아들인 우에게 치수사업을 계속하게 하였다. 우는 부친이 치수사업 실패로 처벌받은 일을 슬퍼하였으므로 노심초사 부지런히 일하느라 밖에서 13년을 지내면서도 자기 집 대문 앞으로 지나가며 감히 들어갈 수 없었다.[23)] 이러한 노력 끝에 그는 마침내 치수에 성공하고 순의 후계자가 되었다. 『서경』의 「고요모(皐陶謨)」에는 우가 자신이 한 일을 직접 순에게 보고한 내용이 있다.

---

19) 『書經』「堯典」, "帝曰: 咨四岳. 湯湯洪水方割, 蕩蕩懷山襄陵, 浩浩滔天. 下民其咨, 有能俾乂? 僉曰: 於, 鯀哉. 帝曰: 吁, 咈哉, 方命圮族. 岳曰: 异哉, 試可乃已. 帝曰: 往欽哉! 九載, 績用弗成."
20) 孫星衍 撰, 『尙書今古文注疏(上)』, (北京: 中華書局, 1998), p.26.
21) 金景芳·呂紹綱, 『尙書·虞夏書新解』, (沈陽: 遼寧古籍出版社, 1996), p.74.
22) 같은 책, pp.74~75.
23) 司馬遷, 『史記本記』, 정범진 외 역, (서울: 도서출판 까치, 1994), p.30.

> 홍수가 하늘에까지 닿을 듯이 불어 커다란 물이 산을 둘러싸고 언덕을 잠기게 하여 백성들은 어찌할 바를 모르고 물에 빠지곤 하였습니다. 저는 네 가지 수레를 타고서 산에 이르면 나무를 베고, 익(益)과 함께 백성에게 새와 짐승의 고기를 먹는 법을 가르쳐 주었습니다. 아홉 강물을 터서 바다로 이르게 하였고, 도랑과 운하를 깊이 파서 강물에 이르도록 하였습니다. 직(稷)과 함께 씨뿌리며 어려울 때 먹는 음식과 고기 먹는 법을 가르쳐 주었습니다. 없는 것과 있는 것들을 서로 바꾸게 하며 쌓여 있는 물건들을 날라다 팔도록 하였습니다. 그래서 많은 백성들은 비로소 안정되고 온 나라가 잘 다스려졌습니다.[24)]

우임금이 물을 다스렸다는 이야기는 『서경』뿐만 아니라 여러 경전에 두루 보이고 있다. 예를 들면 『시경』의 「상송(商頌) · 장발(長發)」과 「소아(小雅) · 신남산(信南山)」에 우임금의 치수와 업적에 대한 언급이 나오고, 『국어(國語)』의 「주어하(周語下)」에도 우임금의 업적이 보인다. 그리고 『논어』의 「태백(泰伯)」에는 공자가 "우임금은 내가 흠잡을 데가 없다. 자신이 먹는 음식은 검소하게 하면서 귀신에게는 효성을 지극히 하셨고, 자신의 의복은 검소하나 제사 지내는 의관은 더없이 아름답게 하셨으며, 궁실은 낮게 지으면서 물길을 만드는 데 힘을 다하셨다. 우임금은 내가 흠잡을 데가 없다."[25)] 고 말한 내용이 있다.

이 밖에도 『좌전(左傳)』, 『묵자(墨子)』, 『맹자(孟子)』, 『장자(莊子)』, 『순자(荀子)』, 『사기(史記)』 등에 우임금의 치수에 대한 이야기가 나오고 있다. 이렇게 우임금이 홍수를 다스리고 중국의 9주를 개척하였다는 내용이 광범하게 보이는 것은 그것이 사실임을 보여주는 증거가 될 수 있다. 물론 그 규모가 『서경』의 「우공(禹貢)」에 나오는 정도로 대규모의 치수와 개척사업은 아니라 하더라도 우임금의 상당한 업적이 있었다고 추측할 수는 있다.

---

24) 『書經』「皐陶謨」, "洪水滔天, 浩浩懷山襄陵, 下民昏墊. 予乘四載, 隨山刊木, 暨益奏庶鮮食. 予決九川距四海, 濬畎澮距川, 暨稷播, 奏庶艱食鮮食. 懋遷有無化居. 烝民乃粒, 萬邦作乂."

25) 『論語』「泰伯」, "禹, 吾無間然矣. 菲飮食而致孝乎鬼神, 惡衣服而致美乎黻冕, 卑宮室而盡力乎溝洫. 禹, 吾無間然矣."

우임금의 업적에 대한 구체적인 내용은 「우공」편에 들어 있는데 여기에는 산과 강의 이름과 토양·특산물·교통 등이 자세하게 기록되어 있다. 그래서 이 편은 고대 중국의 지리학 교과서라고 할 수 있다. 이것이 언제 기록되었느냐에 대해서는 여러 가지 설이 있다. 왕국유(王國維)는 『고사신증(古史新證)』에서 「우공」이 주나라 초기에 기록된 것이라고 하였고, 고힐강(顧頡剛)은 『우공주석(禹貢注釋)』에서 기원전 3세기 전기의 작품이라고 하였으며, 장선국(蔣善國)은 『상서종술(尙書綜述)』에서 전국시대의 기록이라고 주장하였다.[26] 서복관(徐復觀)은 『상서』의 「요전」·「고요모」·「우공」 등은 처음부터 문헌이 있었던 것이 아니라 구전되는 전설만 있다가 나중에 사관이 그것을 정리하였다고 보았다.[27]

우임금에 대한 여러 경전에서의 기록은 사실이냐 아니냐를 떠나서 고대 중국인들의 자연과 세계에 대한 적극적인 태도를 보여준다는 점에서 매우 중요하다. 서양과 동양의 많은 학자들은 중국인들은 주로 자연에 대해서 소극적임을 강조하였다. 중국인들의 자연관을 논의할 때 많이 등장하는 말들은 천인합일(天人合一), 인간과 자연의 조화, 자연에 순종 또는 순응, 유기체적 자연관 등이 있다. 이러한 표현들이 갖는 공통점은 자연에 대한 소극적인 태도 또는 순종적인 태도라고 할 수 있다.

풍우란(馮友蘭)은 자연에 대한 이러한 태도를 농부의 태도라고 말했다. 농부들은 자연을 찬미하고 인위적인 것을 비난하며 원시적이고 순박한 생활에 쉽게 만족한다는 것이다.[28] 이렇게 일반적으로 중국인들은 자연에 순응하려고 했고 자연과 조화롭게 살려고 했었다고 알려져 있기 때문에, 우리는 그들이 발전을 거부하였고 자연 상태를 선호하였던 것으로 생각하기 쉽다. 그리고 중국의 철학자들도 자연과의 조화와 자연에 순응하는 태도만을 일방

26) 金景芳·呂紹綱, 『尙書·虞夏書新解』, (沈陽: 遼寧古籍出版社, 1996), p.290.
27) 양계초, 풍우란 외, 『음양오행설의 연구』, 김홍경 편역, (서울: 신지서원, 1993), p.79.
28) Fung, Yu-Lan, A Short History of Chinese Philosophy, ed. by Derk Bodde (New York: The Free Press, 1966), p.26.

적으로 강조하였다고 성급하게 짐작할 수 있다.

그러나 중국의 여러 고전들에 빠지지 않고 등장하는 우임금의 이야기를 보면 거기에는 자연에 순종하고 굴복한다는 내용이 아니라 적극적으로 험난한 자연을 극복하여 인간이 살기에 편한 환경을 만들어 간다는 내용이 나온다. 『서경』의 「우공」에는 구체적으로 자연환경을 변화시킨 우임금의 업적이 자세히 기록되어 있는데 그 규모가 엄청나서 사실로 믿을 수는 없지만 고대 중국인들의 자연에 대한 태도는 분명히 알 수 있다. 예컨대 이런 이야기가 나온다.

> 제수(濟水)와 황하(黃河) 사이가 연주(兗州)이다. 아홉 갈래의 황하를 인도하고 뇌하(雷夏)를 못으로 만들어 옹수(灉水)와 저수(沮水)를 그곳으로 모았다. 뽕나무가 자랄 땅에는 누에를 치게 하니, 이에 사람들은 언덕에서 내려와 평지에 살게 되었다. 그곳 흙은 검고 비옥해서 풀은 우거지고 나무는 크게 자랐다. 그곳의 밭은 6등급 정도이고, 부세(賦稅)는 9등급이었다. 13년 동안을 다스린 뒤에야 부세가 다른 주와 같았다. 그곳의 공물(貢物)은 칠(漆)과 명주실이었고, 그 공물을 담는 바구니는 무늬를 넣어서 짠 비단이었다. 그곳 사람들은 제수(濟水)와 탑수(漯水)에 배를 띄워 황하에 도달할 수 있다.[29]

이와 같은 거대한 규모의 치수와 개척은 현대의 장비를 동원한다 하더라도 그렇게 쉽지가 않다. 그런데 우임금의 시절에 이러한 사업을 짧은 기간에 완성하였다는 이야기는 믿기 어렵다. 그러나 우리는 이러한 전설적인 이야기를 통해서 원시시대의 자연환경이 아주 열악해서 사람들이 살기에 적당하지 않았다는 것과 그러한 환경을 변화시키기 위하여 많은 사람들이 노력을 하였다는 사실을 확인할 수 있다.

오늘날 일부 사람들은 사람의 손을 거치지 않은 원시적인 자연 상태를

---

29) 『書經』「禹貢」, "濟河惟兗州. 九河旣道, 雷下旣澤, 灉沮會同. 桑土旣蠶, 是降丘宅土. 厥土黑墳, 厥草惟繇, 厥木惟條. 厥田惟中下, 厥賦貞, 作十有三載乃同. 厥貢漆絲. 厥篚織文. 浮于濟漯, 達于河."

지상의 낙원으로 오해하고 있다. 우임금의 이야기는 사람의 손이 가지 않은 자연은 결코 인간에게 우호적이지 않았다는 사실을 잘 말해 준다. 이러한 자연환경을 사람들이 살기가 좋은 곳으로 만들기 위해서는 자연에 대한 적극적인 자세가 무엇보다도 중요하다. 홍수가 나면 그것은 하늘이 그렇게 만들었으니 어쩔 수가 없다는 식의 태도는 결코 자연의 재해(災害)를 극복하지 못한다. 그것이 아니라 홍수나 가뭄도 얼마든지 우리들이 하기에 따라서 피해를 최소로 줄일 수 있다는 적극적인 태도가 있어야만 그러한 자연의 재해를 극복할 수 있다.

우임금은 중국의 땅을 완전히 새로 만들었다고 해도 과언이 아닐 정도의 일을 하였다. 물에 잠긴 곳은 물길을 터서 농토를 만들고, 습지는 흙을 채워 농사를 짓도록 하고, 물을 피해 언덕으로 올라간 사람들을 평지에 살도록 하였다. 나무가 너무 많으면 나무를 베어내어 사람들이 들어갈 수 있게 만들고 또는 불을 놓아서 사람들에게 불필요한 나무와 잡초들을 제거하여서 사람들이 살기에 좋은 곳으로 만들었다. 그리고 사람들을 위협하는 짐승들도 멀리 쫓아 버렸다. 그래서 우리가 말하는 자연이란 이미 원시 상태의 자연을 말하는 게 아니라 사람들이 살기에 편리한 상태로 만들어진 자연을 의미하게 되었다.

3. 오행사상

동양철학에서 오행사상은 매우 중요한 역할을 한다. 오행사상은 철학뿐만 아니라 자연과학 그리고 의학 및 일상생활에도 커다란 영향을 끼쳤다. 그래서 고힐강(顧頡剛)은 오행을 중국인의 사상률(思想律)이라고 표현하였다.[30] 사상률은 토마스 쿤(Thomas Kuhn)이 말한 패러다임(Paradigm)이란 개념

30) 顧頡剛, "五德終始說下的政治和歷史", 『古史辨』, 第5冊, (上海: 古籍出版社, 1982), p.404.

과 유사하다고 할 수 있다. 그러나 대부분의 현대 중국학자들은 오행사상이나 음양사상에 대하여 비판적인 태도를 취하고 있다. 예를 들어 양계초(梁啓超)는 그의 논문 「음양오행설의 역사」에서 "음양오행설은 이천 년 동안 온갖 미신을 낳은 본부"[31] 였다고 비판하였다. 이택후(李澤厚)도 "이것을 통해서 과학을 닮았지만 실제로는 잘못된 많은 이론들이 만들어 졌으며……."[32] 라고 평가하였다.

오행(五行)이란 말이 가장 먼저 나타나는 곳은 『서경』의 「감서(甘誓)」이다. 여기에는 "유호씨(有扈氏)는 오행을 업신여기고 삼정(三正)을 태만히 하였다."[33] 는 내용이 나온다. 여기에 나오는 오행과 삼정의 해석에는 여러 가지 주장들이 많다. 먼저 여기에 나오는 오행이 「홍범」에 나오는 오행과 같은지에 대한 논란이 있다. 장선국(蔣善國)은 『상서종술(尙書綜述)』에서 오행사상은 전국시대 중기 이후에 비로소 성행하게 되었으니 하(夏)나라 초기에는 결코 오행사상이 발생할 수 없다고 주장하였다.[34] 그리고 이영폐(李榮陛)·범문란(范文瀾)·장병린(章炳麟) 등은 오행과 삼정을 모두 관직의 이름이라고 해석하였다.[35] 서복관도 이들과 같이 오행을 오행의 관리로, 삼정을 삼사(三事)를 주관하는 관리로 보았다.[36] 이들과는 달리 김경방과 여소강은 「감서(甘誓)」의 오행과 「홍범」의 오행이 같다고 주장하였다.[37]

삼정(三正)에 대해서도 여러 가지 해석들이 있다. 마융은 건자(建子)·건축(建丑)·건인(建寅)을 삼정이라고 해석하였다.[38] 이 말의 뜻은 하나라의

---

31) 梁啓超, "陰陽五行說之來歷", 『古史辨』, 第5冊, (上海: 古籍出版社, 1982), p.343.
32) 양계초, 풍우란 외, 『음양오행설의 연구』, 김홍경 편역, (서울: 신지서원, 1993), p.364.
33) 『書經』 「甘書」, "有扈氏威侮五行, 怠棄三正."
34) 蔣善國, 『尙書綜述』, (上海: 古籍出版社, 1988), p.201.
35) 같은 곳.
36) 양계초, 풍우란 외, 『음양오행설의 연구』, 김홍경 편역, (서울: 신지서원, 1993), p.92~94.
37) 金景芳·呂紹綱, 『尙書·虞夏書新解』, (沈陽: 遼寧古籍出版社, 1996), pp.444~445.
38) 孫星衍 撰, 『尙書今古文注疏(上)』, (北京: 中華書局, 1998), p.210.

정월은 북두칠성의 자루 부분이 인(寅)의 방향을 가리킬 때를 기준으로 정했고, 은나라의 정월은 북두칠성의 자루 부분이 축(丑)의 방향을 가리킬 때이고, 주나라의 정월은 북두칠성의 자루 부분이 자(子)의 방향을 가리킬 때로 정하였다는 것이다. 정현은 삼정을 천·지·인의 정도(正道)라고 말했다.[39] 마융의 설은 논리적으로 문제가 있기 때문에 일반적으로 정현의 설이 통하고 있다.

다음으로 오행이란 말이 나오는 곳은 『서경』의 「홍범(洪範)」이다. 「홍범」의 내용은 기자(箕子)가 주나라 무왕에게 말한 아홉 가지 큰 법(洪範九疇)이다. 마융은 기자가 은나라의 마지막 임금인 주(紂)의 제부(諸父)라고 했다.[40] 제부란 천자가 같은 성의 제후를 부르는 말이다. 기자가 무왕에게 말한 아홉 가지 큰 법은 오행(五行)·오사(五事)·팔정(八政)·오기(五紀)·황극(皇極)·삼덕(三德)·계의(稽疑)·서징(庶徵)·오복육극(五福六極) 등이다.

기자는 이 홍범구주는 상제가 우임금에게 내려 준 큰 법이라고 하였다. 여기에 대해서 그는 무왕에게 "제가 듣기로는 옛날에 곤은 홍수를 막아 그 오행의 배열을 어지럽혔으므로, 상제께서 크게 노하시어 아홉 가지 큰 법을 주시지 않아 일정한 윤리가 파괴되었습니다. 곤은 죽을 때까지 귀양살이를 하게 되고, 우가 이에 이어 일어나니 하늘은 우에게 아홉 가지 큰 법을 내려 일정한 윤리가 베풀어졌습니다."[41]라 말하였다. 곤은 물의 성질을 잘 모르고 그것을 무조건 막으려고 했기 때문에 치수에 실패하였고, 그래서 결국 오행의 질서를 어지럽혔고 백성들의 삶에 엄청난 피해를 주었다. 그를 이은 우는 물의 성질을 잘 이용해서 치수에 성공하게 되었고, 결과적으로는 백성들에게 커다란 도움을 주어서 상제는 그에게 홍범구주를 주었다는 내용이다.

39) 蔣善國, 『尙書綜述』, (上海: 古籍出版社, 1988), p.201.
40) 孫星衍 撰, 『尙書今古文注疏(下)』, (北京: 中華書局, 1998), p.292.
41) 『書經』 「洪範」, "我聞在昔, 鯀陻洪水, 汨陳其五行, 帝乃震怒, 不畀洪範九疇, 彝倫攸斁. 鯀則殛死, 禹乃嗣興. 天乃錫禹洪範九疇, 彝倫攸敍."

「홍범」의 내용은 우임금이 상제로부터 받은 홍범구주를 기자가 다시 무왕에게 전했다는 이야기인데, 이것이 언제 기록되었는지에 대해서는 여러 가지 주장들이 많다. 고힐강은 동주(東周)시대의 작품으로 보았고, 유절(劉節)은 전국시대 말에서 진(秦)의 천하통일 사이의 기록이라고 하였고, 곽말약(郭沫若)은 자사(子思)의 작품이라고 주장하였으며, 진몽가(陳夢家)는 『상서통론(尙書通論)』에서 전국시대 이후의 기록이라고 말했다.[42] 또한 장선국은 묵자가 죽은 해인 기원전 383년 전후라고 하였고,[43] 굴만리는 추연(鄒衍)이 활동하기 전으로 전국시대 초기라고 주장하였다.[44] 사송령(謝松齡)은 "근대의 학자인 유절은 『홍범소증(洪範疏證)』을 통해 「홍범」이 전국시대 말기의 저작이라고 고증한 바 있으며, 이 견해는 이미 공인되고 있다."[45]고 단언하였다. 풍우란은 오행사상은 이미 서주의 초기에 발생하였지만 그것이 자연과 사회를 포괄하는 하나의 체계로 발전된 시기는 전국시대라고 보았다.[46]

홍범구주 가운데 처음에 등장하는 게 바로 오행이다. 그리고 오행의 내용은 水·火·木·金·土이다. 「홍범」에서는 오행에 대해서 "水는 물체를 젖게 하고 아래로 떨어진다. 火는 태우고 위로 올라간다. 木은 굽거나 바르게 된다. 金은 따르고 바뀌는 것이다. 土는 심고 거두는 것이다. 적시고 내려가는 것은 짠 것을 만들고, 타고 올라가는 것은 쓴 것을 만들고, 굽거나 곧은 것은 신 것을 만들고, 따르고 변화하는 것은 매운 것을 만들고, 심고 거두는 것은 단 것을 만든다."[47]라고 구체적으로 이것들의 성질을 설명하고 있다.

풍우란은 오행 가운데 水·木·金·土는 모두 농업과 관련이 있기 때문

---

42) 蔣善國, 『尙書綜述』, (上海: 古籍出版社, 1988), p.228.
43) 같은 책, p.232.
44) 王雲五 主編, 『尙書今註今譯』, 屈萬里 註譯, 臺北: 商務印書館, 1993, 74쪽.
45) 양계초, 풍우란 외, 『음양오행설의 연구』, 김홍경 편역, (서울: 신지서원, 1993), p.460~461.
46) 馮友蘭, 『中國哲學史新編(2)』, (北京: 人民出版社, 1992), p.302.
47) 『尙書』「洪範」, "水曰潤下, 火曰炎上, 木曰曲直, 金曰從革, 土爰稼穡. 潤下作鹹, 炎上作苦, 曲直作酸, 從革作辛, 稼穡作甘."

에 오행은 농업노동의 과정을 통해서 인간이 획득한 자연계에 대한 인식이라고 보았다.[48] 실제로 오행은 모두 사람들이 살아가는 데 없어서는 안 되는 중요한 것들이다. 그러므로 그것들의 성질을 잘 알아서 일상생활에 잘 이용하는 일은 고대인들에게 무엇보다 중요하였을 것이다.

오행의 기원에 대해서는 여러 학자들이 다양한 견해들을 내놓았다. 먼저 호후선(胡厚宣)은 상대(商代)의 사방(四方)에서 오행이 나왔다고 생각하였다.[49] 호후선의 견해는 영향력이 있어서 일본학자 적총충(赤塚忠)도 이 설을 받아들였으나, 금곡치(金谷治)는 갑골문에 오방(五方)이라는 단어가 보이지 않는다는 이유를 들어서 반대하였다.[50] 다음으로는 오재(五材)와 육부(六府)에서 오행이 나왔다는 견해이다. 『춘추좌씨전(春秋左氏傳)』「문공(文公)」 7년에는 "水・火・金・木・土・谷을 육부라고 한다."[51]는 진(晉)나라 대부 극결(郤缺)의 말이 있다. 그리고 같은 책 「양공(襄公)」 27년에는 "하늘이 오재(五材)를 낳아 백성들이 그것을 사용하니 하나라도 없앨 수는 없다."[52]는 자한(子罕)의 말이 기록되어 있다. 오재는 육부에서 谷을 제외한 水・火・金・木・土를 말한다. 이 설을 지지하는 학자에는 서복관과 장선국이 있다. 또한 유기우(劉起釪)는 오행은 하늘에 있는 오성(五星)에서 나왔다고 주장하기도 하였다.[53] 하지만 「감서」에 나오는 오행을 하늘의 오성으로 해석하려는 그의 견해에 대하여 김경방과 여소강은 반대하고 있다.[54]

오행의 기원이나 그 의미에 대한 논의는 다양하지만 중요한 점은 고대인

---

48) 馮友蘭, 『中國哲學史新編(2)』, (北京: 人民出版社, 1992), p.303.
49) 范毓周, "五行說起源考論", 『中國古代思維模式與陰陽五行理論起源』, S. Allan・汪濤・范毓周 主編, (南京: 江蘇古籍出版社, 1998), p.119.
50) 같은 곳, p.120.
51) 『春秋左氏傳』「文公」 七年, "水, 火, 金, 木, 土, 谷, 謂之六府."
52) 『春秋左氏傳』「襄公」 二十七年, "天生五材, 民并用之, 廢一不可."
53) 劉起釪, "五行原始意義及其紛歧蛻變大要", 『中國古代思維模式與陰陽五行理論起源』, S. Allan・汪濤・范毓周 主編, (南京: 江蘇古籍出版社, 1998), p.134.
54) 金景芳・呂紹綱, 『尙書・虞夏書新解』, (沈陽: 遼寧古籍出版社, 1996), pp.445~446.

들이 자연현상과 사회현상을 다섯 가지 범주로 나누어서 생각했다는 사실이다. 처음에는 자연현상을 水・火・木・金・土로 나누어서 설명하려고 했을 것이다. 이러한 사유방식은 엠페도클레스의 地・水・火・風 4원소설이나 인도의 사대설(四大說)에도 잘 나타나고 있다. 그러나 오행은 단순히 사물을 구성하고 있는 원소를 의미하지는 않는다. 이것은 다섯 가지의 성질 혹은 작용이라고 보아야 한다. 오행의 성질을 잘 알아서 그것을 제대로 활용해야만 자연을 이용할 수 있고, 자연의 재해를 방지할 수 있다는 고대인들의 생각이 오행사상에는 들어 있다.

우임금은 물의 성질을 잘 알아서 치수에 성공할 수 있었지만 그의 아버지 곤은 물의 성질을 잘 알지 못했기 때문에 치수에 실패하였다는 기자의 말이 오행의 의미를 분명하게 보여준다. 물은 우리에게 없어서는 안 되는 중요한 물질이지만 그것의 성질이나 위험성을 알지 못하면 큰 피해를 입을 수 있다. 농사를 짓는 데 있어서도 물은 꼭 필요하지만 그것을 잘 관리하지 못하면 농사를 망치게 된다. 이것은 불이나 흙의 경우에도 마찬가지이다. 그러므로 오행은 고대인들이 살아가는 데 없어서는 안 되는 중요한 요소들을 뽑아서 그것들의 본질을 이루는 성질이 무엇인가를 가장 간략하게 사람들에게 전달하기 위해서 만든 것이라고 하겠다. 이러한 오행은 이후에 모든 자연현상과 사회현상을 설명하는 법칙이나 이론으로 점차 널리 사용되게 되었다.

4. 천인상응(天人相應)

천인상응(天人相應)이란 하늘과 사람이 서로 영향을 주고받는다는 의미를 가지는데 이와 같은 말로는 천인감응(天人感應)이 있다. 여기서 天은 인격적인 초월자를 의미할 수도 있고 일반적인 자연을 의미할 때도 있다. 『서경』 「홍범」에는 인격적인 주재자와 인간 사이에 존재하는 감응이 나오고, 『여씨춘추』 「명류」에는 자연과 인간 사이에 일어나는 감응을 말하고 있다. 그리고 동중서(董仲舒)의 『춘추번로(春秋繁露)』에는 두 가지 종류의 감응이 모두 다루어지고 있다.55) 「홍범」에는 천인상응에 관한 다음과 같은 내용이 나온다.

> 좋은 징조를 말씀드린다면, 천자가 엄숙하면 때에 맞추어 비가 오고, 잘 다스리면 때에 맞추어 날이 개고, 명철(明哲)하면 때에 맞추어 따뜻해지고, 계획을 잘 세우면 때에 맞추어 추위가 오고, 이치에 통달하면 때에 맞추어 바람이 부는 것입니다. 나쁜 징조를 말씀드린다면, 천자가 오만하면 오래 비가 그치지 않고, 분수에 어긋나면 오래 가뭄이 들고, 편안한 것만 누리면 더위가 계속되고, 조급하면 춥기만 하고, 우매하면 바람만 부는 것입니다.56)

이 글의 내용을 크게 둘로 나눈다면 좋은 징조와 나쁜 징조에 관한 설명이다. 그리고 좋은 징조와 나쁜 징조는 최고 지도자인 천자의 행위와 밀접하게 연관되어 있다. 좋은 징조를 불러올 수 있는 천자의 태도와 행위는 숙(肅)·예(乂)·철(哲)·모(謀)·성(聖) 등이다. 이 다섯 가지 말의 의미를 보다 분명히 알기 위해서는 홍범구주 가운데 두 번째에 해당하는 오사(五事)를 살펴볼 필요가 있다.

오사란 貌(외모)·言(말)·視(보는 것)·聽(듣는 것)·思(생각하는 것)를 말하는데 이것들은 각기 바람직한 덕목을 갖는다. 이것을 「홍범」에서는 "외모는 공손해야 하고, 말은 정당해야 하고, 보는 것은 밝게 보아야 하고, 듣는 것은 분명하게 들어야 하고, 생각하는 것은 슬기로워야 합니다. 공손하면 엄숙해지고(肅), 말이 정당하면 잘 다스릴 수 있고(乂), 밝게 보면 지혜롭게 되고(哲), 분명하게 들으면 계획을 잘 세우게 되고(謀), 슬기로우면 환히 통달하게 되는 것(聖)입니다."57)라고 설명하였다.

---

55) 양계초, 풍우란 외, 『음양오행설의 연구』, 김홍경 편역, (서울: 신지서원, 1993), p.225 참조.

56) 『書經』「洪範」, "曰休徵: 曰肅, 時雨若; 曰乂, 時暘若; 曰哲, 時燠若; 曰謀, 時寒若; 曰聖, 時風若. 曰咎徵: 曰狂, 恒雨若; 曰僭, 恒暘若; 曰豫, 恒燠若; 曰急, 恒寒若; 曰蒙, 恒風若."

57) 『書經』「洪範」, "貌曰恭, 言曰從, 視曰明, 聽曰聰, 思曰睿. 恭作肅, 從作乂, 明

오사의 덕목들과 좋은 징조를 부르는 다섯 가지 덕목은 같은 것이다. 그러니까 천자의 외모·말·보는 것·듣는 것·생각하는 것 등이 모두 바람직할 때 하늘이 좋은 징조를 보여준다는 말이다. 그리고 나쁜 징조를 불러올 수 있는 천자의 태도는 광(狂)·참(僭)·예(豫)·급(急)·몽(蒙) 등이다. 천자의 오만함·분수에 어긋남·안일함·조급함·우매함 등은 모두 나쁜 징조를 불러오게 된다는 주장이 「홍범」의 내용이다.

「홍범」의 이러한 사상은 결국 최고 통치자에 대한 하나의 통제 수단이 될 수 있다. 최고 통치자에 대한 견제의 방법이 없으면 자연 국가의 백성들도 어려움을 겪게 되고 심하면 국가의 존립이 위협을 받게 된다. 그러므로 한 나라의 최고 통치자는 항상 자신의 태도를 반성하고 조심할 필요가 있다. 이러한 문제를 자연의 현상과 연관시켜서 해결하려고 한 사상이 천인상응이나 천인감응설이라 하겠다. 여러 가지 자연현상이 모두 하늘의 의지를 표현한다 생각하고 스스로 반성하는 기회로 삼았던 것이다.

『서경』의 「고종융일(高宗肜日)」에도 이와 같은 내용이 있다. 고종은 상나라의 고종을 말하고, 융일(肜日)이란 제사를 지낸 다음 날에 또 제사를 지내는 융제(肜祭)를 지내던 날이라는 의미이다. 「고종융일」의 내용은 이렇다.

> 고종의 융제를 지내던 날에 꿩이 날아와 울었다. 조기가 말했다. 이 일을 먼저 임금께 보고해서 이번 제사의 일을 바로잡도록 해야겠다. 이어 조기는 왕에게 간언하였다. 하늘이 세상 사람들을 살피실 때에는 정의롭습니다. 수명을 내리심에 있어 길고 짧음이 있지만, 결코 하늘이 백성을 요절케 하는 것이 아니라 백성들의 마음이 명을 끊는 것입니다. 백성들이 덕을 따르지 않고 벌을 순순히 받지 않으면 하늘이 곧 명을 내려 그 덕을 바로잡도록 합니다. 그런데 '나를 어찌하랴' 하고만 있습니다. 오호라 뒤를 이은 임금은 백성을 공경해야 합니다. 하늘의 후손이 아님이 없으니, 제사에 있어서 부친의 사당만을 풍성하게 해서는 안 됩니다.[58)]

作哲, 聰作謀, 睿作聖."

58) 『書經』「高宗肜日」, "高宗肜日, 越有雊雉. 祖己曰: 惟先格王, 正厥事. 乃訓于王曰:

조기(祖己)가 말한 "惟先格王, 正厥事(유선격왕, 정궐사)"의 해석에는 서로 다른 견해들이 있다. 굴만리는 이 문장에서 격(格)자를 고(告)로, 궐사(厥事)를 제사 지내는 일로 보고서, "먼저 임금에게 보고하고서 제사 지내는 일을 바로잡도록 해야 한다."로 해석하였다.[59] 공영달(孔穎達)의 『상서정의(尙書正義)』에서는 "옛날에 道에 이른 왕들은 이변이 있으면 그 일을 바로잡았고, 그러면 그 이변이 저절로 사라진다."고 설명하였다.[60] 여기서는 격(格)을 지(至)로 보고서 격왕(格王)을 道에 도달한 임금으로 보았다. 그리고 채침(蔡沈)은 格을 正으로 해석해서 임금의 옳지 못한 마음을 바로잡으면 백성을 공경하는 일과 제사를 지내는 일이 바로잡힌다는 의미로 풀이하였다.[61]

이 글의 내용은 제사를 지내는 날에 꿩이 날아와 운 일을 신하인 조기는 임금이 무엇을 잘못했기 때문에 하늘이 경고하였다고 해석하여 앞으로 임금은 보다 백성을 공경하고 너무 부친의 제사만 풍성히 하지 말라고 권고하는 것이다. 아마 조기는 임금이 백성들을 사랑하는 데 인색하고 부친의 사당만을 풍성하게 하는 처사에 대해서 상당히 불만이었던 모양이다. 그러던 참에 마침 제사를 지내는 날에 꿩이 날아와서 울자 그것을 불길한 징조로 해석해서 왕에게 자신의 생각을 말한 것이리라.

여기에 대해서도 여러 학자들이 각기 다른 견해들을 제시하였다. 『서경』의 「서서(書序)」에는 고종인 무정(武丁)이 商의 제1대 왕인 성탕(成湯)에게 제사를 지낼 때 꿩이 날아와 솥의 손잡이에 앉아서 울었다고 말했고,[62] 『상서대전』에도 무정이 성탕에게 제사를 지낼 때 꿩이 날아와 솥의 손잡이에 앉아서 울었다고 하였으며,[63] 『사기』의 「은본기(殷本紀)」에서는 꿩이

惟天監下民, 典厥義. 降年有永有不永, 非天夭民, 民中絶命. 民有不若德, 不聽罪. 天旣孚命, 正厥德, 乃曰: 其如台? 嗚呼! 王司敬民; 罔非天胤, 典祀無豐于昵."

59) 王雲五 主編, 『尙書今註今譯』, 屈萬里 註譯, (臺北: 商務印書館, 1993), pp.64~65.

60) 『尙書正義』, 『十三經注疏』, 第一冊, (河北省: 國際文化出版公司, 1996), p.508.

61) 『尙書』「高宗肜日」, 『漢文大系』, 卷12, (東京: 富山房, 1984), p.25.

62) 같은 곳.

63) 蔣善國, 『尙書綜述』, (上海: 古籍出版社, 1988), p.209 참조.

날아와 운 일은 무정이 성탕에게 제사를 지낸 다음 날의 일이었고, 「고종융일」을 쓴 사람은 무정의 후계자인 조경(祖庚) 때 조기(祖己)라고 보았다.[64] 그러나 김이상(金履祥)·추계우(鄒季友)·유삼오(劉三五) 등은 모두 이 편은 조경이 고종에게 융제를 지낼 때의 일로 조기가 왕인 조경에게 말하고 지었다고 주장하였다.[65] 굴만리는 갑골문에는 융제에 대한 기록이 많은데 모두 제사를 받는 사람 이름이 앞에 나온다는 사실을 근거로 「고종융일」은 고종에 대한 제사로 해석하였다.[66]

그리고 이 편의 성립시기에 대하여 고힐강은 동주시대라고 하였고, 곽말약(郭沫若)은 「고종융일」에 나오는 '民' 자와 '德' 자를 근거로 은나라 때 성립된 글이 아니라고 주장하였다. '民' 자, '德' 자는 모두 주나라 초기에 등장하는 개념이기 때문에 은나라 때에는 없었다는 의견이다. 그리고 실제로 갑골문에는 그런 글자가 없다고 하였다. 이태분(李泰芬)은 「고종융일」이 전국시대의 초기에 이루진 기록이라 하였고, 진몽가도 『상서통론』에서 전국시대의 작품이라고 말했다.[67]

다음으로 천인상응 사상이 보이는 곳은 「금등(金滕)」이다. 거기에는 "가을에 크게 곡식이 익었으나 거두어들이지 않고 있을 때, 하늘에서 크게 벼락과 번개가 치면서 바람이 불어 곡식이 모두 넘어지고 큰 나무가 뽑히니 나라 사람들이 크게 두려워하였다."[68]는 내용이 나온다. 성왕이 무왕의 뒤를 이어 왕이 되었으나 그의 숙부인 주공(周公)의 진심을 몰랐기 때문에 하늘이 이변을 일으켜서 성왕이 깨닫게 하였다는 이야기이다. 성왕은 쇠줄로 봉한 궤짝에 들어 있던 주공의 기도문을 읽고서 주공의 진심을 알았고, 주공을 맞아들이기 위하여 교외로 나가자 쓰러진 곡식들이 다시 일어났다고 한다.

---

64) 司馬遷, 『史記本紀』, 정범진 외 역, (서울: 도서출판 까치, 1995), pp.62~63.
65) 蔣善國, 『尙書綜述』, (上海: 古籍出版社, 1988), p.209.
66) 王雲五 主編, 『尙書今註今譯』, 屈萬里 註譯, (臺北: 商務印書館, 1993), p.64.
67) 蔣善國, 『尙書綜述』, (上海: 古籍出版社, 1988), p.210 참조.
68) 『書經』 「金滕」, "秋, 大熟, 未穫. 天大雷電以風, 禾盡偃, 大木斯拔, 邦人大恐."

자연현상에 대한 고대인들의 이러한 해석은 사실상 견제하기가 어려웠던 최고 통치자를 통제할 수 있는 좋은 방법이라고 볼 수 있다. 그리고 일반인들에게도 권선징악(勸善懲惡)의 좋은 방법이 될 수 있다. 그러나 자연현상을 인간의 도덕적인 생활과 너무 밀접하게 연결시키게 되면 자연의 재해에 적극적으로 대처할 수 없게 되는 문제점을 지니게 된다. 그래서 결국 자연의 이상한 현상을 막을 생각은 하지 않고 스스로 반성하고 하늘에 기도하는 일로 시간을 보낼 수 있다.

5. 자연숭배

원시인들에게 자연은 분명히 두려움의 대상이었다. 대체로 인간은 잘 모르는 대상에 대해서는 두려워하는 경향이 있다. 그들은 자연을 잘 이해하지 못했기 때문에 여러 가지 자연현상을 설명할 수 있는 방법을 가지지 못했고 그래서 두려움을 먼저 갖게 되었다. 예컨대 큰 강이나 호수의 물을 보면 자연 겁이 나게 되어 있다. 이러한 두려움은 후천적이라고 하는 사람들도 있지만 어느 정도는 선천적인 본능이라고 할 수 있다. 또한 인간은 자연의 엄청난 힘에 놀라지 않을 수 없었다. 홍수가 나거나 큰바람이 불 때 인간은 그들의 힘이 얼마나 미약한지를 실감하고 자연을 두려워하게 된다.

자연에 대한 이러한 두려움은 여러 가지 자연현상을 하늘이 인간에게 보여주는 의사표현이라고 보기도 하였지만 그보다 이전에는 자연물들을 인격화하거나 그것들에 어떤 神이 있다고 생각하였다. 예를 들어 산에는 산신이 있고, 강에는 강의 신이 있고, 호수에는 호수의 신이 있으며, 나무에는 나무의 신이 있다고 생각했다. 이렇게 되면 자연현상은 단순한 자연현상이 아니라 그 자연대상에 있는 신들의 의사표현이 된다. 그리고 이러한 신들은 인격적인 존재이기 때문에 인간의 행동에 대하여 민감하다고 생각하였다. 그래서 결국 이러한 신들의 비위를 거스르게 되면 인간에게 불리한 자연현상이 발생하고 이들 신들이 기분이 좋으면 인간에게 유리한 자연현상이 발생한다고 생각하기에 이르렀다. 여기서 바로 자연숭배가 나타나게 되었다.

고대의 자연숭배는 개인적인 차원에서도 이루어졌지만 국가적인 차원에서도 광범위하게 이루어졌다. 『서경』「요전」에서는 순임금의 업적을 나열하면서 "상제에게 제사 지내고, 육종(六宗)에게 제사 지내셨다. 그리고 산천에 제사 지내고 여러 신들에게 두루 제사 지내셨다."[69]고 기록하고 있다. 여기서 해석에 이견이 있는 부분은 바로 육종이란 말이다. 마융은 육종을 천지와 사시라고 해석하였다.[70] 정현은 성(星)·신(辰)·사중(司中)·사명(司命)·풍백(風伯)·우사(雨師) 등 여섯 천신(天神)이라고 하였다.[71] 그리고 성(星)이란 오성(五星)을 가리키고, 신(辰)이란 해와 달이 만나는 곳에 있는 12차(次)를 말하고, 사중과 사명은 문창(文昌)이라는 별자리의 제5성과 제4성을 말한다. 풍백은 28수의 하나인 기(箕)의 별자리를 말하고, 우사는 필(畢)의 별자리를 말한다.[72] 굴만리는 마융의 설을 따랐고,[73] 김경방과 여소강은 정현의 설을 따르고 있다.[74] 인(禋)의 원래 의미가 하늘에 있는 천신에게 제사를 지낸다는 것이므로 정현의 견해가 대체로 무난하다 하겠다.

고대의 최고 통치자는 하늘의 상제를 비롯하여 여러 별들의 신과 산과 강 그리고 기타 여러 신들에게 제사를 지내고 그들에게 모든 것이 순조롭게 잘 되도록 기도하였다. 『예기』의 「제법(祭法)」에서는 이것을 보다 구체적으로 설명하고 있다.

> 나무를 단 위에 쌓고 그 위에 옥(玉)과 희생을 놓고 태우는 것은 천신을 제

---

69) 『書經』「堯典」, "肆類于上帝, 禋于六宗, 望于山川, 徧于群神."
70) 孫星衍 撰, 『尙書今古文注疏(上)』, (北京: 中華書局, 1998), p.39.
71) 金景芳·呂紹綱, 『尙書·虞夏書新解』, (沈陽: 遼寧古籍出版社, 1996), p.105.
72) 같은 곳.
73) 王雲五 主編, 『尙書今註今譯』, 屈萬里 註譯, (臺北: 商務印書館, 1993), p.10.
74) 金景芳·呂紹綱, 『尙書·虞夏書新解』, (沈陽: 遼寧古籍出版社, 1996), p.105.

> 사 지내는 법이고, 비단과 희생을 제단에 파묻는 것은 지신을 제사 지내는 법인데, 이때 희생은 다 같이 붉은 말과 송아지를 쓴다. 양과 돼지의 두 희생을 제단에 파묻는 것은 사철의 신을 제사 지내는 법이다. 감단(坎壇)에서는 추위와 더위의 신을 제사 지낸다. 왕궁(王宮)에서는 해의 신을 제사 지내고, 야명(夜明)에서는 달의 신을 제사 지내고, 유종(幽宗)에서는 별의 신을 제사 지내고, 우종(雨宗)에서는 가뭄의 신을 제사 지내고, 사감단(四坎壇)에서는 사방의 신을 제사 지낸다. 산림(山林)·천곡(川谷)·구릉(丘陵)이 구름을 내고 비바람을 일으키고 괴이한 현상을 나타내는 것을 모두 신이라고 한다. 천하를 가진 자는 백 가지 신을 제사 지낸다.[75]

이렇게 최고 통치자는 백 가지 신들에게 제사를 지내야 하는 의무를 가진다. 물론 여기서 백 가지 신이란 여러 가지 많은 신들이란 의미를 가진다. 천자는 백성들을 돌볼 의무가 있기 때문에 여러 가지 자연현상에 대하여 민감할 수밖에 없다. 그래서 될 수 있으면 사람들에게 유리한 일들이 일어날 수 있도록 여러 가지 신들에게 정성을 다해 제사를 올렸다.

자연현상을 인격적으로 이해하는 사유방식은 어쩌면 매우 자연스러운 것인지도 모른다. 예컨대 사람도 기분이 좋을 때가 있는가 하면 기분이 좋지 않을 때도 있다. 이것은 날씨가 좋을 때가 있기도 하고 날씨가 나쁠 때도 있는 것과 비슷하다. 사람은 또한 자비로울 때가 있는가 하면 아주 잔인할 때도 있다. 이와 비슷하게 아주 온화한 날씨가 있는가 하면 몹시 춥거나 더운 날씨도 있다. 이런 식으로 비교를 하다 보면 인간의 감정과 행동은 자연의 모습과 많이 닮았다는 생각을 하게 된다. 이런 생각은 곧 인간이 바로 자연의 일부라는 자연관으로 발전할 수 있다.

현대인의 관점에서 보면 고대인들의 이러한 태도는 이해하기가 어렵다. 하지만 인간도 결국은 자연의 일부라는 생각을 긍정하게 되면 고대인들의

---

75) 『禮記』「祭法」, "燔柴於泰壇, 祭天也. 瘞埋於泰折, 祭地也. 用騂、犢. 埋少牢於泰昭, 祭時也. 相近於坎壇, 祭寒暑也. 王宮, 祭日也. 夜明, 祭月也. 幽宗, 祭星也. 雩宗, 祭水旱也. 四坎壇, 祭四方也. 山林、川谷、丘陵能出雲, 爲風雨, 見怪物, 皆曰神. 有天下者百神."

행위에도 전혀 근거가 없는 것은 아니다. 우리는 사회생활을 하면서 다른 사람들의 기분을 살피고 그들의 기분이 나쁘게 되지 않도록 배려한다. 상대방이 자신의 미래를 결정지을 수 있는 사람이라면 더더욱 그의 기분을 살피고, 기분이 좋지 않으면 그것을 풀어주려고 노력한다. 그러한 우리의 노력은 효과를 나타낼 수도 있고 혹은 그렇지 못할 수도 있다.

자연은 인간보다 더 큰 힘을 가졌고 인간의 운명을 결정지을 수 있는 존재이다. 이 자연에 대하여 무엇을 어떻게 해야 할지를 고대인들도 고심하였을 것이다. 여기서 나온 하나의 방법이 바로 자연숭배라고 할 수 있다. 인간의 노력과 정성을 자연이 알 수 있다는 천인상응 사상은 자연숭배와 밀접하게 연관되어 있다. 사람과 사람 사이에 의사소통이 가능하듯이 인간과 자연 사이에도 의사소통이 가능하다는 생각이 전제되지 않으면 인간의 여러 가지 노력은 의미가 없다.

맺음말

지금까지 우리는 『서경』에 나타난 자연관을 몇 가지로 나누어서 살펴보았다. 우선 눈에 띄는 부분은 천문학에 대한 관심과 그것에 관한 지식이다. 고대인들은 생활의 필요에 의해서 해와 달의 움직임을 관측하고 별자리의 이동과 변화를 관찰하여 계절의 변화와 일 년의 길이를 알려고 노력하였다. 특히 농업을 하면서 계절의 변화를 아는 일이 더욱 중요해졌기 때문에 천문학에 대한 관심도 커졌고, 이에 따라서 천문학에 대한 지식도 확대되었다.

다음으로 『서경』의 자연관에서 중요한 내용은 우임금이 홍수를 막아서 살기 좋은 땅으로 만들었다는 기록이다. 『서경』에 의하면 중국 땅은 원래 홍수가 나고 산림과 잡초가 우거져서 사람이 살기에 적당하지 않았다. 특히 홍수 때문에 사람들이 엄청난 피해를 입을 수밖에 없는 곳이었다. 우라는 훌륭한 임금이 나타나서 홍수를 다스리면서 사람이 살기에 좋은 곳으로 바꿔었다. 이러한 『서경』의 기록은 고대 중국인의 자연관을 잘 보여준다. 여기에는 자연에 대한 중국인들의 적극적인 태도가 분명하게 나타나 있다. 살기에 적당하지 못한 곳을 살기에 적당한 곳으로 바꾸는 일은 인간이 해야 할 몫이다. 주어진 자연에 단순히 적응하려는 마음으로만 살지 않고 적극적으로 자연을 변화시켜 살기 좋은 곳으로 바꾸려고 생각했던 것이 중요하다.

그리고 『서경』에는 중국철학에서 중요한 역할을 하는 개념인 오행이 등장하고 있다. 여기에 나오는 오행은 이후에 음양오행설로 발전하여 세계와 사회를 설명하는 중요한 이론으로 자리를 잡게 된다. 오행은 원래 사람들이 살아가는 데 있어서 중요한 다섯 가지 사물들이었다. 이 다섯 가지 사물들의 성질에 대해서 잘 알고서 그것을 적절히 이용하여야만 어려움 없이 살 수 있다는 생각에서 오행사상이 출발하였던 것 같다. 그런데 후세 사람들은 오행의 관념을 사용하여 일련의 자연현상과 사회현상 그리고 정신현상을 분류하였고, 그것으로 인식한 세계의 질서를 설명하려고 하였다. 오행사상은 동양에서 아직까지도 어느 정도 일상생활에서 이용이 되고 있는데, 이것의 의미를 다시 한번 깊이 있게 연구할 필요가 있다.

이 밖에도 「홍범」에는 통치자와 자연현상이 서로 영향을 준다고 생각하는 천인상응(天人相應)의 사상도 들어 있다. 천인상응설은 주로 최고 통치자의 행동이 자연현상과 서로 관련이 있다는 사상이다. 최고 통치자가 정치를 잘하면 하늘이 좋은 자연현상을 불러일으키고, 정치를 잘하지 않으면 좋지 못한 자연현상을 일으킨다는 생각이다. 이러한 사상은 결국 최고 통치자를 견제하는 효과가 있다. 놀랍게도 자연과 인간의 감응을 현대인들은 실감하고 있다. 그것은 다른 게 아니라 인간의 지나친 자연의 개발과 환경파괴는 결국 엄청난 자연의 재해를 불러올 수 있다는 사실이다.

끝으로 『서경』에는 고대인들의 자연숭배 사상이 들어 있다. 자연을 생각과 의지가 없는 물질의 집합체가 아니라 神이 들어 있는 살아 있는 존재로 고대인들은 생각했다. 그래서 자연의 대상을 신성시하여서 항상 조심하고 숭배하기도 하였다. 자연을 인격화한 것은 물론 비과학적이라고 폄하(貶下)

할 수도 있겠지만 인간의 미래를 불확실하게 하는 자연파괴와 환경오염을 초래한 현대인의 자연관보다 오히려 더 합리적인 사상이라고 평가할 수도 있다.

Ⅲ

『주역(周易)』의 자연관

Ⅲ. 『주역(周易)』의 자연관

『주역』은 원래 점을 치는 데 필요한 책이었지만 점차 그 안에 철학적인 내용이 첨가되면서 유학의 대표적인 경전이 되었다. 가장 먼저 이루어졌을 부분으로 생각되는 『주역』의 괘사와 효사에도 이미 고대인의 자연관을 엿볼 수 있는 설명들이 보인다. 그러나 우리가 체계적인 고대인의 자연관을 보려고 하면 역시 공자가 저술하였다는 십익(十翼)에 있는 내용을 보아야 한다.

이 글에서는 십익의 내용에 나타나는 자연관을 주로 살펴보았다. 십익에는 음양의 관념이 분명하게 등장하고 그것으로 모든 일을 설명하려는 의도가 잘 나타나고 있다. 연결된 선(━━)과 끊어진 선(━ ━)에 불과했던 부호들에 음과 양이라는 의미가 부여됨으로써 『주역』의 8괘와 64괘는 새로운 해석과 심오한 해석이 가능하게 되었다. 『주역』과 결합한 음양사상은 이후 중국사상의 발전에 지대한 영향을 끼쳤고, 동양인들의 생활에도 중요한 역할을 하게 되었다.

또한 초기 『주역』의 자연관을 잘 보여주는 것은 고대인들이 8괘에 부여한 의미들이다. 8괘는 각각 상징하는 사물들이 있는데, 이것들은 고대인들이 일상생활에서 가장 중요하게 생각했던 자연대상이라 할 수 있다. 하늘, 땅, 번개, 물, 불, 산, 못, 바람 등은 고대인들의 생활과 밀접하게 연관되어 있는 대상들이다. 이 8가지 자연의 요소들에 대해서 어떤 생각을 가졌는지가 사실은 그들의 자연관이라 할 수 있다.

『주역』에 오행사상이 들어 있는지에 대한 논의는 상당히 많았다. 오행사상이 들어 있다고 주장하는 학자들도 많지만 그들이 주장하는 근거는 그렇게 확실하지가 않다. 그들이 근거로 제시하는 것도 『주역』 전체를 관통하면서 큰 역할을 하는 중요한 내용이 아니다. 8괘만 가지고도 세계를 설명하는데 큰 문제가 없다면 굳이 오행을 도입할 필요는 없었을 것이다.

『주역』에는 자연에 대한 많은 관점들이 들어 있기 때문에 그것을 모두 한 번에 정리할 수는 없다. 여기에서는 만물의 교감에 대한 고대인들의 생각을 살펴보았다. 만물의 교감에 대한 견해는 실제로 음양사상과 밀접하게 연관되어 있다. 만물의 교감은 음양사상으로 설명할 수 있는 이론들 가운데 가장 기본적인 것이다. 하늘을 양으로 보고, 땅을 음으로 보아 하늘과 땅의 기운이 서로 교감함으로써 만물이 발생한다는 생각이다. 말하자면 만물의 아버지는 하늘이요 그 어머니는 땅이라는 세계관이 『주역』에 들어 있다.

1. 음양사상(陰陽思想)

우리는 일반적으로 음양사상이라고 하면 먼저 『주역』을 생각한다. 하지만 『주역』의 육십사괘들은 음양사상에 입각해서 만들어지지도 않았고, 음양사상이 거기서 나온 것도 아니다. 『주역』과 음양사상은 각기 독립적으로 발전하다가 전국시대 말기에 와서 하나의 체계로 통합되었다. 『주역』에서 음양사상이 들어 있는 곳은 십익(十翼)으로 알려진 『역전』이다.

『주역』에서 『역전』을 제외한 부분인 『역경』에는 64괘와 이것을 설명하는 말로 이루어진 괘사(卦辭)와 효사(爻辭)가 있는데, 여기에는 음양사상의 흔적이 전혀 없다. 물론 중부괘(中孚卦)의 구이효(九二爻)의 효사에 '음(陰)'자가 하나 나오지만 이것은 음양사상과 전혀 상관이 없다. 그 효사의 내용은 "우는 학이 그늘(陰)에 있으니 그 새끼가 화답한다."[1]는 것인데, 여기서 '음' 자는 그 뜻이 '음(蔭)' 자와 같은데 그늘을 말한다.

또한 『춘추좌씨전』이나 『국어』에는 『주역』을 이용하여 점을 쳤다는 내용이 나오지만 아직 음양사상은 보이지 않는다. 예컨대 『춘추좌씨전』 「장공(莊公)」 22년에는 "주나라의 태사 중에 『주역』을 가지고 와서 진(陳)나라 임금을 뵙고자 하는 사람이 있었다. 진나라 임금이 점을 치게 하였더니 관지비괘(觀之否卦)를 얻었다."[2]는 내용이 있다. 관지비(觀之否)라는 말은 관괘의 특정한 효(爻)를 지칭하기 위하여 사용한 것이다.[3] 당시에는 아마 아직 효를 가리키는 용어가 없었기 때문에 관지비(觀之否)라고 해서 관괘와 비괘 사이에 서로 다른 효를 나타내었다. 관괘와 비괘에서 다른 효는 바로 육사효(六四爻)이다. 그래서 태사는 말하기를 "이것은 왕을 알현하러 가 나라의 광휘를 보고 왕에게 빈객이 되면 이롭다는 의미입니다."[4]라고 하였다. 이 내용은 현재의 『주역』에서도 그대로 나오는 관괘 육사효의 효사(爻辭)이다. 이 효사에 대해서 태사는 천(天), 풍(風), 토(土), 산(山) 등 팔괘의 의미로 길흉을 판단하지만 음양으로 설명하지는 않았다.

『주역』의 『역전』은 10편의 글로 구성되어 있는데, 「단전(彖傳)」상·하, 「상전(象傳)」상·하, 「문언전(文言傳)」, 「계사전(繫辭傳)」상·하, 「설괘전(說卦傳)」, 「서괘전(序卦傳)」, 「잡괘전(雜卦傳)」 등이 그것이다. 이 글은 공자의 작품이라고 일반적으로 알려져 있으나 학자들은 전국시대에 여러 사람들에 의해서 이루어진 저작으로 보고 있다.[5]

『역전』 중에서 가장 먼저 이루어진 부분으로 생각되는 「단전」에서는 64괘의 괘명과 괘의(卦義) 그리고 괘사에 대해서 설명하고 있다. 「단전」 가운데 음양이라는 말이 나오는 데는 태괘(泰卦)와 비괘(否卦) 두 곳이다. 태괘

1) "鳴鶴在陰, 其子和之"
2) "周史有以周易見陳侯者, 陳侯使筮之, 遇觀之否"
3) 楊伯峻, 『春秋左傳注』 第一冊, (北京: 中華書局, 1995), p.222 참조.
4) "曰, 是謂觀國之光, 利用賓于王"
5) 양계초 외, 『음양오행설의 연구』, 김홍경 편역, (서울: 신지서원, 1993), p.523 참조.

에는 "안은 양이고 밖은 음이다."[6]라는 설명이 있고, 비괘에는 "안은 음이고 밖은 양이다."[7]라는 설명이 있다.

「상전」은 64괘의 괘명과 괘의 그리고 384효의 효사에 대해서 설명하고 있다. 「상전」에서도 음양에 대해서 두 번 언급하였다. 건괘와 곤괘의 초효에 음과 양이라는 말이 나온다. 건괘 초구(初九)에는 "물속에 잠긴 용이니 쓰지 말아야 한다는 것은 양이 아래에 있기 때문이다."[8]라는 설명이 있고, 곤괘 초육(初六)에는 "서리를 밟으면 단단한 얼음이 언다는 것은 음이 비로소 엉기기 시작하였다는 것이다."[9]라는 설명이 있다.

「문언전」은 건괘와 곤괘의 괘사와 효사에 대해서만 설명하는 글인데, 여기에서는 음양에 대한 언급이 세 번 나온다. 건괘 초구를 해석하면서 "물속에 잠긴 용이니 쓰지 말아야 한다는 것은 양기(陽氣)가 감추어져 있기 때문이다."[10]라 하였고, 곤괘 육삼을 해석하면서, "음은 비록 아름다움을 가지고 있다고 하나"[11]라 하였고, 곤괘 상육을 해석하면서 "음이 양과 비슷하면 반드시 싸움이 일어난다. 양이 없는 것을 의심하기 때문이다."[12]라 하였다.

「설괘전」에는 "음양의 변화를 관찰하여 괘를 세우고, 강유(剛柔)를 발휘하여 효를 만들었다. 또한 도덕으로 조정(調整)하고 의리(義理)로 조정하였으며, 이치를 궁구하고 본성을 다하여 천명(天命)에 이르렀다."[13]라는 중요한 내용이 있다. 계속해서 「설괘전」에서는 "이 때문에 하늘의 도를 세워 음과 양이라 하고, 땅의 도를 세워서 강과 유라고 하고, 사람의 도를 세워서 인과 의라 한다."[14]고 설명하였다. 여기에는 음양사상과 유학의 만남이 분

6) "內陽而外陰"
7) "內陰外陽"
8) "潛龍勿用, 陽在下也"
9) "履霜堅氷, 陰始凝也"
10) "潛龍勿用, 陽氣潛藏"
11) "陰雖有美"
12) "陰疑於陽必戰, 爲其嫌於无陽也"
13) "觀變於陰陽而立卦, 發揮於剛柔而生爻, 和順於道德而理於義, 窮理盡性, 以至於命"
14) "是以立天之道曰陰與陽, 立地之道曰柔與剛, 立人之道曰仁與義"

명하게 나타나 있다.

『주역』을 철학적인 내용의 책으로 만들어 준 글은 역시 「계사전(繫辭傳)」이라고 할 수 있다. 일반적으로 공자가 「계사전」을 썼다고 알려져 왔으나 그것을 뒷받침할 만한 증거는 발견할 수 없다. 이와 관련해서 주백곤(朱伯崑)은 「계사전」의 상한이 「단전」, 「상전」과 『장자』 「대종사」의 이후로 전국 후기에 계속 형성된 저작이요, 그 하한은 전국 말년으로 추단할 수 있다고 하였다.[15]

성리학의 발전에 크게 기여한 주염계(周濂溪, 1017~1073), 소강절(邵康節, 1011~1077), 장횡거(張橫渠, 1020~1077), 정명도(程明道, 1032~1085), 정이천(程伊川, 1033~1107), 주자(朱子, 1130~1200) 등의 학자들은 모두 「계사전」을 근간으로 하여 그들의 사상을 전개하였다.

주염계는 『태극도설』을 지어 "무극(無極)이면서 태극(太極)이다. 태극은 운동하여 양을 낳고 운동이 극에 달하면 고요에 이르고 고요함으로써 음을 낳는다."[16]고 말했다. 이것은 사실 「계사전」에 나오는 "역(易)에 태극이 있으니, 이것이 양의(兩儀)를 낳고, 양의가 사상(四象)을 낳고 사상이 팔괘(八卦)를 낳는다."[17]를 다시 설명한 말이다.

소강절도 「계사전」의 내용을 근거로 태극에서 64괘가 발생하는 과정을 보여주는 「64괘 순서도」를 그렸고, 「설괘전」에 나오는 내용을 바탕으로 「선천 8괘 방위도」와 「문왕 8괘 방위도」를 그렸다. 소강절은 「64괘 순서도」에 근거하여 64괘들을 둥글게 나열하기도 하고 그것을 사각형 모양으로 배열하기도 해서 「64괘 방원도」를 그렸다. 서양의 선교사 부베는 이 그림을 보고 라이프니츠가 발견한 이진법과 같다고 주장하기도 했다.

정이천은 「계사전」의 내용을 재해석함으로써 신유학의 토대를 마련하였다. 그는 "한 번 음이 되고 한 번 양이 되는 것을 도(道)라고 말한다."[18]라

---

15) 朱伯崑, 『周易哲學史』 上冊, (北京: 北京大學出版部, 1989), p.49.
16) "無極而太極, 太極動而生陽, 動極而靜, 靜而生陰"
17) "易有太極, 是生兩儀. 兩儀生四象, 四象生八卦"

는 「계사전」의 말을 새롭게 해석하기를 "道는 음양이 아니고, 한 번 음이 되고 한 번 양이 되는 까닭이 道이다."[19]라 정의하였다. 정이천은 음양은 기에 해당하고 그 음양의 운동 원인을 도로 보았다. 또한 그는 기를 형이하자(形而下者)로 보고, 도를 형이상자(形而上者)로 정의하였다. 이렇게 해서 정이천은 신유학의 발전에 지대한 공헌을 하게 된다.

이러한 선배 학자들의 사상을 종합하여 주자는 신유학의 체계를 완성하였다. 주자는 태극을 리(理)로 정의하고, 이것을 만물의 근원이라 하였다. 그리고 비질료적인 원리를 리라 하고, 질료적인 것을 기로 정의하였다. 그는 리와 기로 세계의 모든 것을 설명하는 철학의 체계를 수립함으로써 이후 동양철학의 방향에 엄청난 영향을 끼쳤다. 이 과정에서 「계사전」은 중요한 역할을 하였다. 중국에서 음양으로 세계를 설명하는 방식은 매우 오랜 전통을 가지고 있는데, 이것이 『주역』에 흡수되었고, 다시 이것이 주자의 철학에서 되살아났던 것이다.

2. 팔괘(八卦)

팔괘(八卦)는 8가지의 부호로 음효(⚋)와 양효(⚊)로 이루어져 있으며 3층으로 되어 있다. ⚋ 과 ⚊ 이 두 가지 기호를 음효와 양효라 부르지만 이미 설명했듯이 음양을 먼저 생각하고 이 기호를 그리지는 않았다. 이 두 가지 기호가 가장 단순한 모양이기 때문에 쉽게 생각했을 것이다. 그리고 실제로 이것들은 그리기도 간단해서 사용하기에 편리한 점이 있다. 직선만으로 이루어져 있어서 나무나 돌에 쓰거나 새기기도 아주 쉽다. 원래는 음효와 양효 두 가지의 기호밖에 없지만 이것을 중첩하게 되면 여러 가지 다른 부호들을 만들 수가 있다.

---

18) "一陰一陽之謂道"
19) 『遺書』 권3, "道非陰陽也, 所以一陰一陽道也"

세 개의 음효와 양효를 가지고 만들 수 있는 서로 다른 모양은 8개가 있어서 결국 8괘가 되었으리라. 8괘의 모양은 이렇다. ☰(乾), ☱(兌), ☲(離), ☳(震), ☴(巽), ☵(坎), ☶(艮), ☷(坤). 이 부호들을 처음으로 만든 사람은 누구이며, 무슨 목적으로 만들었는지에 대한 자세한 내용은 전혀 알려져 있지 않다. 어떤 개인이 만들었는지 아니면 어떤 단체가 만들었는지에 대해서도 알 수 없다. 이 부호들은 아주 간단하고 규칙성이 있기 때문에 다양한 용도로 사용되었을 것이라 추측해 볼 수는 있다. 「계사전」에 의하면 8괘는 복희(伏犧)가 그렸다고 한다. 거기에 있는 설명은 이렇다.

> "옛날의 복희씨가 천하를 다스릴 때 우러러서는 하늘에서 형상을 관찰하고 굽어보아서는 땅의 법식을 관찰하며, 조수의 모양새와 지역에 맞는 사물을 관찰하며 가까이는 몸에서 취하고 멀리는 다른 사물에서 취하여, 이에 비로소 팔괘를 그려서 신명의 덕을 통하며 만물의 정을 나누니 노끈을 매서 그물을 만들어 사냥하고 물고기를 잡으니, 대개 이괘(離卦)에서 취하였다."[20]

복희는 전설적인 중국의 왕인데 그가 생활한 연대에 관해서도 책마다 서로 다르다. 어떤 곳에는 기원전 4700년 정도라 기록되어 있고, 어떤 곳에는 기원전 2900년 정도라 기록되어 있다. 그야말로 전설적인 중국의 왕이라 할 수가 있다. 그가 8괘를 그렸다는 이야기도 「계사전」에 근거하였으므로 확실한 게 아님은 두말할 필요도 없다.

풍우란(馮友蘭)은 『중국철학사』에서 "은대에는 8괘가 없었고, 거북점(卜)만 있었고 시초점(筮)도 없었다. 시초점 방식은 바로 주대인들이 창조한 것으로 거북점 방식을 대체하고 보조한 것이었다."[21]고 주장하였다. 그에 의하면 8괘는 거북점의 '조짐'을 모방한 부호이다. 바로 8괘와 64괘는 표준화

---

20) "古者包犧氏之王天下也, 仰則觀象於天, 俯則觀法於地, 觀鳥獸之文, 與地之宜。近取諸身, 遠取諸物。於是始作八卦, 以通神明之德, 以類萬物之情. 作結繩而爲罔罟, 以佃以漁, 蓋取諸離."

21) 풍우란, 『중국철학사』 상, 박성규 역, (서울: 도서출판 가치, 1999), p.599.

된 '조짐'이고, 괘사와 효사는 표준화된 '점사'였다. 거북점의 조짐이란 거북 껍질에 생긴 균열을 말하는데, 이것을 보고 점쟁이는 어떤 일의 길흉을 판단하게 된다. 은대에 8괘가 없었다는 사실은 발굴된 갑골문(甲骨文)을 통하여 확인할 수 있다.

또한 「설괘전」에 의하면 8괘는 상당히 일찍부터 여러 가지 사물들을 나타내는 상징으로 사용되었다. 이것은 8괘가 거북점의 '조짐'에 해당한다는 해석과도 통하는 면이 있다. 말하자면 8괘나 64괘는 현실세계의 축소판의 역할을 하는 상징이기 때문에 각각의 괘들은 현실세계의 대상이나 사태를 반영해야 한다.

그래서 건(☰)은 하늘, 둥근 것, 임금, 아버지, 옥, 금, 찬 것, 얼음, 크게 붉은 것, 좋은 말, 늙은 말, 마른 말, 얼룩말, 나무의 과일 등을 상징한다.

곤(☷)은 땅, 어머니, 베, 가마솥, 인색함, 고른 것, 새끼가 있는 어미소, 큰 수레, 문채, 무리, 자루, 땅에서는 검은 것 등을 나타낸다.

진(☳)은 우레, 용, 흑황색, 꽃, 큰길, 맏아들, 민첩함, 푸른 대나무, 갈대, 말에는 잘 우는 것, 뒷발이 흰 것, 발길질, 흰 이마가 되고, 식물을 심는 데에는 다시 살아나는 것이 된다. 그것은 결론적으로 말하면 튼튼한 것이요, 번성하여 싱싱한 것이다.

손(☴)은 나무, 바람, 장녀, 먹줄처럼 곧은 것, 목공, 흰 것, 긴 것, 높음, 진퇴, 과단성이 없음, 냄새, 사람에는 털이 적음, 이마가 넓음, 눈에 흰자가 많음, 이익을 가까이 하여 삼배로 장사하는 것이다. 그것을 결론적으로 말하면, 조급함을 나타내는 괘이다.

감(☵)은 물, 개천과 도랑, 숨어 엎드림, 굽은 것을 바로잡음, 활과 바퀴, 사람에는 근심을 더함, 심장병, 귓병, 피를 나타내는 괘, 붉은 것이다. 말에는 아름다운 등, 급한 성질, 머리를 숙이는 것, 얇은 발꿈치, 끄는 것이다. 수레에는 병통이 많음을 나타낸다. 통함, 달, 도적 등을 뜻한다. 나무에는 굳고 심이 많은 것이다.

이(☲)는 불, 해, 번개, 가운데 딸, 갑옷과 투구, 창과 병기 등이다. 사람에는 큰 배가 된다. 말리기 위하여 걸어 놓은 것을 나타낸다. 자라, 게, 소라, 조개, 거북을 나타낸다. 나무에는 속이 비고 위가 마른 것이 된다.

간(☶)은 산, 오솔길, 작은 돌, 대문, 과일과 열매, 환관, 손가락, 개, 쥐, 주둥이가 검은 짐승 등이 된다. 나무에서는 단단하고 마디가 많은 것이다.

태(☱)는 연못, 소녀, 무당, 입과 혀, 헐어서 꺾어짐이고 붙어서 떨어짐이다. 땅에는 단단하고 짠 것이 된다. 그리고 첩, 양을 나타낸다.

팔괘가 상징하는 대표적인 사물을 보면, 건은 하늘(天), 곤은 땅(地), 진은 우레(雷), 손은 바람과 나무(風·木), 감은 물(水), 이는 불(火), 간은 산(山), 태는 못(澤) 등이고, 동물들은 말, 소, 용, 닭, 돼지, 꿩, 개, 양 등이 있다. 팔괘가 상징하는 사물들을 보면 중국 고대인들의 생활에서 가장 중요한 게 무엇이었는지를 잘 알 수 있다.

건(乾)이 상징하는 하늘(天)은 고대인에게 가장 중요한 존재이다. 하늘은 단순한 자연적인 대상이 아니라 인격적인 존재가 살고 있는 곳이기도 하다. 그래서 하늘은 우리가 살고 있는 지붕이라는 의미를 가질 뿐만 아니라 인격적인 초월자를 의미하기도 한다. 하지만 『주역』에서의 하늘은 더이상 전통적인 의미의 인격적 주재력을 지니고 있지 않다. 옛날 종교 신앙의 하늘에서 이법적·자연적 하늘로 바뀌었음을 의미한다.

하늘에는 해와 달이 있고 별들도 있다. 해와 달은 계절의 변화를 불러와 사람들의 삶에 지대한 영향을 끼친다. 『주역』에서는 이러한 하늘로 대표되는 자연의 힘을 강건하다고 표현하고 있다. 해와 달 그리고 별들이 계절의 변화에 맞추어 정확하게 움직이고 쉬지 않는 모습에서 고대인들은 강건함과 부지런함을 보았다.

만일 하늘의 움직임에 고장이라도 생기면 어떻게 되겠는가? 또는 하늘이 게으름이라도 피우면 어떻게 되겠는가? 대혼란이 일어날 것은 너무도 분명하다. 사람으로 말하면 건강하고 부지런한 상태에 있는 자가 바로 하늘이라고 생각하였다. 집안에서는 아버지와 같은 존재가 하늘이라고 생각했다.

곤(坤)이 상징하는 땅(地)은 집안에서 어머니와 같이 중요한 존재이다. 땅은 사람들이 살아가는 터전이며, 무한한 생산력을 가지고 있어서 사람들을 먹여 살린다. 땅 위의 모든 생명체들은 땅에서 나서 거기서 나오는 먹을거리를 먹으면서 살다가 다시 흙으로 돌아가기를 반복하게 된다. 『주역』에서는 땅의 두터움과 끝없이 넓다는 점을 강조하였다. 땅이 얇고 끝이 있다면 만물을 다 실을 수가 없다. 거대한 산과 바다를 싣고도 내려앉거나 꺼지지 않는 이유는 그 두터움 때문이고, 가도 가도 끝이 없는 까닭은 그만큼 넓기 때문이다.

진(震)이 상징하는 우레(雷)는 하늘의 성난 목소리와도 같다. 우레는 산 속의 호랑이 소리와 같으며, 초원의 사자의 울음소리와 비슷하다. 우레를 들으면 사람들은 두려운 마음이 생기고 자신의 잘못을 돌아보게 된다. 자연이 내는 소리 가운데 우레만큼 인간을 두렵게 만드는 건 없다. 그러나 우레는 아주 드물게 번개와 함께 사람이나 사물들을 파괴하기도 하지만 대부분은 위협으로 끝나고 만다. 오히려 우레는 기다리던 비가 내릴 것을 알리는 신호가 되는 경우가 더 많다. 그래서 『주역』에서는 우레를 두려움과 복의 상징으로 보고 있다.

손(巽)이 상징하는 바람은 아마도 공기의 의미까지도 포함할 것이다. 눈에 보이지 않지만 생명을 유지시킬 수 있도록 해 주는 게 바로 공기이다. 그래서 공기는 바로 생명을 의미하기도 한다. 또한 바람은 젖은 물건을 말리고 더운 몸을 식혀 주기도 한다. 바람이 불지 않으면 답답하게 되고 사물들이 썩게 된다. 고대인들도 공기와 바람의 고마움을 잘 알고 있었음이 틀림없다. 『주역』에서는 이 괘가 겸손함을 나타낸다고 생각하였다.

감(坎)이 상징하는 물도 중요하기는 어느 것에 뒤지지 않는다. 물은 만물을 키우는 데 없어서는 안 되는 중요한 물질이다. 고대인들도 이것을 알았기에 팔괘 가운데 하나로 물을 상징하게 만들었을 것이다. 그런데 특이하게도 『주역』에서는 감이 고난을 의미하는 괘이다. 이것은 고대 중국인들이 경험한 엄청난 홍수의 피해를 간접적으로 말해 주고 있는 듯하다. 옛날부터 황하의 범람으로 많은 피해를 입은 중국인들은 물의 고마움보다는 그 부작용에 더 관심이 많았던 모양이다. 그래서 훌륭한 통치자는 바로 물을 잘 다스리는 인물이어야 한다고 믿기도 하였다.

이(離)가 상징하는 사물은 불과 해이다. 불과 태양은 만물을 키우고, 어둠을 밝힌다. 추위를 물러가게 만드는 힘도 불과 태양이 가지고 있다. 태양이 자연적인 존재라면 불은 사람이 인위적으로 조작할 수 있는 자연물이다. 불을 인류가 다룰 수 있게 되면서 문명의 싹은 본격적으로 자라나게 되었다. 음식을 익혀서 먹고 쇠를 녹여서 여러 가지 생활용품을 만들기도 한다. 『주역』에서는 이 괘가 상징하는 밝음을 특히 강조하였다.

간(艮)은 산을 상징한다. 산에는 나무들이 있고, 온갖 짐승들이 사는 곳이기도 하다. 깊은 산 계곡에서는 사시사철 맑은 물이 흘러나오기도 한다. 또한 높은 산에 올라가면 하늘에 가까워질 수가 있고, 먼 곳까지 바라볼 수도 있다. 『주역』에서는 산을 사람들이 앞으로 나아가는 활동을 가로막아 그치게 하는 존재로 보았다. 문왕의 팔괘에서 간괘를 동북 방향에다가 배치한 이유도 그곳에 산이 많기 때문이리라. 『주역』에서는 그치는 행동을 나쁘게 보지는 않았다. 그쳐야 할 곳에서 제때에 그칠 줄 아는 절제는 군자에게 중요한 미덕이기 때문이다.

태(兌)는 못을 상징한다. 못은 물을 가두어 놓은 곳이다. 물이 모이면 거기에 온갖 동식물들이 자라나게 되고, 또한 사람들은 그 물을 이용할 수도 있다. 이때의 물은 홍수가 났을 때의 물이 아니라 인간이 이용할 수 있는 물이다. 모인 물은 옹달샘이 되어서 갈증을 해결할 수 있고, 농작물을 기를 수도 있으며, 큰 연못은 물고기를 잡을 수도 있다. 그래서 『주역』에서는 태괘를 즐거움을 나타내는 괘로 보았다.

3. 오행사상

『주역』에 오행사상이 들어 있는지에 대한 논의는 그 역사가 오래되었다. 사마천(司馬遷)은 『사기(史記)』 「태사공자서(太史公自序)」에서 동중서(董

仲舒)로부터 들었다는 사실을 전제한 뒤 말하기를 "『역』은 천지의 음양과 사시와 오행을 드러낸 것이어서 변화를 파악하는 데 장점이 있다."[22]고 하였다. 사마천의 이 주장은 물론 동중서의 생각을 반영하고 있다. 동중서는 음양가의 사상을 유학에 끌어들인 학자였기 때문에 당연히 『주역』에서도 음양오행설의 근거를 찾으려고 하였을 것이다.

주자도 『역학계몽(易學啓蒙)』에서 「계사전(繫辭傳)」에 나오는 "하늘의 수는 1이요, 땅의 수는 2이다. 하늘의 수는 3이요, 땅의 수는 4이다. 하늘의 수는 5요, 땅의 수는 6이다. 하늘의 수는 7이요, 땅의 수는 8이다. 하늘의 수는 9요, 땅의 수는 10이다."[23]라는 구절을 「하도(河圖)」와 연결해서 오행사상으로 설명하였다.

> 이 한 구절은 공자가 「하도」의 수를 밝혀 드러낸 것이다. 천지 사이에는 일기(一氣)가 있을 뿐이나 나뉘어 둘이 되면 음양이 된다. 오행의 조화와 만물의 시작과 끝을 모두 이것이 주관한다. 그러므로 「하도」의 위치를 보면 1과 6은 함께 마루(宗)로서 북쪽에 자리하고, 2와 7은 벗이 되어 남쪽에 자리한다. 3과 8은 같은 도(道)로서 동쪽에 자리한다. 4와 9는 친구가 되어 서쪽에 자리한다. 5와 10은 서로 지키면서 중앙에 자리한다. 그러나 그것들이 수를 이루는 까닭은 한 개의 음과 한 개의 양, 한 개의 홀수와 한 개의 짝수에 불과하니 음과 양, 홀수와 짝수 두 가지를 가지고 오행으로 했을 뿐이다.[24]

주자의 이 설명은 『주역』의 근원을 「하도」와 「낙서(洛書)」로 보았음을 잘 말해 준다. 그는 「계사전」의 내용을 그대로 믿고서 이러한 해석을 하였으리라. 그러나 지금 전해지는 「하도」와 「낙서」를 『주역』의 근원이라고 생

---

22) "易著天地陰陽四時五行, 故長於變"
23) "天一地二, 天三地四, 天五地六, 天七地八, 天九地十"
24) 『易學啓蒙』 1, "此一節夫子所以發明河圖之數也. 天地之間一氣而已. 分而爲二, 則爲陰陽而五行造化, 萬物始終無不管於是焉. 故河圖之位, 一與六, 共宗而居乎北, 二與七, 爲朋而居乎南, 三與八, 同道而居乎東, 四與九, 爲友而居乎西, 五與十, 相守而居乎中. 蓋其所以爲數者, 不過一陰一陽一奇一偶, 以兩其五行而已."

각하지 않는 학자들도 많았다. 예를 들어 북송의 구양수(歐陽修)는 「계사전」의 내용에 대해서 부정적인 태도를 취하였고 「하도」와 「낙서」를 거론한 부분은 성인의 말이 아니라고 비판하였다. 청대의 황종희(黃宗羲)는 「계사전」은 성인의 작품이라고 생각했지만 「하도」와 「낙서」의 내용에 대해서는 전혀 다른 견해를 가지고 있었다. 그는 도서(圖書)를 지리서라고 주장하였다.[25)]

물론 현대의 학자들 가운데도 주희와 같은 견해를 가진 사람들이 있다. 예컨대 곽위(郭爲)는 그의 『음양오행가사상지평술(陰陽五行家思想之評述)』에서 『주역』에 음양오행가들의 사상이 들어 있다고 확신하였다. 그래서 그는 "『주역』이 존중을 받게 된 것은 『역전』 때문이다. 만약 『역전』이 없었다면 『주역』은 하나의 평범한 점서에 불과하였을 것이다. 『역전』에는 음양오행가의 말이 혼재되어 있다. '천문을 관찰하여 때의 변화를 살핀다(「분괘·단」)'거나 '하늘이 자연의 상을 드리워서 길흉이 무엇인지를 드러내 보이니 성인이 그것을 본받았다. 황하에서는 「하도」가 나오고 낙수에서는 「낙서」가 나오니 성인이 그것을 기준으로 삼았다(「계사상」)'는 말은 그것의 뚜렷한 증거이다. 따라서 『주역』이 존중을 받게 되었다는 것은 곧 음양오행가가 존중을 받게 되었다는 말과 같다."[26)]고 설명하였다.

고회민(高懷民)은 『대역철학론(大易哲學論)』에서 「설괘전」에 오행사상이 있다는 견해를 지지하였다. 그래서 "위에서 말하는 것들은 분명하게 하나의 둥근 원형의 괘도를 말하고 있다. 즉 8괘를 사계절의 괘와 팔방으로 배합하고 있는데, 이것은 역학사상 최초의 원형괘도이다. 위의 문장에서는 오행의 상생상극에 대해 직접적으로 말하고 있지는 않으나, 이 원도가 말하는 것에 근거하여 배열해 보면, 바로 그것은 「오행상생도」라는 것을 충분히 짐작할 수 있을 것이다. 이 괘도는 분명히 오행상생의 사상적 영향 아래에서 만든 것이다."[27)]라고 말하였다.

---

25) 文載坤, "「河圖」·「洛書」의 形成과 改托", 『周易의 現代的 照明』, (서울: 범양사, 1992), p.274 참조.
26) 양계초 외, 『음양오행설의 연구』, 김홍경 편역, (서울: 신지서원, 1993), p.249.

궁철병(宮哲兵)도 1988년에 출판된 저서 『춘추전국시대 변증법사 연구』에서 『주역』에 오행사상이 들어 있다고 주장하였다. 그는 춘추전국시대의 오행, 음양, 중화, 일양 등 여러 가지 범주가 『역전』에서 종합되었다고 생각하였다. 그는 오행사상이 『역전』에 들어 있다는 근거를 「설괘전」에서 찾았다.

> 『역전』은 또 오행사상을 자신의 팔괘체계 속에 편입시키려고 시도한다. 「설괘(說卦)」에는 다음과 같은 말이 있다. "상제는 만물을 진괘(震卦: 진괘는 동쪽이다)에서 태어나게 하고, 손괘(巽卦: 손은 목이다, 동남쪽이다)에서 함께 자라나게 하며, 이괘(이괘: 이는 불이다, 남쪽의 괘이다)에서 성장하게 하고, 곤괘(곤괘: 곤은 땅이다)에서 자양을 얻도록 하고, 태괘(兌卦: 태는 가을이다)에서 기쁨을 누리게 하고, 건괘(乾卦: 건은 금이다, 서북쪽의 괘이다)에서 음양이 서로 다투게 하고, 감괘(坎卦: 감은 수이다, 정북방의 괘이다)에서 휴식하게 하고, 간괘(간괘: 간은 동북의 괘이다)에서 완성케 한다." 이것은 동·서·남·북·중앙의 오방과 목·화·토·금·수의 오행을 팔괘에 분배한 최초의 구상이다.[28)]

궁철병이 여기서 인용한 「설괘전」의 내용은 우리가 「문왕 팔괘방위도」라고 부르는데 팔괘를 팔방에 배치한 그림이다. 이 방위도에서 진괘는 동쪽, 태괘는 서쪽, 이괘는 남쪽, 감괘는 북쪽, 손괘는 동남쪽, 간괘는 동북쪽, 곤괘는 서남쪽, 건괘는 서북쪽에 있다. 그런데 오행으로 방위를 표시할 때는 목이 동쪽, 금이 서쪽, 화가 남쪽, 수가 북쪽 그리고 토가 중앙에 온다. 이 두 가지 체계에서 일치하는 부분은 남쪽과 북쪽이다. 오행에도 물과 불이 있고, 팔괘에도 물과 불이 있는 사실이 신기할 뿐이다. 아마 이것도 『역전』에 오행사상이 들어 있다고 주장하는 중요한 근거가 되었던 것 같다.

하지만 또 다른 학자들은 『역전』에 오행사상이 없다고 주장해서 어떤 견

---

27) 高懷民, 『주역철학의 이해』, 정병석 역, (서울: 문예출판사, 1996), p.64.
28) 양계초 외, 『음양오행설의 연구』, 김홍경 편역, (서울: 신지서원, 1993), pp.420~421.

해가 옳은지를 판단하는 데 어려움이 있다. 예를 들어 서복관(徐復觀)은 그의 『중국인성론사(中國人性論史)』에서 『주역』과 『역전』에는 오행사상이 나타나지 않는다고 단언하였다. 그래서 그는 단정적으로 "「계사상」에는 '하늘의 수는 다섯이고, 땅의 수도 다섯이다.'라는 말과 '일・삼・오・칠・구는 하늘의 수이고, 이・사・육・팔・십은 땅의 수이다.'라는 말이 나오지만 이것은 모두 서법(筮法)을 말한 것이다."[29]라 말했다. 그에 의하면 선진시대에는 결코 오행을 가지고 생성과 변화를 설명하지 않았다. 오행과 음양을 결합하여 『주역』을 해석하는 후대의 방법은 모두 한대의 유학자들이 만들어 내었다. 음양과 오행을 결합시킨 일은 추연이 시작하였다.[30]

사송령(謝松齡)은 『음양오행학설사』에서 추연의 오덕종시설에는 음양관념이 발견되지 않고, 『역전』에는 오행관념이 나타나지 않는다고 결론을 내렸다. 그래서 그는 "전통적인 견해에서는 「설괘전」에서 팔괘가 오행에 배속되며, 따라서 오행관념이 내포되어 있다고 하지만 내가 보기에 그것은 견강부회이다. 우선 「설괘전」은 팔괘를 팔방, 즉 사방과 사우(四隅)에 배속하면서도 유독 오행체계에서 가장 중요한 의미를 지니고 있는 한 곳, 즉 중앙에 대해서는 언급이 없다. 또한 「설괘전」에서는 팔괘가 상징하고 있는 사물로 금・목・수・화를 그것이 상징하는 색으로 적・흑・황・백을 들고 있지만 거기에도 오행의 의미는 없다."[31]고 말하였다.

그는 자신의 주장을 증명하기 위하여 「설괘전」의 내용을 자세하게 분석하였다. 예를 들면 건괘가 상징하는 것 가운데는 금(金)이 있고, 크게 붉은 것이 있다. 그런데 오행에서는 금(金)에 해당하는 색깔은 백색이다. 곤은 땅을 상징하고, 검은 색을 상징한다. 그러나 오행에서 토(土)는 황색에 해당한다. 또한 사송령에 의하면 땅과 토는 같은 것이 될 수도 없다. 진괘는 동방을 상징하고 흑황색을 나타낸다. 오행에서는 동방에는 청색이 온다. 손

---

29) 같은 책, p.139.
30) 같은 책, p.141 참조.
31) 같은 책, p.528 참조.

괘는 나무와 흰색을 상징한다. 오행에서는 나무가 청색에 해당한다. 간괘는 수(水)와 붉은 색을 나타낸다. 오행에서는 물에 해당하는 색은 흑색이다.

이와 같이 「설괘전」의 내용과 오행설은 일치하지 않는 부분이 너무 많다. 이것을 근거로 사송령은 『역전』에는 오행사상이 없다는 결론을 내렸다. 그리고 그는 「계사전」이 오덕종시설과 오행설보다 나중에 나왔다고 주장하기도 하였다. 그 이유를 그는 "오덕종시설은 황제부터 시작되며, 「홍범」 오행설은 우왕에게 가탁된다. 그런데 「계사전」의 작자는 팔괘가 복희에게서 시작되었다고 서술하고 있다. 사실 고대 중국의 사상계에는 늦게 나타난 학설일수록 더욱 고대의 인물에게 그 학설을 가탁하는 습관이 있었다."[32]라고 설명하였다.

풍우란(馮友蘭)도 8괘설과 오행설은 서로 다른 체계로 서로 혼합되지 않고 발전하였으며, 한대에 이르러 비로소 종합되었다고 주장하였다.[33] 그에 의하면 선진시대에는 8괘를 말한 사람들은 오행을 말하지 않았고, 오행을 말한 사람들은 8괘를 말하지 않았다. 그래서 추연(騶衍, B.C. 305~240)은 음양가라 불렸지만 오행만 말하고 8괘는 말하지 않았다. 그렇다면 음양과 오행이 결합된 시기는 추연 이후가 되겠다.

4. 만물의 교감

『주역』은 원래 점을 치기 위한 책이기 때문에 처음에는 거기에 심오한 사상이 들어 있지 않았다. 세월이 흐르면서 거기에 심오한 사상이 들어가서 이 책과 점(占)의 권위를 만들어 주는 방향으로 발전하였다. 십익(十翼)이 바로 그러한 역할을 하고 있다. 원래 『주역』에는 음효와 양효에 대한 특별한 의미도 나타나지 않는다. 마찬가지로 하늘을 양으로 땅을 음으로 생각하

---

32) 같은 책, p.530.
33) 풍우란, 『중국철학사』 상, 박성규 역, (서울: 도서출판 가치, 1999), p.606.

게 된 것도 나중에 추가된 내용이 분명하다.

『주역』에 음양사상이 들어가면서 64괘에 대한 해석도 매우 철학적인 방향으로 발전하게 되었다. 음양사상의 핵심은 하늘을 양으로 땅을 음으로, 수컷을 양으로 암컷을 음으로 생각하는 데 있다. 대부분의 생물들에는 수컷과 암컷이 있고, 이것들은 교합을 통해서 후손을 생산한다는 사실을 고대인들도 잘 알고 있었다. 이러한 자연현상을 잘 알고 있었던 고대인들은 하늘과 땅도 다른 생물들과 마찬가지로 교합을 통해서 만물들을 생산한다고 생각했을 것이다.

바로 이러한 세계관이 『주역』의 곳곳에 잘 나타나고 있다. 예를 들어 함괘(咸卦)의 단사(彖辭)에는 "함(咸)은 감응한다는 뜻이다. 부드러운(柔) 기운이 위로 올라가고 강(剛)한 기운이 아래로 내려와서, 두 기운이 감응하여 서로 함께 한다. 남자는 머무르고 여자는 기뻐한다. 남자는 여자에게 자신을 낮춘다. 이것이 바로 '형통하는 것이니 마음을 바르게 가지면 이로우며, 여자를 얻으면 길하다.'(괘사)는 것이다. 하늘과 땅이 감응하여 만물이 화생(化生)하니, 성인이 인심을 감응시켜 천하가 화평하게 된다. 그 감응하는 바를 살펴보면 천지만물의 정감을 볼 수 있다."[34]라는 내용이 나온다.

함괘는 위에는 태괘(☱)가 있고, 아래에는 간괘(☶)로 이루어져 있다. 태괘는 못, 소녀(少女), 기쁨을 상징한다. 그리고 간괘는 산, 소남(少男), 그침(止)을 상징한다. 그래서 함괘는 위에는 소녀가 있고, 아래에는 소남이 있는 모양이다. 말하자면 음이 위에 있고, 양이 아래에 있는 상태이다. 음기는 아래로 내려오려는 성질이 있고, 양기는 위로 올라가려는 성질이 있다. 결국 함괘는 음기와 양기가 서로 만나서 합쳐지고 교류하는 형태를 만들고 있다. 이 내용을 함괘의 단사는 잘 설명해 준다.

이러한 사상은 태괘(泰卦)에도 분명하게 나타난다. 태괘의 모양은 위에

---

34) "〈彖〉曰: 咸, 感也。柔上而剛下, 二氣感應以相與, 止而說, 男下女, 是以亨, 利貞, 取女吉也。天地感而萬物化生, 聖人感人心而天下和平。觀其所感, 而天地萬物之情可見矣"

곤괘(☷)가 있고, 아래에 건괘(☰)가 자리하고 있다. 다시 말해 음기가 위에 있고, 양기가 아래에 있는 형태이다. 그래서 태괘의 단사에서는 "태는 음기가 하강하고 양기가 상승하기 때문에 길하여 형통하다 함은 하늘과 땅이 교류하여 만물이 통한다는 것이다. 위와 아래가 교류하여 그 뜻이 같은 것이다. 안은 양(陽)이요 밖은 음(陰)이며, 안은 건실하고 밖은 유순하며, 안은 군자이고 밖은 소인이며, 군자의 도는 자라나고 소인의 도는 사라지는 것이다."[35] 라고 설명하였다.

태괘의 괘사는 "小往大來, 吉亨"인데, 여기서 소(小)는 음을 말하고, 대(大)는 양을 나타낸다. 단사의 설명에 따르면 소는 소인을 상징하고 대는 군자를 상징한다. 그래서 괘사를 '소인은 가고, 군자는 오니 길하고 형통하다'로 해석하기도 한다. 그런데 태괘의 모양을 보면 음기를 대표하는 곤괘가 위에 있고, 양기를 대표하는 건괘가 아래에 있다. 이 모양을 가지고 괘사를 해석하면 음기는 아래로 내려오고 양기는 상승한다고 볼 수도 있다. 그래서 그 모양이 하늘과 땅이 서로 교감하는 것 같기 때문에 길하고 형통하다는 풀이가 가능하다. 하늘과 땅의 교감은 만물을 생산하는 것을 의미하기 때문에 중요할 수밖에 없다. 「계사전」에서 "하늘과 땅의 큰 덕은 생(生)이다."[36] 라는 말이 바로 하늘과 땅의 끊임없는 생산을 잘 보여주고 있다.

태괘와 대조를 이루는 괘가 바로 비괘(否卦)로 태괘가 뒤집힌 모양을 하고 있다. 건괘가 위에 있고 곤괘가 아래에 있는 형태이다. 음이 아래에 있고 양이 위에 놓여 있어서 매우 안정적일 것 같은데 사실은 그렇지 않다. 비괘의 괘사(卦辭)에서는 "비(否)는 사람의 도가 행하지 못하는 괘이다. 군자의 바르고 곧은 도도 이롭지 않다. 군자가 떠나고 소인이 오는 것이다."[37] 라고 풀이하였다. 이 괘는 음기가 차츰 커져가는 상태이고, 양기가 점차 사라지

35) "〈彖〉曰: 泰, 小往大來, 吉, 亨。則是天地交而萬物通也, 上下交而其志同也。內陽而外陰, 內健而外順, 內君子而外小人, 君子道長, 小人道消也"

36) "天地之大德曰生"

37) "否之匪人, 不利君子貞, 大往小來"

는 형태를 하고 있다. 그래서 군자는 떠나고 소인은 온다고 해석하였다. 또 아래로 내려가는 음기는 아래에 있고 위로 향하는 양기는 위에 있기 때문에 음기와 양기가 헤어지는 모양이다. 음기와 양기는 만나서 화합하는 상태가 좋은 현상인데 그것들이 서로 헤어지니 좋은 일이 아니라는 해석이다. 남자와 여자가 만나서 결혼하지 못하고 헤어지는 모양이므로 좋은 괘가 아니다.

이것을 비괘의 단전에서는 "비(否)는 사람의 도가 아니다. 군자의 도가 바르고 곧아도 이롭지 않으며 큰 것이 가고 작은 것이 온다 함은 하늘과 땅이 서로 교류하지 않아서 만물이 통하지 않는다는 것이다. 위와 아래가 서로 사귀지 않으니 천하에 나라가 없다는 것이다. 안은 음이고 밖은 양이며, 안은 부드럽고 밖은 강하며, 안은 소인이고 밖은 군자이니, 소인의 도는 자라나고 군자의 도는 사라지는 것이다."[38]라고 설명하였다.

비괘의 괘사에 나오는 "大往小來"는 태괘의 괘사에 나오는 "小往大來"와는 반대의 의미를 가진다. 아마 음양사상이 도입되기 전에는 양효를 큰 것으로 음효를 작은 것으로 보는 게 점을 치는 사람들의 일반적인 해석이었던 모양이다. 나중에 음양사상이 도입되면서 괘의 해석이 매우 다양해지고 논리적인 해석으로 변하였다. 태괘는 음기와 양기가 교류하는 모양을 나타내고, 비괘는 음기와 양기가 흩어지는 모양을 나타낸다는 해석은 나중에 만들어졌을 것이다.

하늘을 남자로 땅을 여자로 보고, 그 가운데 존재하는 모든 생물들은 그 둘의 자식으로 보는 세계관이 『주역』에 잘 나타나 있다. 그래서 많은 학자들이 중국인의 자연관을 유기체론이라고 부른다. 세계를 하나의 살아 있는 생명체로 생각하였다는 말이다. 이러한 세계관은 모든 것을 원자의 이합집산으로 설명하였던 데모크리토스의 세계관과는 확실히 다르다. 자연을 기계적으로 설명하지 않고, 하나의 살아 있는 생명체로 간주하고 그것의 움직임을 파악하려는 태도가 고대 중국인들에게 이미 잘 나

---

38) "〈彖〉曰: 否之匪人, 不利君子貞, 大往小來。則是天地不交而萬物不通也, 上下不交而天下無邦也。內陰而外陽, 內柔而外剛, 內小人而外君子。小人道長, 君子道消也"

타나고 있다.

이러한 세계관은 점을 치는 중국인들의 전통과 잘 융합하였다. 이미 풍우란이 말했듯이 점을 치는 행위는 바로 조짐을 살피는 것이다. 거북의 껍질이나 소의 뼈에 나타나는 조짐이 인간사의 길흉을 말해 준다는 믿음을 점을 치는 사람은 기본적으로 가지고 있다. 어떻게 인간사의 길흉이 거북의 껍질이나 소뼈에 나타날 수 있을까? 아마 이러한 생각은 부분이 전체를 반영한다는 철학적인 견해로 발전하였을 것이다.

예컨대 중국에서는 일찍부터 사람과 우주가 그 모양이 닮았다고 하여 사람을 소우주라 불렀다. 그리고 중국의학에서는 사람의 전체 모습이 손이나 발 또는 귀 등에 숨어 있다고 믿었다. 말하자면 손바닥에 우리 몸 전체가 축소되어 숨어 있다는 생각이다. 손의 특정부위는 머리를 나타내고 또 어떤 부분은 배를 나타내기도 한다. 그래서 머리가 아프면 손바닥의 어떤 부분에 자극을 주면 통증이 사라진다고 믿었다.

맺음말

지금까지 『주역』의 자연관을 몇 가지로 나누어서 살펴보았다. 이미 말했듯이 『주역』의 자연관은 그렇게 단순하지가 않다. 상당히 다양한 형태의 자연관이 거기에 혼합되어 들어 있다. 여기서 다룬 부분은 전체의 한 부분에 불과하다고 해도 지나친 말이 아니다.

노사광(勞思光)은 효사에서 두 가지 특징을 발견하였는데, 하나는 '사물이 극단에 이르면 반드시 되돌아온다'(物極必反)는 사상이고, 또 하나는 거중(居中)의 사상이다.[39] 거중의 사상이란 가운데 있는 효의 점괘는 대체로 길하다는 이론이다.

39) 勞思光, 『中國哲學史』(고대편), 정인재 역, (서울: 탐구당, 1986), pp.33~35 참조.

효사는 상당히 일찍 이루어진 작품이므로 노사광이 지적한 두 가지 사상은 이미 초기에 형성된 것이 분명하다. 특히 '물극필반(物極必反)'의 사상은 고대인들이 자연현상을 관찰하여 발견한 원리와 관련이 있음은 두말할 필요도 없다. 봄이 와서 따뜻한 날이 계속되다가 드디어 무더운 여름이 된다. 그러나 여름이 언제까지나 계속되는 게 아니라 가을이 오고 다시 겨울이 와서 추워진다. 겨울의 추위도 일정한 기간이 지나면 사라지고 점차 따뜻한 봄이 찾아온다.

물극필반의 사상은 음양사상에서도 적용이 되고 있다. 예를 들어 음양사상에서도 계절의 변화를 음양의 성쇠(盛衰)로 설명하기 때문이다. 이 경우 물극필반의 사상이 먼저이고 이것을 음양의 성쇠로 다시 설명했다고 보아야 할 것이다. 이 사상은 또한 『도덕경』에서도 보이는데, 대표적인 표현이 40장에 나오는 "되돌아가는 것이 도(道)의 움직임이다"[40]라는 구절이다. 고대인들도 계절의 변화와 달의 움직임 등을 통해서 어느 것이나 최고에 도달하면 다시 점차 쇠퇴한다는 사실을 알고 있었다.

『주역』의 자연관은 고대 중국인들의 자연에 대한 견해가 어떻게 변천하면서 발전했는가를 잘 보여주고 있다. 또한 『주역』의 자연관은 동양인들의 독특한 자연관을 형성하는 데도 커다란 역할을 했다고 할 수 있다. 시대적으로 구분을 해 보면 초기에는 『주역』에서 다양한 자연관이 통합되었고, 나중에는 그러한 자연관들이 동양인에게 많은 영향을 끼쳤다.

---

40) "反者道之動"

IV

『예기(禮記)』「월령(月令)」의 자연관

Ⅳ. 『예기(禮記)』「월령(月令)」의 자연관

『예기』에는 『대대예기(大戴禮記)』와 『소대예기(小戴禮記)』가 있는데, 앞의 책을 『대대예(大戴禮)』라고도 하고 뒤의 책을 『소대예(小戴禮)』라고도 한다. 『대대예기』는 漢나라 원제(元帝: 재위, B.C. 48~B.C. 33) 때 대덕(戴德)이 편찬하였고, 『소대예기』는 대덕의 조카인 대성(戴聖)이 편찬하였다. 우리가 일반적으로 『예기』라고 부르는 책은 대성이 편찬한 『소대예기』를 말한다. 「월령」은 『예기』에 들어 있는 편명(篇名)이다. 「월령」이란 일년 열두 달 조정에서 행해야 할 정령(政令)을 말한다. 여기에는 먼저 천문과 기후 그리고 거기에 맞추어서 통치자가 마땅히 해야 할 일들이 자세하게 기록되어 있다.

이 「월령」을 누가 지었는가에 대해서는 여러 가지 주장들이 있다. 예를 들면 정현(鄭玄)은 여불위(呂不韋)가 지었다고 했고, 왕숙(王肅)은 주공(周公)이 지었다고 주장하였다. 여불위(B.C. 290~B.C. 235)는 전국 말기의 사람으로 진(秦)나라에서 재상을 지낸 사람이다. 그는 당시에 자신의 문하에 있던 학자들을 동원하여 『여씨춘추(呂氏春秋)』를 편찬하였다. 이 책에는 십이기(十二紀)가 있는데, 각 기의 제1편들에 나오는 내용과 「월령」의 내용이 같다. 그래서 아마 정현은 「월령」을 여불위가 지었다고 주장한 모양이다.

풍우란(馮友蘭)은 『중국철학사신편』에서 「월령」은 『관자(管子)』의 「유관(幼官)」과 『대대예기』의 「하소정(夏小正)」을 종합·발전시킨 작품이라고 주장하였다.[1] 청(淸)나라의 손희단(孫希旦)은 「월령」을 중국 고대에서부터 전해 온 사상과 주(周)나라 때의 제도, 진(秦)의 제도 그리고 전국시대 여러 학파들의 주장이 종합된 작품으로 보기도 하였다.[2]

이렇듯 누가 「월령」을 지었는지는 확실하지 않지만 여기에는 춘추전국시대 이래 축적된 천문학적인 지식과 농업기술 그리고 다른 여러 가지의 과학적인 지식이 풍부하게 들어 있다는 것만은 분명하다. 또한 「월령」에는 음양오행설에 입각한 자연현상의 설명과 천인감응설(天人感應說)에 의거해서 통치자의 행동을 규제하려는 생각도 들어 있다. 여기에는 다분히 미신적인 요소도 있으나 중국 고대인들의 자연에 대한 순응과 외경심이 잘 나타난다. 이 글에서는 이러한 「월령」에서 과학적이고 철학적인 내용이라고 생각되는 주제들을 중심으로 그 의미를 살펴보았다. 음양오행사상(陰陽五行思想)·기사상(氣思想)·간지(干支)의 사용·24절기·28숙 등이 거기에 해당하는 주제들이다.

그리고 여기서 특히 강조하고 싶은 점은 바로 고대 중국인들의 자연보호에 대한 관심이다. 우리는 자연보호에 대한 동양의 뿌리 깊은 역사를 이 「월령」을 통해서 확인할 수 있다. 당시의 중국인들은 이미 자연을 이용과 착취의 대상으로만 생각하지 않고, 보호해야 할 대상으로 생각하였다. 자연을 관찰하고 이용하지만 자연에 무리한 부담을 주지 않으려는 그들의 마음이 「월령」의 곳곳에 잘 나타나고 있다. 이러한 그들의 태도는 오늘날에도 여전히 의미를 지닌다.

---

1) 馮友蘭, 『中國哲學史新編』 第二冊, (北京: 人民出版社, 1992), p.305.
2) 孫希旦 撰, 『禮記集解』 上, (北京: 中華書局, 1989), pp.399~400 참조.

1. 음양오행사상(陰陽五行思想)

1933년에 양계초(梁啓超)가 쓴 「음양오행설의 역사(陰陽五行說之來歷)」라는 논문은 음양오행설에 관한 근대적인 논의의 출발점으로 평가되고 있다. 이 논문에 의하면 『의례(儀禮)』 중에는 陰이나 陽이라는 글자가 나오지 않고, 『시경(詩經)』에는 陰이 여덟 곳, 陽이 열네 곳, 陰陽이 한 곳에서 나온다. 그리고 『상서(尙書)』에는 陰과 陽이 각각 세 번씩 나오고, 『주역』에는 「중부괘(中孚卦)」 구이효(九二爻)의 효사(爻辭) 가운데 단지 하나의 陰자가 보일 뿐이다.[3] 양계초는 이들 경전들 가운데 나오는 음양이라는 것은 자연계 속의 하찮고 미세한 현상에 불과하며, 어떤 심오한 의미를 담고 있는 개념은 결코 아니라고 평가하였다.

춘추전국(B.C. 770~B.C. 221)시대 이전의 문헌 중에서는 음양개념이 많이 발견되지 않는다. 이 당시 음양의 의미는 산이나 언덕의 북쪽과 남쪽을 가리키거나 어두운 곳과 밝은 곳을 의미했다. 그리고 陽은 해, 햇빛이나 맑은 하늘, 해를 향하는 곳, 밝은 안색, 상쾌한 심정 등을 의미했고, 陰은 해를 가리는 것, 덮고 가리는 것, 어두움이나 흐린 날씨 등 陽과 반대되는 의미를 지녔다.[4]

서주시대 말기에 오면 이러한 음양개념과 氣개념이 결합되면서 陰氣와 陽氣라는 개념이 나타난다.[5] 주나라 선왕(宣王) 때 괵문공(虢文公)이 한 말 가운데 양기(陽氣)라는 단어가 나오고 있다.[6] 이때의 양기라는 말도 심오한 철학적인 내용을 가진 개념은 아니고 봄에 햇빛의 양이 많아져서 날씨가 따뜻해지고 땅의 온도가 올라가는 현상을 의미한다. 이와 관련해서 서복관(徐復觀)은 "음양의 원시적 관념은 햇빛과 밀접한 관련을 가지고 있었고

3) 양계초, 풍우란 외, 『음양오행설의 연구』 김홍경 편역, (서울: 신지서원, 1993), pp.31~33 참조.
4) 같은 책, p.386 참조.
5) 같은 곳.
6) 『國語』 「周語上」 참조.

기후나 계절과도 쉽게 연관될 수 있었기 때문에 음양은 천문 연구의 중요한 대상이었을 것이다. 그리고 고대 천문학의 전통은 주나라 왕실에 집중되어 있었기 때문에 주나라의 음양관념은 비교적 일찍 발전하였고, 그것이 점차 열국에 전파되었을 수 있다."[7]고 말하였다.

『예기』의 「월령」에도 '陰' 자와 '陽' 자가 보이는데, 주로 '氣' 자와 함께 사용되어서 음기와 양기가 나온다. 예를 들면 "겨울의 정령(政令)을 행하면 양기가 이기지 못하므로 보리가 익지 않게 되고,"[8]라는 말이 나오고, "이달에는 바야흐로 생기(生氣)가 성하여 양기가 발동하여 넘치고 초목의 싹이 모두 트게 된다."[9]는 말도 보인다. 그리고 5월에 해당하는 중하(仲夏)에는 "이달은 해가 가장 길고, 陰과 陽이 다투게 되어 삶과 죽음이 갈리게 된다."[10]고 하는 구절도 나온다. 「월령」에 나오는 음기와 양기는 바로 따뜻한 기운과 차가운 기운을 의미하고 이 대립하는 기운의 변화와 조화로 말미암아 계절의 변화가 이루어지고 만물이 성장하고 소멸한다는 것이다. 그리고 이러한 기운에 잘 대응하면 그 삶이 순조롭지만 그것을 거스르게 되면 陰과 陽의 조화가 깨어져서 어려움을 겪게 된다고 경고하고 있다. 「월령」에 나오는 음양사상에 대해서는 다음에 나오는 기사상을 다루면서 보다 구체적으로 살펴볼 것이다.

오행설은 서주(西周)의 「오재(五材)」로부터 나왔다.[11] 오재란 水·火·木·金·土로 사람들이 살아가는 데 필요한 다섯 가지 기본재료이다. 『국어(國語)』「정어(鄭語)」를 보면, "그러므로 선왕이 土를 가지고 金·木·水·火와 혼합하여서 백 가지의 물건을 만들었다."[12]는 말이 나온다. 그리고 같은 책의 「노어(魯語)」에도 "(국가의 祀典)에 하늘의 삼진(三辰)을 더하는 것

7) 양계초, 풍우란 외, 『음양오행설 연구』, p.68.
8) 『禮記』「月令」, "行冬令, 則陽氣不勝, 麥乃不熟."
9) 『禮記』「月令」, "是月也, 生氣方盛, 陽氣發泄, 句者畢出, 萌者盡達."
10) 『禮記』「月令」, "是月也, 日長至, 陰陽爭, 死生分."
11) 申先甲, 『中國春秋戰國科技史』, (北京: 人民出版社, 1994), p.8.
12) 『國語』「鄭語」, "故先王以土與金木水火雜, 以成百物."

은 백성들이 우러러보기 때문이며, 땅의 오행을 더하는 것은 백성들이 생장하는 근거이기 때문이다."[13]라는 전금(展禽)의 말도 나온다. 이것을 보면 당시에 사람들은 이 다섯 가지를 백 가지 물건들을 만드는 기본재료로 생각하였고 우주만물의 근본으로 생각하지는 않았다. 그리고 『춘추좌씨전』「양공(襄公)」 27년에는 자한(子罕)이 "하늘이 오재(五材)를 낳았고 백성들이 그것을 사용하니, 그것들을 하나라도 없앨 수 없는데 누가 무기를 없앨 수 있겠는가"[14]라고 말하였다는 기록이 있다. 이 말도 『국어』에 나오는 말과 그 의미가 같다고 하겠다. 그리고 전국시대에 이루어졌을 것으로 생각되는 『상서』의 「홍범」에는 보다 진전된 오행사상이 보인다. 거기에는 다음과 같은 오행에 대한 설명이 나온다.

> 五行에 관하여는, 그 첫째는 水로 불리고, 둘째는 火, 셋째는 木, 넷째는 金, 다섯째는 土이다. 水는 물체를 젖게 하고 아래로 떨어진다. 火는 태우고 위로 올라간다. 木은 굽거나 바르게 된다. 金은 따르고 바뀌는 것이다. 土는 심고 거두는 것이다. 적시고 내려가는 것은 짠 것을 만들고, 타고 올라가는 것은 쓴 것을 만들고, 굽거나 곧은 것은 신 것을 만들고, 따르고 변화하는 것은 매운 것을 만들고, 심고 거두는 것은 단 것을 만든다.[15]

여기에 나오는 오행은 단순히 물건을 만들어 내는 재료가 아니라 우주를 형성하는 다섯 가지 기본재료이다. 「홍범」은 그것의 구체적인 성질과 작용을 아주 간략하게 설명하였다.[16] 특이한 점은 오행에 金이 들어 있다는 것인데, 당시의 金이란 구리나 주석을 가리킨다. 구리나 주석은 순수한 자연물이 아니라 인공적인 과정을 거쳐서 생겨난 가공물이다.[17] 고대 유럽이나

---

13) 『國語』「魯語」, "及天之三辰, 民所以瞻仰也; 及地之五行, 所以生殖也."
14) 『春秋左氏傳』 襄公五, "天生五材民竝用之, 廢一不可, 誰能去兵?"
15) 『尙書』「洪範」, "五行: 一曰水, 二曰火, 三曰木, 四曰金, 五曰土. 水曰潤下, 火曰炎上, 木曰曲直, 金曰從革, 土爰稼穡. 潤下作鹹, 炎上作苦, 曲直作酸, 從革作辛, 稼穡作甘."
16) 申先甲, 『中國春秋戰國科技史』, pp.8~9 참조.

인도에서 말하는 만물의 근본원소에는 金이 포함되지 않았는데 중국의 오행에는 포함되어 있어서 그것이 상당히 일반화되어 있었음을 알 수 있다. 『예기』의 「월령」은 처음부터 끝까지 오행사상에 입각하고 있다.[18] 예를 들어 2월을 다음과 같이 설명하고 있다.

> 중춘(仲春)의 달에는 해가 규성(奎星)의 위치에 있다. 해가 진 다음에는 호시성(弧矢星)이 남중(南中)하고, 해가 뜰 무렵에는 건성(建星)이 남중한다. 그 날은 甲乙이요, 그 제(帝)는 태호(太皞)요, 神의 이름은 구망(句芒)이다. 그 벌레는 비늘 달린 것이요, 음(音)은 각음(角音)이며, 12율(律)에 있어서는 협종(夾鐘)에 어울린다. 그 수는 8이요, 맛은 신(酸)맛, 그 냄새는 누린내이다. 그 제사하는 곳은 호신(戶神)이요, 제사 때에는 지라(脾臟)를 앞에 놓는다.[19]

여기에 나오는 내용은 2월에 해와 달의 위치와 오행의 木에 해당하는 십간(十干)과 하늘의 상제(上帝) 및 그 상제를 돕는 神 그리고 木에 해당하는 동물, 木에 해당하는 음(音), 악기, 수(數), 맛, 냄새, 제사 지내는 神 등이다. 1월부터 3월까지는 木에 해당하는 달이기 때문에 거기에 해당하는 여러 가지 귀신과 사물들을 열거하고 있다. 먼저 10干을 오행으로 나누어 보면, 木에 해당하는 것은 甲乙이고, 火는 丙丁, 土는 戊己, 金은 庚辛, 水는 壬癸이다. 오행에 해당하는 하늘의 상제로는, 木의 上帝는 太皞(태호)이고, 火는 염제(炎帝), 土는 黃帝, 金은 소호(少皞), 水는 전욱(顓頊)이다. 그리고 木의 神은 구망(句芒), 火는 축융(祝融), 土는 后土, 金은 욕수(蓐收), 水는 현명(玄冥)이다.

오행에 해당하는 동물들로는, 木은 비늘 달린 것(鱗), 火는 깃털 달린 것(羽), 土는 벌거벗은 것(倮), 金은 털이 난 것(毛), 水는 껍질이 있는

---

17) 任繼愈 편저, 『中國哲學史』 전택원 역, (서울: 도서출판 까치, 1990), p.47.
18) 河北教育出版社 編, 『中華文明史』 第二卷, (河北省: 河北教育出版社, 1992), p.230.
19) 『禮記』 「月令」, "仲春之月, 日在奎, 昏弧中, 旦建星中. 其日甲乙, 其帝太皞, 其神句芒, 其蟲鱗, 其音角, 律中夾鍾. 其數八, 其味酸, 其臭羶, 其祀戶, 祭先脾."

것(介)이다. 이런 식으로 木의 音은 角이고, 火는 치(徵), 土는 宮, 金은 商, 水는 羽이다. 12율은 12달과 빈틈없이 대응되기 때문에 그대로 배열하였다. 태주(太蔟)·협종(夾鍾)·고선(姑洗)·중려(仲呂)·유빈(蕤賓)·임종(林鍾)·이칙(夷則)·남려(南呂)·무역(無射)·응종(應鍾)·황종(黃鍾)·대려(大呂) 등이 정월부터 12월까지의 12율들이다.

오행에 해당하는 數를 보면, 木은 8이고, 화는 7, 土는 5, 金은 9, 水는 6이다. 맛은 산(酸)·고(苦)·감(甘)·신(辛)·함(鹹) 등이다. 냄새는 전(羶: 누린내)·초(焦: 탄내)·향(香: 향내)·성(腥: 비린내)·후(朽: 썩은내) 등이다. 제사 지내는 神도 오행에 입각해서 木에 해당하는 것은 호(戶: 안문)의 神이고, 火는 조(竈: 부뚜막)의 신, 土는 중유(中霤: 안마당)의 신, 金은 문(門: 바깥문)의 신, 水는 행(行: 도로)의 신 등이다.

다음으로 제사를 지낼 때 앞에 놓는 제물에 대해서 설명하고 있다. 봄에는 木의 계절이기 때문에 木에 해당하는 동물의 장기를 제물로 앞에 놓는 게 아니라 木이 이기는 土에 해당하는 동물의 장기를 앞에 놓는다. 土에 해당하는 장기는 지라(脾)이므로 이것을 앞에 놓는다. 火의 계절에는 그러므로 金에 해당하는 허파(肺)를 앞에 놓는다. 그리고 특이하게도 네 계절의 중앙에 해당하는 土의 계절에는 火에 속하는 심장을 앞에 놓는다고 하였다. 여기서는 이기는 것을 놓는 것이 아니라 土를 生하는 것이 火이므로 이에 속하는 심장을 놓는다고 규정하였다. 「월령」에서는 土에 해당하는 계절을 계하(季夏)와 맹추(孟秋)의 중간이라고 하였다. 가을에 해당하는 金의 계절에는 이것이 이기는 木에 속하는 간(肝)을 앞에 놓는다. 그리고 겨울에 해당하는 水의 계절에는 그대로 水에 해당하는 신(腎: 콩팥)을 앞에 놓는다.

이렇듯 오행사상은 사물들을 오행으로 분류하는 데 그치지 않고 오행의 상호관계를 생각하는 단계로 발전하였다. 그것이 바로 오행상생상극설(五行相生相剋說)이다. 「월령」에도 상생의 관계와 상극의 관계가 모두 나오니 오행상생상극설에 입각한 이론이 분명하다. 오행상생상극설의 흔적은 여러 고전들에 광범위하게 나타나고 있어서 오래 전부터 광범위하게 퍼져 있었음을 알 수 있다. 『좌전』에는 "火가 金을 이기고 水가 火를 이긴다."는 내용이 보이고, 『묵경(墨經)』에도 "오행이 항상 이기는 것은 없다."라는 내용이 있다.20) 이러한 기존의 오행사상을 종합하고 체계화한 사람은 기원전 350년에서 기원전 270년 사이에 활동했다고 추정되는 추연(騶衍)이라는 인물이다.

이러한 오행상생상극설을 「월령」에서는 사계절의 변화를 설명하는 이론으로 사용하고 있다. 여기에 대해서 풍우란(馮友蘭)은 "일년에는 어째서 사계절의 변화가 있는가? 「월령」은 오행의 성쇠가 그 원인의 하나라고 생각한다. 음양오행가들은 오행은 모두 왕성한 때와 쇠퇴한 때가 있다고 생각한다. 그것들은 돌아가면서 자연계에서 주도적인 위치를 차지한다. 사계절의 변화는 바로 자연계에 있어서의 이러한 종류의 순환의 표현이다."21)라 설명하였다. 예를 들면 정월에 해당하는 맹춘에는 "이달에 입춘이 있게 된다. 입춘이 있기 사흘 전에 태사가 천자를 뵙고 '어느 날이 입춘입니다. 왕성한 덕이 나무(木)에 있습니다.'라고 아뢴다."22)는 내용이 있고, 4월에 해당하는 맹하에는 "이달에 입하(立夏)가 있다. 입하 사흘 전에 태사가 천자를 뵙고 '어느 날이 입하입니다. 왕성한 덕이 불(火)에 있습니다.'라고 아뢴다."23)는 내용이 있다. 그리고 6월과 7월 사이에는 土가 있다. 7월에 해당하는 맹추는 金이 왕성한 계절이고, 겨울에는 水가 왕성하다는 것이 「월령」의 설명이다. 결국 오행 가운데 木이 왕성하면 봄이 되고, 火가 왕성하면 여름이 되고, 金이 왕성하면 가을이 되고, 水가 왕성해서 주도적인 위치에 오게 되면 겨울이 된다는 것이 「월령」에 나오는 계절변화의 설명이다.

풍우란은 이러한 설명과는 조금 다른 설명도 소개하고 있다. 그것은 다른 것이 아니라 여기에 나오는 오행을 다섯 개의 행성으로 보는 해석이다.24)

---

20) 戴君仁, 「陰陽五行說의 歷史」, 『中國의 歷史認識』 上, 閔斗基 編 (서울: 창작과 비평사, 1985), p.122 참조.
21) 馮友蘭, 『中國哲學史新編』 第二冊, pp.306~307.
22) 『禮記』 「月令」, "是月也, 以立春. 先立春三日, 大史謁之天子曰: 某日立春, 盛德在木."
23) 『禮記』 「月令」, "是月也, 以立夏. 先立夏三日, 大史謁之天子曰: 某日立夏, 盛德在火."
24) 馮友蘭, 『中國哲學史新編』 第二冊, pp.307~308 참조.

예를 들어 봄에 木의 덕이 왕성하다는 말을 이때는 목성의 덕이 왕성하다고 본다는 주장이다. 이 말은 5대 행성이 봄·여름·가을·겨울 사계절을 주관한다는 것이다. 이러한 사상은 『회남자(淮南子)』의 「천문훈(天文訓)」과 『사기(史記)』의 「천관서(天官書)」에 잘 나타나고 있다. 풍우란은 계절과 다섯 행성을 연관시키는 주장은 허구에 불과하지만, 고대인들이 이들 행성을 관찰하고 그 움직임에 주목했다는 사실은 의미가 있다고 평가하였다.25)

2. 기사상(氣思想)

중국에서 기자(氣字)는 이미 갑골문에서도 나타나는데, 대체로 구름을 나타내는 글자였다. 허신(許愼)의 『설문해자』에서도 요즘의 기자에 해당하는 기(气)를 운기(雲氣)라 하고, 상형문자라 설명하였다. 『논어』에는 혈기(血氣)라는 말이 나오고, 병기(屛氣)라는 단어도 보인다. 혈기란 요즘도 우리가 쓰는 말로 그 의미가 별로 달라진 것 같지 않고, 병기란 숨을 죽인다는 의미이다. 『맹자』에는 호연지기(浩然之氣)란 말이 나오는데, 그 의미는 도덕적인 큰 용기와 통한다고 할 수 있다. 『노자』에도 충기(沖氣)와 기라는 말들이 보인다. 충기란 천지 사이의 조화된 기를 말한다. 임계유 같은 학자는 텅 빈 기라고 설명하기도 하였다.26)

앞에서 이미 언급하였듯이 서주시대 말기에 이러한 기개념이 음양개념과 결합되어서 음기와 양기라는 개념이 등장하였다. 「월령」에는 천기(天氣)·지기(地氣)·생기(生氣)·양기(陽氣)·춘기(春氣)·한기(寒氣)·심기(心氣)·살기(殺氣) 등의 단어들이 나오고 있다. 여기서 심기(心氣)는 조금 다르지만 다른 말들은 모두 음기와 양기라는 말로 바꿀 수가 있다. 예컨대 지기(地氣)는 음기를 말하고, 생기는 양기를 가리킨다. 그리고 한기(寒氣)

---

25) 같은 책, p.308.
26) 任繼愈, 『老子新譯』, (香港: 中華書局, 1987), p.152.

와 살기(殺氣)는 음기에 해당한다. 「월령」은 바로 이러한 개념들을 가지고 사계절의 변화를 설명하고 있어서 독특하다. 여기에 대해서 풍우란은 "「월령」은 사계절의 변화에는 오행의 성쇠라는 원인 이외에 또 하나의 원인이 있다고 생각하였다. 그것은 바로 음양이기(陰陽二氣)의 쇠퇴와 성장이다."[27]라 설명하였다.

음기와 양기의 쇠퇴와 성장을 가지고 네 계절을 설명하는 예를 우리는 『관자(管子)』에서도 볼 수 있다. 거기에서는 "봄에는 양기가 위로 올라가기 시작하므로 만물이 생겨난다. 여름에는 양기가 끝까지 올라갔으므로 만물이 자라난다. 가을에는 양기가 아래로 내려오기 시작하므로 만물을 거두어들인다. 겨울에는 양기가 끝까지 내려왔으므로 만물을 저장한다. 그러므로 봄과 여름에 생겨나서 자라고, 가을과 겨울에 거두어들이고 저장하는 것은 사계절의 절도이다."[28]라는 내용이 있다.

「월령」에서도 계춘(3월)을 설명하면서 "이달에는 생명의 기운이 왕성하고 양기가 밖으로 발산되어서"[29]라고 하였다. 여기서 생명의 기운이라고 번역한 생기란 실은 다른 것이 아니라 양기를 말한다. 그래서 생기가 왕성하다는 말은 양기가 왕성해진다는 의미인데 봄이 되면 양기가 왕성해지고 그것이 밖으로 넘쳐 나온다. 그리고 양기가 왕성해진다는 것은 다른 게 아니라 태양의 에너지가 많아지는 현상이다. 봄은 양기가 왕성해지는 계절인데 이것을 다른 말로 한다면 태양의 에너지가 많아져서 날씨가 점점 따뜻해지고, 가을이 되면 음기가 점점 왕성해진다고 하는데 이것은 태양의 에너지가 점점 줄어드는 현상이다.

그래서 8월에 해당하는 중추를 설명하면서 "이달은 낮과 밤의 길이가 같다. 이때부터 천둥이 서서히 들어가기 시작하고, 겨울잠을 자는 벌레들은 땅

27) 馮友蘭, 『中國哲學史新編』 第二冊, p.308.
28) 『管子』「形勢解」, "春者, 陽氣始上, 故萬物生; 夏者, 陽氣畢上, 故萬物長; 秋者, 陽氣始下, 故萬物收; 冬者, 陽氣畢下, 故萬物藏. 故春夏生長, 秋冬收藏, 四時之節也."
29) 『禮記』「月令」, "是月也, 生氣方盛, 陽氣發泄."

속의 입구를 더욱 작게 만든다. 살기(殺氣)는 점차 왕성해지고 양기는 날로 쇠퇴하며, 물이 마르기 시작한다."[30]고 하였다. 천둥은 양기에 해당하는 것인데 중추에는 양기가 쇠퇴하는 때이므로 천둥이 서서히 들어간다. 그리고 여기서 살기란 한기를 말하는 것이니 곧 음기에 해당한다. 그러므로 살기가 왕성해지는 계절이란 음기가 왕성해지는 계절을 말한다. 이것은 또 다른 말로 태양의 에너지가 점점 줄어드는 상태를 의미한다.

그리고 10월에 해당하는 맹동(孟冬)에서 "이달에는 천자가 유사에게 명하여 가로되, '지금은 하늘의 양기가 위로 올라가 버리고 땅의 음기가 아래로 내려가서 하늘과 땅이 서로 통하지 않고 막혀서 겨울이 되었다.'라고 한다. 그리고 삼가 추위를 막는 준비를 하라고 명한다."[31]고 설명하였다. 여기서 특이한 것은 겨울의 시작을 설명하면서 단순히 음기가 왕성해지고 양기가 쇠퇴한다는 식으로 말하지 않고 음기와 양기가 서로 만나지 못하고 통하지 않는다고 말한 점이다. 겨울은 단순히 음기가 왕성하기 때문에 추운 게 아니라 음기와 양기가 서로 만나지 않아서 서로 통하지 않기 때문에 춥다고 생각하였다.

그렇다면 여름은 단순히 양기가 압도하는 그런 계절이 아니라 양기와 음기가 활발하게 만나는 계절이라고 설명해야 할 것이다. 실제로 5월에 해당하는 중하(仲夏)에서 "이달에는 해의 길이가 가장 길다. 음기와 양기가 다투어서, 삶과 죽음이 갈라진다."[32]고 말하였다. 해가 가장 긴 때가 이달이므로 양기가 왕성한 달이라고 할 수 있겠지만 음기가 이미 나타나기 시작해서 양기와 다투는 달이라고 설명하고 있다.

공영달(孔穎達)은 주(註)에서 "양기는 만물들을 살리는 기운이고 음기는 만물들을 죽이는 기운인데, 이때에 이미 양기는 물러가기 시작하고 음기는

---

30) 『禮記』「月令」, "是月也, 日夜分, 雷始收聲, 蟄蟲坏戶, 殺氣浸盛, 陽氣日衰, 水始涸."
31) 『禮記』「月令」, "命有司曰: 天氣上騰, 地氣下降, 天地不通, 閉塞而成冬. 命百官, 謹蓋藏."
32) 『禮記』「月令」, "是月也, 日長至, 陰陽爭, 死生分."

흥성하기 시작하기 때문에 삶과 죽음이 갈라진다."[33]고 말했다. 해가 가장 긴 하지(夏至)에 이미 음기가 자라나기 시작했다고 보는 견해는 계절의 변화를 단순하게 음기와 양기의 양(量)의 크기만으로 판단한 것이 아니라 그 양자의 상호관계를 더 고려하였음을 말해 준다. 마찬가지로 11월에 해당하는 중동(仲冬)에서는 "이달에는 낮이 가장 짧다. 양기와 음기가 다투고 모든 생물들의 생기가 움직이기 시작한다."[34]고 해서 해가 가장 짧은 때에 이미 양기가 나타나서 음기와 다투고 움직이기 시작한다고 보았다.

「월령」에는 이와 같이 계절의 변화를 음기와 양기로 설명했을 뿐만 아니라 만물의 생성에 대해서도 설명하고 있다. 예컨대 맹춘을 설명하면서 "이달에 천기는 밑으로 내려오고 지기는 올라가서 하늘과 땅이 화합하여 초목이 싹튼다."[35]고 하였는데, 여기서 천기는 양기를 의미하고 지기는 음기를 의미한다. 봄에 모든 초목들의 싹이 트고 생명체들이 생겨나는 현상을 양기와 음기의 상호작용으로 이해한 것이다. 이것은 동물의 암컷과 수컷이 만나서 새끼를 낳고, 남자와 여자가 만나서 자식을 낳듯이 하늘과 땅이 화합하여서 만물들이 생겨난다는 고대인들의 자연에 대한 소박한 이해라고 하겠다. 만물의 발생을 하늘과 땅의 작용이나 음기와 양기의 만남과 작용으로 설명하는 이러한 방식은 다분히 신화적인 요소도 있지만 과학적인 면도 있다. 왜냐하면 모든 생명체의 발생에는 양기로 나타나는 태양의 에너지와 음기로 나타나는 땅이 필수적이기 때문이다.

3. 간지(干支)의 사용

중국인들이 간지로 날짜를 기록한 역사는 매우 오래되었다. 은나라 시대

---

33) 孫希旦 撰, 『禮記集解』 上, (北京: 中華書局, 1989), p.453.
34) 『禮記』「月令」, "是月也, 日短至, 陰陽爭, 諸生蕩."
35) 『禮記』「月令」, "是月也, 天氣下降, 地氣上騰, 天地和同, 草木萌動."

의 갑골문에는 이미 간지의 사용이 일반화되어 있었으므로 그 기원은 기원전 1300년경 이전으로 거슬러 올라간다. 간지는 천간(天干)과 지지(地支)를 합친 말인데, 천간이란 갑(甲)·을(乙)·병(丙)·정(丁)·무(戊)·기(己)·경(庚)·신(辛)·임(壬)·계(癸)이고, 지지는 자(子)·축(丑)·인(寅)·묘(卯)·진(辰)·사(巳)·오(午)·미(未)·신(申)·유(酉)·술(戌)·해(亥)를 말한다. 이 10개의 天干과 12개의 지지를 조합하게 되면 60개의 간지가 생기게 되는데, 이것을 60갑자라고 부른다. 60갑자는 다음과 같다.

1. 갑자(甲子) 2. 을축(乙丑) 3. 병인(丙寅) 4. 정묘(丁卯) 5. 무진(戊辰) 6. 기사(己巳) 7. 경오(庚午) 8. 신미(辛未) 9. 임신(壬申) 10. 계유(癸酉) 11. 갑술(甲戌) 12. 을해(乙亥) 13. 병자(丙子) 14. 정축(丁丑) 15. 무인(戊寅) 16. 기묘(己卯) 17. 경진(庚辰) 18. 신사(辛巳) 19. 임오(壬午) 20. 계미(癸未) 21. 갑신(甲申) 22. 을유(乙酉) 23. 병술(丙戌) 24. 정해(丁亥) 25. 무자(戊子) 26. 기축(己丑) 27. 경인(庚寅) 28. 신묘(辛卯) 29. 임진(壬辰) 30. 계사(癸巳) 31. 갑오(甲午) 32. 을미(乙未) 33. 병신(丙申) 34. 정유(丁酉) 35. 무술(戊戌) 36. 기해(己亥) 37. 경자(庚子) 38. 신축(辛丑) 39. 임인(壬寅) 40. 계묘(癸卯) 41. 갑진(甲辰) 42. 을사(乙巳) 43. 병오(丙午) 44. 정미(丁未) 45. 무신(戊申) 46. 기유(己酉) 47. 경술(庚戌) 48. 신해(辛亥) 49. 임자(壬子) 50. 계축(癸丑) 51. 갑인(甲寅) 52. 을묘(乙卯) 53. 병진(丙辰) 54. 정사(丁巳) 55. 무오(戊午) 56. 기미(己未) 57. 경신(庚申) 58. 신유(辛酉) 59. 임술(壬戌) 60. 계해(癸亥)

갑골문에는 이와 같은 60간지로 날짜를 기록한 경우도 있고, 10干만으로 날짜를 표시한 경우도 있는 사실로 보아서 당시에 두 가지의 방법이 함께 사용되었던 모양이다.[36] 그리고 은나라 시대의 갑골문 복사(卜辭)에 의하

36) 藪內淸, 『中國의 天文學』 兪景老 譯編, (서울: 전파과학사, 1985), p.24 참조.

면 당시에는 임금의 이름도 그가 태어난 날짜의 간지를 사용했다.[37] 예를 들면 은나라 왕들의 이름에는 상갑(上甲)・소을(小乙)・외병(外丙)・무정(武丁)・태무(太戊)・조기(祖己)・반경(盤庚) 등이 있는데, 이름의 두 번째 글자는 모두 10干에 해당한다. 여기에 대해서 왕국유(王國維)는 날짜를 이름으로 사용한 사실은 시간관념이 나타났음을 의미한다고 보고, 은나라의 상갑(上甲)에 이르러서 유사시대(有史時代)가 시작되었다고 주장하였다. 마찬가지로 곽말약(郭沫若)도 상갑을 기준으로 그 이전을 신화와 전설의 시대로 보고, 그 이후를 유사시대로 규정하였다.[38]

이렇게 간지로 날짜를 표시하는 방법이 얼마나 정확한 것인지를 증명하는 좋은 사례가 있다. 『춘추』에 기록된 최초의 일식은 노나라 은공(隱公) 3년(B.C. 720년) 2월 기사(己巳)일이다. 현대 천문학의 방법에 의거하여 계산을 해 본 결과 실제로 이날 일식이 일어난 사실이 확실하다고 한다. 이것은 곧 간지로 표시한 날짜가 착오가 없이 정확했다는 증거이다. 중국에서는 이렇게 간지로 날짜를 기록하는 전통은 1911년까지 계속되어 왔는데, 이것은 세계 역사상 가장 오래된 날짜의 기록임에 틀림없다.[39]

날짜는 이렇게 60간지나 10간으로 표시하고 달은 12지로 표시하였다. 각각의 달을 12지로 나타낸 전통은 이미 춘추시대부터 시작되었다. 당시에는 동지가 있는 달을 자월(子月)이라 정하고, 12월을 축월(丑月), 정월을 인월(寅月), 2월을 묘월(卯月), 3월을 진월(辰月), 4월을 사월(巳月), 5월을 오월(午月), 6월을 미월(未月), 7월을 신월(申月), 8월을 유월(酉月), 9월을 술월(戌月), 10월을 해월(亥月)이라고 불렀다.[40] 각각의 달은 이렇게 고정된 지지가 있을 뿐만 아니라 여기다가 다시 60간지로 표시하기도 하였다. 물론 이것은 역사가 그리 오래되지 않았는데, 당나라 때 비로소

37) 같은 곳 참조.
38) 侯外廬 外, 『中國思想通史』第一卷, (北京: 人民出版社, 1992), pp.59~61 참조.
39) 申先甲, 『中國春秋戰國科技史』, (北京: 人民出版社, 1994), p.88.
40) 같은 책, pp.87~88.

시작되었다.[41)]

「월령」에는 간지로 날짜를 표시했다는 몇 개의 흔적이 보인다. 맹춘에는 "이달에 천자는 원일(元日)에 상제께 오곡의 풍성을 기원하는 제사를 지낸다. 그리고 원진(元辰)을 가려서 천자가 친히 쟁기를 마차에 실어서 갑옷을 입고 함께 타는 호위병과 마차를 모는 마부 사이에 놓는다."[42)]는 설명이 있다. 하늘의 상제에게 지내는 제사를 교(郊)라고 하고, 땅의 신에게 지내는 제사를 사(社)라고 한다. 그런데 하늘에 제사를 지내는 날짜는 10간 가운데 신(辛)이 들어 있는 날에 지내고, 땅의 신에게는 12지 가운데 갑(甲)이 들어 있는 날에 지낸다. 그래서 정현은 여기에 나오는 원일(元日)을 상신일(上辛日)이라고 해석하였다.[43)] 상신일이란 그달에서 처음으로 오는 신일(辛日)을 말한다.

그리고 원진(元辰)을 길해(吉亥), 즉 12지 가운데 해가 들어 있는 좋은 날로 해석하였다.[44)] 실제로 『춘추』에는 성공(成公) 17년 9월 신축(辛丑)일, 정공(定公) 15년 5월 신해(辛亥)일, 애공(哀公) 원년 4월 신사(辛巳)일에 하늘에 제사를 지냈다는 기록이 보인다.[45)] 공영달(孔穎達)에 의하면 甲·乙·丙·丁 등의 10간을 日이라고 하고, 子·丑·寅·卯 등의 12지를 진(辰)이라고 부르는데, 밭 가는 일은 해(亥)가 들어가는 날에 한다. 그는 원(元)을 좋다는 의미로 해석하였다. 그래서 원진(元辰)이란 해(亥)가 들어가는 좋은 날이라는 뜻으로 보았다.[46)]

2월에 해당하는 중춘(仲春)에는 "상정(上丁)일에 악정(樂正)에게 명하여 공·경·대부의 자제들을 인솔하여 춤을 익히게 하는데, 석채(釋菜)의 예를

---

41) 같은 책, p.88.

42) 『禮記』「月令」, "是月也, 天子乃以元日祈穀于上帝. 擇元辰, 天子親載耒耜, 措之于參保介之御間."

43) 孫希旦 撰, 『禮記集解』 上, (北京: 中華書局, 1989), p.415.

44) 같은 책, p.416.

45) 王夢鷗 註譯, 『禮記今註今譯』 上冊, (臺北: 商務印書館, 1984), p.424.

46) 孫希旦, 앞의 책, p.416.

행한다. 이날에 천자는 삼공·구경·제후·대부를 이끌고 몸소 가서 이를 본다. 중정(仲丁)에는 악정에게 명하여 공·경·대부의 자제들을 대학에 입학하게 하여 음악을 익히게 한다."[47]라는 문장이 있다. 석채(釋菜)란 미나리나 조류(藻) 등의 수초로 현인이나 선배에게 제사 지내는 의식을 말한다. 여기 나오는 상정은 상순(上旬)에 있는 丁의 날을 의미하고, 중정이란 중순에 있는 丁의 날을 뜻한다.

4. 24절기(節氣)의 사용

음력(陰曆)은 달의 변화를 기준으로 해서 한 달을 29일이나 30일로 정한 역법(曆法)이다. 그런데 이 역법의 단점은 달의 변화를 기준으로 하고 있기 때문에 태양의 움직임을 전혀 고려하지 않았다는 데 있다. 그래서 음력은 계절의 변화와 잘 맞지 않는다는 문제점을 지닌다. 이것을 보완하기 위한 방법이 24절기의 도입이다. 24절기는 태양의 움직임을 고려해서 일년을 24개의 절기로 나누어 놓았다. 그래서 대략 15일마다 하나의 절기를 배치하여 계절의 변화를 알 수 있도록 하였다. 이 절기들은 태양의 움직임만을 고려하였기 때문에 달이 차고 기우는 현상과는 상관이 없다.

고대인들은 계절의 변화를 주로 별들의 움직임과 연결시켜서 생각하였다. 예를 들어 북두칠성의 자루가 가리키는 방향과 계절을 연결시킨다든지 또는 특정한 별이 초저녁이나 새벽에 남중(南中)하는 현상을 계절과 연결시키기도 하였다. 『하소정(夏小正)』에는 "정월에는 초저녁에 삼태성(參)이 남중하고, 북두칠성의 자루는 인(寅)의 방향을 가리킨다."[48]는 말이 나온다. 인의 방향이란 북쪽을 기준으로 하면 2시 방향에 해당한다.

---

47) 『禮記』「月令」, "上丁, 命樂正習舞, 釋菜. 天子乃帥三公, 九卿, 諸侯, 大夫親往視之. 仲丁, 又命樂正入學, 習樂."
48) 『夏小正』, "初昏參中, 斗柄縣在下."

고대의 중국인들은 방향에도 12지를 적용하여 북쪽을 子라고 하고 차례대로 12방향을 정하였다. 그러면 丑은 1시 방향이 되고, 午는 정남(正南)이 되고, 유(酉)는 서쪽이 된다. 또한 이렇게 북두칠성의 자루가 어떤 방향을 가리키느냐에 따라서 12달을 정하기도 하였다. 예컨대 11월에는 정북에 해당하는 子의 방향에 있으므로 이달을 건자월(建子月)이라 부르고, 12월은 丑의 방향에 있으므로 건축월(建丑月)이라고 불렀다.49) 그리고 『상서』의 「요전」에는 조(鳥)·화(火)·허(虛)·묘(昴) 등의 별자리의 남중을 기준으로 춘·하·추·동의 네 계절을 바로잡았다는 기록이 있다. 이렇게 하늘의 별들을 보고서 계절을 알아내는 방법을 관상수시(觀象授時)라고 하는데 그 정확성이 떨어지기 때문에 가장 원시적인 계절측정법이라고 할 수 있다.

보다 정확한 방법을 고대인들이 고안했는데, 그것은 땅 위에 막대기를 세우고 그 그림자 길이의 변화로 태양의 움직임을 측정하는 방법이다. 태양이 지나는 길인 황도(黃道)는 적도(赤道)에서 23.5°가 기울었고 그 때문에 태양은 적도를 가운데로 하고 이 각도를 한계로 하여 남북으로 왕복한다. 가장 남쪽으로 갔을 때가 동지(冬至)이고 이날을 경계로 하여 점차로 북쪽으로 올라가서 춘분에는 적도를 지나서 하지(夏至)에서 북쪽 한계에 이른다. 그 다음에는 다시 남쪽으로 내려가서 추분에는 적도를 지나고 처음의 동지로 돌아간다. 이렇게 태양이 가장 남쪽으로 내려갔다가 다음에 다시 가장 남쪽으로 내려가는 그 사이가 곧 1년이 된다.

이제 땅 위에다가 수직으로 막대기를 세워 두고서 매일 태양이 남중했을 때의 그림자를 재어 보자. 물론 태양이 남중했을 때의 그림자 길이는 하루 가운데서 가장 짧다. 그렇게 계속해서 태양이 남중했을 때의 그림자 길이를 재어 나간다면 동지 때에 그림자는 가장 길고 하지 때는 가장 짧다. 동지를 기준으로 하든지 하지를 기준으로 하든지 거기서 다음에 오는 동지나 하지까지의 사이가 1년이 된다.50)

---

49) 藪內淸, 『中國의 天文學』, 兪景老 譯編, (서울: 전파과학사, 1985), p.12 참조.
50) 같은 책, p.16 참조.

『상서』의 「요전」에 이미 일중(日中)·일영(日永)·소중(宵中)·일단(日短) 등의 말이 보인다. 이 말들은 곧 춘분·하지·추분·동지를 가리키니 당시에 이미 네 가지 절기를 알고 있었던 게 분명하다. 춘추시대에 오게 되면 바로 일남지(日南至)와 일북지(日北至) 같은 말이 사용되고 있다. 이와 같은 단어들은 규표(圭表)로써 동지와 하지 때의 그림자를 재었다는 사실을 증명해 준다.[51]

「월령」에는 맹춘(孟春)·중춘(仲春)·맹하(孟夏)·중하(仲夏)·맹추(孟秋)·중추(仲秋)·맹동(孟冬)·중동(仲冬) 등의 8달에 입춘(立春)·일야분(日夜分)·입하(立夏)·일장지(日長至)·입추(立秋)·일야분(日夜分)·입동(立冬)·일단지(日短至) 등 8개의 절기가 나온다. 일야분(日夜分)이란 밤과 낮의 길이가 같은 춘분과 추분을 가리키고, 일장지(日長至)란 하지를 말하고, 일단지(日短至)는 동지를 말한다. 이 8개의 절기들은 24절기 가운데 가장 중요한 것들이고, 각 절기들의 사이는 평균해서 46일이 된다.

24절기의 이름이 모두 나오는 곳은 기원전 139년에 이루어진 『회남자(淮南子)』의 「천문훈(天文訓)」이다. 여기서는 먼저 "북두칠성의 손잡이는 하루에 1°씩 움직여서 15일에 한 절기가 되므로 24절기의 변화가 생긴다."[52] 고 말한 후에 차례로 24절기의 이름을 열거하고 있다. 이 24절기의 명칭과 순서는 현재 사용되고 있는 것과 완전히 같다. 그 이름은 입춘(立春)·우수(雨水)·경칩(驚蟄)·춘분(春分)·청명(淸明)·곡우(穀雨)·입하(立夏)·소만(小滿)·망종(芒種)·하지(夏至)·소서(小暑)·대서(大暑)·입추(立秋)·처서(處暑)·백로(白露)·추분(秋分)·한로(寒露)·상강(霜降)·입동(立冬)·소설(小雪)·대설(大雪)·동지(冬至)·소한(小寒)·대한(大寒) 등이다.

이것을 통해서 우리는 중국의 고대인들이 달의 움직임을 가지고 한 달을 정하는 음력을 사용하였지만 그것의 단점이 태양의 움직임을 제대로 파악할

51) 申先甲, 『中國春秋戰國科技史』, (北京: 人民出版社, 1994), p.89.
52) 『淮南子』「天文訓」, "日行一度, 十五日爲一節, 以生二十四時之變."

수 없음을 깨닫고 이런 단점을 보완하였음을 알 수 있다. 이것이 바로 지금까지도 우리가 사용하는 24절기이니 그 역사가 오래되었다. 그들은 비록 지구를 중심으로 생각하였으나 정확하게 태양의 움직임을 관찰하여 그것을 일상생활에 지혜롭게 이용하였던 것이다.

5. 28수(宿)

28수란 28개의 별자리를 말하는데, 고대인들은 이 별자리의 움직임을 관찰하여서 계절의 변화를 알고자 하였으며 해와 달의 움직임도 파악하려고 하였다. 이 28개의 별자리들은 하늘의 동서남북 네 방향에 각각 7개씩 분포하고 있다. 그리고 보다 옛날의 사람들은 밤하늘을 크게 네 부분으로 나누고 그 부분에 있는 별자리들을 연결하여 동물 모양을 한 보다 커다란 형상을 생각하였다. 이것이 바로 4상(象) 혹은 4수(獸)라고 부르는 별자리들이다.

동쪽 하늘의 별 모양을 청룡(靑龍)의 모습이라고 하고, 남쪽 하늘의 별 모양을 주작(朱雀), 서쪽 하늘의 별 모양을 백호(白虎), 북쪽 하늘의 별 모양을 현무(玄武)라고 하였다. 청룡은 龍에 해당하는 동물이고, 주작은 봉황새에 해당하며, 백호는 호랑이, 현무는 거북을 말한다.

28수 가운데 청룡에 속하는 별자리는 각(角)·항(亢)·저(氐)·방(房)·심(心)·미(尾)·기(箕) 등이고, 주작에 속하는 것은 정(井)·귀(鬼)·류(柳)·성(星)·장(張)·익(翼)·진(軫) 등이며, 백호에 속하는 것은 규(奎)·루(婁)·위(胃)·묘(昴)·필(畢)·자(觜)·삼(參) 등이 있고, 현무에 속하는 것은 두(斗)·우(牛)·여(女)·허(虛)·위(危)·실(室)·벽(壁) 등이다.

4상이 먼저 생긴 것이냐 아니면 28수가 먼저 생긴 것이냐에 대한 논쟁이 있지만 진준규(陳遵嬀)는 4상이 28수보다 앞서서 존재했다고 주장한다.[53] 그 주장의 근거로 그는 28수 가운데는 각(角)·심(心)·미(尾) 등의 별자리가 있는데, 그 이름은 청룡의 뿔·심장·꼬리에서 나왔다는 사실을 들었다.[54]

1978년 중국의 호북성(湖北省) 수현(隨縣)에서 전국시대(B.C. 475 ~ B.C. 221) 초기의 무덤인 증후을(曾候乙)에서 옻칠상자가 발굴되었는데, 그 뚜껑에 28수의 이름이 쓰여 있었다. 이것은 28수의 이름이 기록된 가장 오래된 자료여서 이 분야의 연구에 많은 도움을 주었다. 그림의 가운데는 '두(斗)' 자가 크게 쓰여 있고 그 둘레에 다른 28수의 이름이 시계 방향으로 배치되어 있다. 여기서 두(斗)는 28수 가운데 하나인 북두칠성을 가리키는 말이니, 고대 천문학에서 그것의 중요성을 추정할 수 있다.

그리고 그림의 왼쪽에는 백호가 오른쪽에는 청룡이 그려져 있다. 왼쪽에 있는 그림을 진준규는 『중국천문학사』에서 백호라고 하였으나,[55] 신선갑(申先甲)은 『중국춘추전국과기사(中國春秋戰國科技史)』에서 기린(麟)이라고 주장하였다. 그 근거로 그는 머리에 그려진 뿔을 제시하였다. 호랑이라면 뿔이 없어야 하는데 그 그림에는 선명하게 뿔이 그려져 있기 때문이다. 그러면서 그는 전국시대 초기에는 서쪽에 해당하는 동물이 백호가 아니라 기린이었을 것이라고 추정하였다.[56] 이 고분(古墳)은 고증(考證)에 의하면 기원전 433년경에 만들어졌을 것이므로 4상과 28수가 이루어진 연대는 이보다 더 빠를 것이다. 그래서 진준규는 4상과 28수는 전국 이전이나 전국초기에 형성된 이론이라고 보았다. 나아가서 그는 인도의 불경에 나오는 용·거북·사자(호랑이)·공작 등의 네 가지 동물들도 그 기원이 중국의 4상에 있다고 주장하였다.[57]

이 네 가지 동물의 모양을 한 별들의 형상인 4상의 방위는 어떻게 결정이 되었는가? 이것은 4상이 생겨난 근원과 관계가 있다. 고대인들은 해와

---

53) 陳遵媯, 『中國天文學史』 第二冊, (臺北: 明文書局, 1985), pp.75~76.
54) 같은 책, p.76.
55) 같은 책, pp.73~74.
56) 申先甲, 『中國春秋戰國科技史』, p.67.
57) 陳遵媯, 앞의 책, p.31.

달 그리고 오성(五星)의 운행을 관측해 네 계절을 정하기 위해서 4상을 창설하였다. 4상은 그래서 각 계절의 중간에 남중(南中)하는 별자리에서 발전하였다.[58]

『상서』의 「요전」에는 "밤낮의 길이가 같고 초저녁에 조(鳥)의 별이 남중하는 것으로써 춘분을 바로잡았다. 낮의 길이가 가장 길고 초저녁에 火의 별이 남중하는 것으로써 하지를 바로잡았다. 밤낮의 길이가 같고 초저녁에 虛의 별이 남중하는 것으로써 추분을 바로잡았다. 낮의 길이가 가장 짧고 초저녁에 묘(昴)의 별이 남중하는 것으로써 동지를 바로잡았다."[59]는 말이 나온다. 이 설명은 곧 중국에서 각 계절의 중간에 남중하는 별을 관측하여 네 계절을 정한 역사가 오래되었음을 보여준다. 이것으로부터 하늘을 돌고 있는 네 가지 별들의 무리들을 춘하추동 네 계절의 별자리로 표시하는 방법으로 발전하였을 것이다.

새(鳥)의 형상은 일찍부터 봄 하늘의 초저녁에 남중하는 별들의 모양을 묘사하는 것으로 이용되었다.[60] 「요전」보다 앞선 갑골문에 이미 鳥의 별이 나온다. 역법을 몰랐던 원시사회에서 사람들은 鳥의 별이 나타나는 현상을 봄이 온 신호로 보았다. 그래서 아주 자연스럽게 봄날 초저녁 하늘에 남중하는 별들의 무리를 보고서 한 마리의 커다란 새의 형상을 상상하게 되었다.[61] 나아가서 춘분을 전후하여 초저녁에 주작(朱雀)이 남중할 때 청룡의 방(房)의 별자리는 동쪽의 지평선 부근에 있고, 백호의 묘(昴)의 별자리는 서쪽의 지평선 부근에 있으며, 현무의 허(虛)는 북쪽의 지평선 부근에 있다는 사실을 발견하게 되었다. 이렇게 해서 동서남북에 각각 청룡·백호·주작·현무가 결정되었을 것으로 추측된다. 4상은 결국 춘분을 전후한 때 초저녁의 별자리에 근거하고 있다.[62]

---

58) 申先甲, 앞의 책, p.65.
59) 『尙書』「堯典」, "日中星鳥, 以殷仲春; 日永星火, 以正仲夏; 宵中星虛, 以殷仲秋."
60) 申先甲, 앞의 책, p.66.
61) 같은 곳.
62) 같은 곳.

이러한 4상에서 보다 세분화된 방법이 28수이다. 그러나 28수의 기원과 목적에 관해서는 다양한 견해들이 있다. 왜냐하면 28수는 중국에만 있는 게 아니라 인도와 아라비아 그리고 바빌론에도 있었기 때문이다. 그것들은 비록 조금씩 차이가 있지만 동일한 근원에서 나왔을 것으로 추정할 수 있다. 처음에는 많은 학자들이 그 근원지를 인도와 바빌론으로 생각하였으나 최근에는 중국이라는 사람들이 많다. 아라비아에서 28수를 사용한 시기는 중국의 서한(西漢)보다 빠르지 않고, 이집트에서도 기원후에 비로소 28수를 사용하였으며, 바빌론은 서양 천문학의 발원지이지만 지금까지 아직 28수의 유적이 발견되지 않았다.[63] 남은 문제는 인도가 빠르냐 중국이 빠르냐 하는 것인데, 곽말약(郭沫若)・축가정(竺可楨)・하내(夏鼐) 등의 중국학자들은 중국에서 인도로 전해졌다고 주장하였다. 그리고 일본의 학자 신성신장(新城新藏)도 28수는 중국에서 만들어져 춘추시대 중기 이후에 중앙아시아를 거쳐 인도와 아라비아로 전해졌다고 하였다.[64]

28수를 만든 최초의 목적이 무엇이냐에 대해서도 아직까지 서로 다른 의견이 공존하고 있다. 축가정(竺可楨)・전보종(錢寶琮)・하내(夏鼐) 등의 중국학자들은 달의 운동을 관측하기 위해서 만들었다고 주장하였다. 달이 하늘의 한 지점에서 출발해서 같은 지점으로 돌아오는 기간은 약 27.3일인데 이것을 28로 생각해서 28수를 정했다는 견해이다. 곧 28수는 매일 밤의 달의 위치를 알 필요에서 설정되었다고 보았다. 그러나 각각의 별자리들 사이의 거리가 일정하지 않기 때문에 달의 운동이 정확하게 매일 하나의 별자리에서 다른 별자리로 움직이지 못하는 문제점이 있다.[65]

그래서 신성신장과 진준규는 달의 위치를 참작하여 태양의 위치를 간접적으로 추정하기 위하여 28수를 설정했다고 주장한다.[66] 태양이 28수 가운

63) 같은 책, p.70.
64) 같은 곳.
65) 같은 책, p.69.
66) 陳遵嬀, 『中國天文學史』 第二冊, (臺北: 明文書局, 1985), p.52.

데 어떤 별자리에 와 있는지를 알면 그 계절을 알 수 있기 때문이다. 이 방법은 초저녁과 새벽에 별들을 관측하여 태양의 위치를 알아서 계절을 확정하는 방법과는 다르다. 그래서 진준규는 이것을 고대 중국천문학의 커다란 진보라고 평가하였다.[67)]

28수의 체계는 춘추전국시대에 완성이 되는데, 『상서』와 『시경』 그리고 『하소정』에 이미 28수에 있는 별자리의 이름들이 나온다. 그리고 『여씨춘추』의 「유시(有始)」에는 최초로 각(角)에서 진(軫)까지 28수의 이름이 모두 나온다. 『예기』의 「월령」에는 모두 25개의 별자리 이름이 나오고 있다. 28수 가운데 기(箕)·묘(昴)·귀(鬼)·장(張) 등의 별자리가 없고 호(弧)가 있으며, 두(斗)를 건성(建星)이라고 불렀다.[68)]

「월령」은 맹춘을 설명하면서 "맹춘의 달에는 해가 영실(營室)에 있고, 초저녁(昏)에는 삼(參)의 별자리가 南中하고, 새벽(旦)에는 미(尾)의 별자리가 남중한다."[69)]고 하였다. 영실(營室)수는 북방칠수 가운데 하나인 실(室)수와 같은 별자리이고, 삼(參)수는 서방칠수 가운데 하나이며, 미(尾)수는 동방칠수 가운데 하나이다.

그리고 중춘에서는 "중춘의 달에는 해가 규(奎)수에 있고, 초저녁에는 호(弧)수가 남중하고, 새벽에는 건성(建星)이 남중한다."[70)]고 하였다. 규(奎)수는 서방칠수 가운데 하나이다. 호(弧)수는 남방칠수 가운데 하나인 정(井)수 근처에 있는 별자리이고, 건성(建星)은 두(斗)수 근처에 있는 별자리이다. 그러나 진준규는 호(弧)수를 남방칠수의 하나인 귀(鬼)수와 같은 별자리로 보았다.[71)] 보다 정확하게는 귀(鬼)와 호(弧)는 다른 별자리이고 서로 가까이 있다.

계춘에서는 "계춘의 달에는 해가 위(胃)수에 있고, 초저녁에는 칠성(七

---

67) 같은 책, p.53.
68) 같은 책, p.65.
69) 『禮記』「月令」, "孟春之月, 日在營室, 昏參中, 旦尾中."
70) 『禮記』「月令」, "仲秋之月, 日在奎, 昏弧中, 旦建星中."
71) 陳遵嬀, 앞의 책, p.66.

星)이 남중하고 새벽에는 견우(牽牛)가 남중한다."[72]고 하였다. 위(胃)수는 서방칠수 가운데 하나이고, 견우(牽牛)는 북방칠수 가운데 하나인 우(牛)수를 말한다. 계속해서 이런 방식으로 설명하는데, 필(畢)·익(翼)·무녀(婺女)·동정(東井)·항(亢)·위(胃)·류(柳)·화(火)·각(角)·자휴(觜觿)·방(房)·허(虛)·위(危)·두(斗)·동벽(東辟)·진(軫)·루(婁)·저(氐) 등의 별자리들이 나온다.

6. 자연의 보호

「월령」에는 고대인들의 자연에 대한 이해와 관찰들이 잘 나타나 있지만 특별히 눈에 띄는 부분은 바로 자연에 대한 철저한 보호정신이다. 지금부터 2000년 전에도 그토록 자연을 보호해야만 했던 절실한 이유가 있었던 것일까? 우리가 얼른 생각하면 그 당시에는 사람들이 이용할 수 있는 풍족한 자연의 산물이 있어서 그것들을 특별하게 보호하지 않더라도 괜찮았을 것 같다. 그러나 실제로는 사람들이 마음대로 이용해도 좋을 만큼 그렇게 풍족하지가 않았던 모양이다. 그 문제를 해결하기 위해서 고대 중국인들은 이미 국가적인 차원에서 자원을 보호·관리하였다. 이러한 사상이 고스란히 「월령」에 들어 있어서 자연을 무절제하게 이용하려는 사람들의 욕망을 통제하였다.

맹춘의 달에서 말하기를 "희생은 암컷을 쓰지 못하게 한다. 벌목을 금지한다. 둥우리를 뒤지지 못하게 하며, 농작물에 유익한 유충·짐승의 새끼·갓 날기 시작한 어린 새 등을 죽이지 말도록 하고, 짐승의 새끼를 잡지 못하게 하고, 알을 꺼내지 못하게 한다."[73]고 하였다. 맹춘은 하력(夏曆)으로는 정

72) 『禮記』「月令」, "季春之月, 日在胃, 昏七星中, 旦牽牛中."
73) 『禮記』「月令」, "犧牲毋用牝. 禁止伐木. 毋覆巢, 毋殺孩蟲, 胎, 夭, 飛鳥, 毋麛, 毋卵."

월에 해당하는 달인데 이달에 대해서 「월령」에서는 "동풍이 불어서 얼음이 풀리고, 칩거했던 벌레가 비로소 움직인다. 물고기가 얼음 위로 떠오른다. 수달이 물고기로 제사 지내고 기러기가 북쪽으로 날아간다."[74]고 설명하고 있다.

맹춘이라는 말이 원래 초봄을 의미하는 것이니 이미 겨울은 지나가고 봄이 오고 있는 절기라고 하겠다. 다시 말해서 만물이 소생하기 시작하는 계절이다. 이러한 때에는 큰 동물들도 잡지 말고 그 새끼들도 해치지 말라고 금지하고 있다. 또한 새들의 알까지도 보호하라고 명하였다. 당시에 이미 자연의 법칙에 입각해서 동식물을 보호해서 생태계의 질서가 깨어지는 사태를 최대한 방지하려고 했음을 분명히 볼 수 있다. 이러한 생태계의 보호도 결국 인간을 위한 일이다. 만일에 계절을 가리지 않고 동식물을 잡고 채취한다면 그것들의 수와 양이 줄어들어 더이상 이용할 수 없는 지경에 이르게 된다. 그렇게 되면 사람들은 생활에 엄청난 어려움을 겪게 될 것은 자명하다.

그리고 중춘의 달에서는 "이달에는 (물고기를 잡는다고) 시내와 못의 물을 마르게 해서도 안 되고, 저수지와 수로의 물을 빼서도 안 되며, (짐승을 잡는다고) 산림을 불태워서도 안 된다."[75]고 가르쳤다. 물고기와 짐승을 잡아서 사용할 수 있다고 허가하지만 완전히 다 잡아 씨를 말리지 못하도록 금지하고 있다.

12월에 해당하는 계동에서 말하기를 "이달엔 어사(漁師)에 명하여 처음으로 고기잡이를 하게 한다. 이때 천자가 몸소 가서 물고기를 잡는다. 돌아와서 물고기를 시식함에 있어 먼저 침묘(寢廟)에 올린 뒤 이를 먹는다."[76]고 하였다. 어사(漁師)란 물고기를 관리하는 벼슬이라고 하기도 하고, 그냥 어부라고 하기도 한다. 침묘(寢廟)란 조묘(祖廟)를 말하는데, 앞에 있는 건물을 묘(廟)라고 하고 뒤에 있는 건물을 침(寢)이라고 한다. 「월령」에 의하

---

74) 『禮記』「月令」, "東風解凍, 蟄蟲始振, 魚上氷, 獺祭魚, 鴻雁來."
75) 『禮記』「月令」, "是月也, 毋竭川澤, 毋漉陂池, 毋焚山林."
76) 『禮記』「月令」, "是月也, 命漁師始漁. 天子親往, 乃嘗魚, 先薦寢廟."

면 당시에는 12월부터 3월까지 물고기를 잡을 수 있다.

계춘에서는 "배를 관장하는 벼슬아치에게 명하여 배를 뒤집어 놓고 상한 곳을 살피게 한다. 관리는 다섯 번 뒤집고 다섯 번 원래 상태로 되돌리면서 검사하여 그 배가 완전함을 천자께 보고한다. 천자가 비로소 배를 타고 다랑어를 고기잡이하여 이를 침묘에 올리고 아울러 보리가 실히 영글 것을 기도드린다."[77]고 하였는데, 천자가 친히 다랑어를 잡아서 조묘에 올린다고 했으니 고기잡이가 이달에도 허용됨을 알 수 있다.

또한 계춘의 달에서 "또 전렵용의 짐승 그물과 새 그물 그리고 사냥할 때 사람이 숨는 방패와 짐승에게 먹이는 독약 따위가 성문 밖으로 나가지 않도록 하라고 한다."[78]고 규제하였다. 이 말을 통해서 우리는 당시에 이미 사람들이 짐승을 잡기 위해서 그물을 사용했으며 새를 잡는 데도 그물을 썼다는 사실을 알 수 있다. 그리고 심지어 당시에 이미 독약을 사용해서 들짐승과 날짐승을 잡았다는 것도 알 수 있다. 그물이나 약을 사용하는 방법도 완전히 금지하지는 않았지만 일정한 시기에만 사용하게 함으로써 동물들의 수가 적절하게 유지되도록 하였다.

마찬가지로 맹하의 달에는 "이달에는 또 전답을 망치며 곡식을 먹는 짐승을 몰아 사냥하여 이로써 오곡의 발육이 순조롭도록 한다. 그러나 짐승 사냥의 범위는 이 정도에 그치고 크게 사냥하여 짐승의 발육을 방해해서는 안 된다."[79]고 통제하였다. 전답에 피해를 주는 짐승을 잡는 사냥은 허용하지만 그렇다고 해서 모두 다 잡아서 씨를 말리거나 생태계를 파괴하는 정도로 사냥을 해서는 안 된다는 규정도 돋보인다.

짐승이나 물고기를 잡는 데도 합리적인 태도가 필요하지만 나무를 베거나 가꾸는 데도 합리적인 태도가 요구된다. 나무는 여러 가지 면에서 인간의

---

77) 『禮記』「月令」, "命舟牧覆舟, 五覆五反, 乃告舟備具于天子焉. 天子始乘舟, 薦鮪于寢廟, 乃爲麥祈實."

78) 『禮記』「月令」, "田獵, 罝罘, 羅罔, 畢翳, 餧獸之藥毋出九門."

79) 『禮記』「月令」, "是月也, 驅獸毋害五穀, 毋大田獵."

생활과 밀접한 관계가 있다. 그렇게 중요한 나무를 잘 관리하지 않을 수 없다. 그래서 일찍부터 사람들은 나무를 가꾸고 보호하는 데 관심을 가졌다. 예를 들어 맹하의 달에서 "이달에는 계속 자라게 하고 커지도록 할 뿐, 줄어들어 해가 되는 일이 없게 한다. 토목공사를 일으키지 않도록 하고, 대중을 동원하는 일이 없게 하며, 큰 나무를 베지 않도록 한다."[80] 고 했다.

나무가 한창 자라는 시기에는 산에 들어가지 못하게 하고 나무를 베지 못하게 하는 규정을 정해서 나무와 산을 보호해야만 꼭 필요할 때에 유용하게 산림자원을 이용할 수 있다. 다 자라지도 않은 나무들을 베어서 땔감으로 사용해 버리면 나중에 집을 짓거나 큰 공사를 할 때는 막상 목재가 없어서 애를 먹게 된다. 그것을 방지하기 위해서라도 산림의 보호는 필요한데, 옛날 사람들도 그것을 이미 알고 있었다.

계하의 달에서도 "이달에는 수목이 바야흐로 무성해진다. 그러므로 우인(虞人)에게 명하여 산에 들어가 순시하여 나무를 베는 일이 없도록 한다."[81] 고 명하고 있다. 우인(虞人)이란 산과 못을 관장하는 벼슬을 말한다. 산의 자원을 관리하고 못의 자원을 관리하는 일은 사람들의 생활과 밀접하게 연관되어 있기 때문에 중요하다. 산에 나무를 마구 베어낸다든지 불을 지른다든지 하는 행위를 금지하고, 못의 물고기를 남획하여 씨를 말린다든지 못의 물을 오염시키는 일을 못하게 방지하는 일은 옛날에도 역시 중요한 일이었다.

맺음말

「월령」에는 고대 중국인들이 가지고 있었던 자연에 대한 지식이 모두 들어 있고, 그들의 자연에 대한 태도가 구체적으로 잘 나타나 있다. 음양이기

---

80) 『禮記』「月令」, "是月也, 繼長增高, 無有壞墮. 毋起土功, 毋發大衆, 毋伐大樹."
81) 『禮記』「月令」, "是月也, 樹木方盛, 乃命虞人入山行木, 毋有斬伐."

와 오행으로 사계절의 순환을 설명하고 거기에 맞추어서 농업·어업·수공업 등의 활동을 어떻게 해야 하는지를 규정하고 있다. 또한 이러한 계절의 변화를 아는 것은 태양과 달 그리고 별들의 관찰과 밀접하게 연관되어 있다. 그래서 당시의 천문학적인 지식이 「월령」에 분명하게 나타나 있다.

계절의 변화에 따라서 인간의 활동도 달라지는 것은 당연한데, 「월령」에서는 특히 통치자의 생활에 대해서 상세하게 규정해 놓고 있다. 예컨대 맹춘의 달이 되면 "천자는 명당(明堂) 동쪽 방의 북실(北室)에 있으면서 정무를 살핀다. 난(鸞)새 방울을 단 수레를 타고, 푸른색의 말이 수레를 끌게 한다. 푸른 깃발을 세우고, 푸른 옷을 입고, 푸른색의 옥(玉)을 차고, 보리와 양고기를 먹는다. 그 사용하는 그릇은 소박하고 바람이 잘 통하는 것들이다."[82] 라고 말했다. 명당이란 고대의 통치자가 종교적 의식을 거행하고 정책을 반포하는 곳이다. 여기에 나온 규정은 결국 자연의 변화와 흐름과 통치자의 생활을 일치시켜야 한다는 생각에서 나왔다. 이렇게 하면 자연계의 순조로운 흐름에 도움을 주고, 그렇게 하지 않으면 자연에 이상한 현상들이 발생한다고 믿었다.

자연의 변화에 순응해야 한다는 태도는 옳지만 통치자의 일상적인 행동까지도 자연의 흐름에 영향을 준다는 생각은 지나치다고 하겠다. 이처럼 「월령」에 나타나는 중국 고대인들의 자연에 대한 지식이 제대로 발전하지 못하고 엉뚱한 방향으로 흘러가 미신이나 술수로 변하기도 했다는 점은 아쉽다. 그러나 「월령」에 나타나는 자연에 순응해야 한다는 생각과 자연을 보호하고 관리해야 한다는 생각은 오늘날에도 여전히 의미를 지닌다.

「월령」을 보면 고대의 중국인들은 이미 자연의 파괴와 자원의 무분별한 이용이 결국 인간에게 피해로 돌아온다는 사실을 알고 있었다. 이러한 과학적인 근거에 입각해서 중국에서는 일찍이 노장사상과 같은 자연과의 조화와 일체를 주장하는 철학이 등장하였다고 할 수 있다. 유학이 지나친 자연의

---

82) 『禮記』「月令」, "天子居靑陽左个, 乘鸞路, 駕倉龍, 載靑旂, 衣靑衣, 服倉玉, 食麥與羊, 其器疏以達."

개발을 반대하였던 것도 같은 맥락에서 나온 생각이라고 하겠다.

우리는 지금 이러한 정신을 잇고 실천할 필요가 있다. 물론 여러 가지 문제가 얽혀 있어서 그것을 실천하는 게 쉬운 일은 아니다. 그러나 핑계를 생각하기 전에 진지한 노력이 요구되는 때이다. 현대인들은 자연을 파괴할 수 있는 엄청난 힘을 가졌으면서도 자연을 보호하려는 생각은 고대인들보다 오히려 더 적게 하는 것 같다.

공자(孔子)의 자연관

V. 공자(孔子)의 자연관

자연과 환경에 대해서 공자가 무슨 생각을 했고, 어떤 말을 했는지는 잘 알려져 있지 않다. 공자는 주로 사람에 대해서만 가르쳤고, 자연에 대해서는 가르친 게 없다고 생각하기가 쉽다. 그래서 '공자의 자연관' 같은 주제는 아예 거론이 되지 않고 있다. 하지만 공자 같이 박학다식(博學多識)한 인물이 자연에 대해서 아는 게 전혀 없었고, 아무런 견해도 갖지 못했을 리는 없다.

실제로 『논어』를 자세히 살펴보면 공자의 자연에 대한 견해와 입장을 보여주는 몇 구절의 내용을 찾을 수 있다. 그것들은 몇 마디의 말에 불과하지만 찬찬히 연결을 해보면 그의 생각을 잘 보여주는 하나의 그림으로 만들 수가 있다. 그것을 보면 공자는 자연에도 관심이 많았고, 거기에 대한 일관된 생각도 가지고 있었음을 알 수 있다.

공자의 자연에 대한 관심을 잘 보여주는 근거는 그의 『시경』에 대한 태도에 분명하게 나타나고 있다. 『시경』은 한 마디로 자연교과서와 같은 책이기 때문에 시를 공부하는 것은 자연을 공부하는 것이나 다름이 없다. 거기에 나오는 수많은 동식물들은 당시 사람들이 항상 접했던 주변의 생태계를 생생하게 보여준다. 공자는 어린 제자들에게 『시경』을 통해서 그들이 살아가면서 접하여야 할 환경에 대한 지식과 애정을 가르쳤던 것이다.

또한 공자는 인간과 자연을 엄밀히 갈라서 윤리와 도덕이 적용되는 범위를 인간에게만 한정하지 않았다. 다시 말해 그는 윤리와 도덕이 동물이나 식물 나아가서 무생물에도 적용된다고 생각하였다. 이러한 그의 생각은 전통적인 중국인의 윤리관을 보여 주는 것이지만 그의 전체 사상과도 잘 맞아떨어진다.

사람을 사랑하라는 그의 가르침은 자연을 사랑하라는 가르침으로 자연스럽게 확장될 수 있다. 마찬가지로 사람에게 예의바르게 행동하라는 그의 가르침도 동물들에게도 예를 지켜야 한다는 가르침으로 확장될 수 있다. 그러나 공자가 말한 인은 선후와 경중이 있는 사랑이기 때문에 인간에 대한 사랑과 자연에 대한 사랑은 분명히 차이가 있어야 한다.

그리고 공자는 현대의 자연파괴와 환경문제에 대한 좋은 해결책도 이미 말했다. 그것은 다른 것이 아니라 바로 욕망을 줄이고 검소한 생활을 하는 방법이다. 이것은 너무 간단하여서 좋은 해결책이라고 인정하기 어려울지 모르겠지만 이보다 더 좋은 방법은 없는 것 같다. 자원은 한정되어 있고, 인구는 많아지는데 모두가 욕심을 부린다면 좋은 대책이 나올 수가 없다. 이것은 철학적인 논쟁의 문제가 아니고 바로 실천해야 하는 실천의 문제이다.

1. 자연에 대한 관심과 지식

공자는 자연에 대해서 어느 정도 관심을 가지고 있었을까? 『논어』에 나오는 대부분의 내용은 윤리적인 교훈이 주를 이루지만 자연에 대한 언급도 없지는 않다. 그가 귀하게 남긴 몇 마디 말에서 우리는 많은 것을 추론할 수 있다. 그런 말 가운데 하나가 바로 「양화편」에 나온다.

공자가 말했다. "너희들은 왜 『시경』을 공부하지 않느냐? 『시경』의 시들은 사람의 감흥을 일으켜 줄 수 있고, 사물을 올바로 볼 수 있게 하며, 남과 잘 어울릴 수 있게 하고, 잘못을 원망할 수 있게 하며, 가까이는 아버지를 섬기게 하고, 멀리는 임금을 섬기게 하며, 새 짐승과 풀 나무의 이름도 많이 알게 한다."[1)]

공자는 『시경』의 중요성을 잘 알고 있었기 때문에 제자들이 그것을 열심히 공부하기를 원했다. 그래서 그는 『시경』을 공부하면 어떤 효과가 있는지를 구체적으로 알려주면서 그것을 공부하라고 권장하였다. 그 효과들 가운데 하나가 바로 새와 짐승 그리고 풀과 나무의 이름을 많이 알 수 있다는 것이다. 『시경』에 동물과 식물들의 이름이 많이 나오기 때문에 공부하는 과정에서 자연스럽게 그것들의 이름을 익힐 수 있다. 말하자면 당시의 학생들에게 『시경』은 요즘의 생물과목과 같은 역할을 했다고 볼 수 있다.

청(淸)나라의 서정(徐鼎)이 편찬한 『모시명물도설(毛詩名物圖說)』[2)]에 의하면 『시경』에 나오는 새는 38종류이고, 짐승은 29종, 곤충이 27종, 물고기가 19종이나 된다. 또한 『시경』에는 수많은 종류의 식물들이 등장한다. 『모시명물도설』에는 풀 종류가 88종이 실려 있고, 나무는 모두 54종이 실려 있다. 그리고 명(明)나라의 풍복경(馮復京)이 편찬한 『육가시명물소(六家詩名物疏)』[3)]에는 나무가 85종, 풀이 94종 그리고 곡식이 28종 나온다.

별도로 동식물에 대해서 공부하는 과목은 없었지만 당시의 어린이들은 『시경』을 공부하면서 자연스럽게 동식물들의 이름을 익혔을 것이다. 동식물들의 이름을 알게 되면 그것들의 생김새와 특성에 대해서도 관심을 가지게 된다. 우리가 현재 알고 있는 동물이나 식물의 종류가 얼마나 되는지를 생각해 보면 『시경』에 나오는 동식물들의 종류가 상당히 많다는 사실을 알 수 있다.

자연의 동식물들에 대해서 많이 아는 것이 곧 그것들을 사랑할 수 있는

---

1) 『論語』 「陽貨」. "子曰, 小子, 何莫學夫詩. 詩可以興, 可以觀, 可以羣, 可以怨, 邇之事父, 遠之事君, 多識於鳥獸草木之名."

2) 『續修四庫全書』62, 經部, 詩類, pp. 585~657.

3) 『文淵閣四庫全書』80, 經部 74, 詩類, pp.1~578.

기본이 된다. 동식물의 특성이나 생태에 대해서 전혀 아는 것도 없는 사람이 동식물을 막연하게 사랑하자고 외치는 구호는 믿음이 가지 않는다. 실제로 동식물에 대한 지식이 그것들을 사랑하고 보호하는 정신으로 발전할 수 있다.

자연을 사랑하려면 우선 자연을 많이 알아야 한다. 자연에 대해서 전혀 아는 것이 없으면 그것을 사랑해야 한다는 생각도 할 수 없다. 동식물에 대한 보호와 사랑도 마찬가지이다. 먼저 그것들에 대해서 많이 알아야 한다. 이름을 아는 것은 시작일 따름이다. 공자가 동물들과 식물들의 이름을 알 수 있다는 말도 그냥 이름만 알 수 있다는 의미가 아니라 그것들에 대한 폭넓은 지식을 얻을 수 있다는 의미일 것이다.

공자는 『시경』을 편집한 사람이었으니 거기에 나오는 많은 동식물에 대해서도 잘 알고 있었다. 이러한 지식은 자연스럽게 그것들에 대한 관심과 사랑으로 나타났고, 제자들에게도 영향을 끼쳤을 것이다. 동식물에 대해서 많이 알게 되면 그것을 제대로 활용할 수도 있어서 생활에 도움을 줄 수도 있다.

공자의 제자들이 농사를 짓는 사람들은 아니었지만 지식인들도 동식물들에 대한 기본적인 지식은 필요하다. 그런 것을 모르면 당장 시(詩)를 이해할 수도 없고 쓸 수도 없다. 우리 주변에 있는 새들에 대해서 전혀 아는 게 없다면 자연을 노래하는 시를 지을 수 없다. 제비가 봄에 오는지 가을에 오는지도 모르는 사람이 어떻게 제비가 등장하는 문학작품을 쓸 수가 있겠는가? 마찬가지로 식물의 이름이나 생태도 자세히 알아야만 시를 이해하고 지을 수가 있다.

유학자들이 자연을 노래하는 수많은 작품들을 쓸 수 있었던 것은 우연한 일이 아니다. 그들은 이미 우리의 주변에 있는 자연에 대해서 많은 관심과 지식을 가지고 있었다. 자연에 관심을 갖지 않은 사람은 그러한 시를 지을 수가 없다. 이러한 전통은 바로 공자에서 출발하고 있다는 사실을 우리는 그의 이 말에서 알 수 있다.

2. 동식물도 덕(德)을 지니고 있다.

『논어』에는 동식물에 대한 언급이 간혹 나온다. 간혹 나오는 말이지만 거기에는 많은 내용이 함축되어 있다. 그 가운데 하나가 바로 「헌문편」에 나온다. 그 내용은 "천리마는 그 힘(力)을 칭송하는 것이 아니라, 그 덕(德)을 칭송하는 것이다"[4]라는 공자의 말이다. 여기서 그는 힘(力)과 덕(德)을 대비하면서 힘보다는 덕을 강조하고 있다.

물론 공자가 말하고자 했던 것은 천리마의 덕이 아니라 바로 사람의 덕이었을 것이다. 천리마의 경우를 들어 사람을 평가할 때 재능보다는 그 덕성을 먼저 보아야 한다는 교훈을 말하고 싶었으리라. 그러니 재능만을 기르려 하지 말고 보다 중요한 덕을 기르라는 가르침이다.

공자가 힘에 대해서 말하기를 기피했다는 사실은 이미 "공자는 괴이함, 힘, 어지러움 그리고 귀신에 대해서 말하지 않았다"[5]는 「술이편」의 내용에 분명하게 나타나 있다. 그는 사람뿐만 아니라 동물을 평가할 때도 힘을 뒤로하고 덕성을 먼저 보았다.

사람이야 그렇다 하더라도 동물까지도 그렇게 할 필요가 있을까? 동물에게 덕이라는 것이 도대체 있기는 한가? 하지만 농촌에서 소로 농사를 지어본 사람들은 잘 안다. 소도 여러 종류가 있다는 것을. 어떤 소는 말도 잘 듣고 밭가는 일도 금방 배우는데 또 어떤 소는 말도 듣지 않고 사람에게 덤비기도 하고 밭가는 일도 제대로 배우지 못한다. 이것을 보면 소의 지능과 성질에도 여러 모로 차이가 있다. 사람에게 인격이 있다면 소에게는 우격(牛格)이 있다는 사실을 농부들은 모두 알고 있다.

그리고 집에서 개를 키워본 사람이라면 개 또한 여러 종류가 있다는 사실을 잘 알 것이다. 주인의 말을 잘 알아듣는 영리한 개가 있는가 하면 신발을 물어뜯고 어린 아이를 위협하는 놈도 있다. 대소변을 쉽게 가리는 개

---

4) 『論語』 「憲問」, "子曰, 驥不稱其力, 稱其德."
5) 『論語』 「述而」, "子不語怪力亂神."

도 있지만, 아무리 훈련을 시켜도 대소변을 가리지 못해서 주인의 마음을 항상 상하게 하는 놈도 있다. 개 중에는 너무나 훌륭해서 사람도 따라갈 수 없을 정도의 덕을 지닌 종류도 있다. 우리 주변에도 드물지 않게 이러한 개들을 보기도 하고, 이야기로 듣기도 한다.

말의 경우도 마찬가지일 것이다. 천리마의 경우에, 이 말은 달리기도 잘할 뿐만 아니라 성질도 온순해서 사람의 말도 잘 듣는다. 아무리 빨리 달린다 하더라도 주인의 말을 듣지 않고 난폭하게 행동한다면 그 말은 천리마가 될 수 없다. 아마 이런 말들은 영리해서 주인의 뜻을 알고 상황을 판단하는 능력이 다른 것들에 비해서 월등할 것이다. 또한 한번 가본 길을 정확하게 기억해서 주인보다도 길눈이 밝을 수도 있다. 이럴 경우 주인은 그 천리마가 훌륭한 덕을 지녔다고 생각하지 않을 수 없다.

공자는 동물에게도 덕이 있다고 생각하였고, 그것을 당연하다고 여기고 있다. 물론 여기서 말하는 덕이 사람에게 적용되는 덕과는 그 내용이 다를 것이다. 사람이 개나 소 그리고 말과 같을 수는 없기 때문이다. 그리고 공자가 남긴 이 한마디의 말은 우리들에게 여러 가지를 생각하게 만든다.

첫째, 도덕은 인간에게만 한정되지 않고 동물에게도 적용이 된다. 윤리와 도덕은 인간에게만 적용이 된다고 주장하는 사람들도 있지만 부분적으로는 동물에게도 적용이 되는 것이 현실이다. 실제로 우리는 착한 개와 못된 개를 구별하고, 선한 소와 악한 소를 구별하고 있다. 그래서 착한 개를 칭찬하고 못된 개에게 야단을 치기도 한다. 마찬가지로 착한 소에게는 먹을 것도 많이 주고 못된 소를 몽둥이로 때리기도 한다.

이 경우는 좋은 기계와 좋지 못한 기계를 구별하는 경우와는 분명히 다르다. 잘 달리는 자동차도 있지만 고장이 자주 나고 속도도 제대로 나지 않는 자동차도 있을 수 있다. 하지만 잘 달리는 자동차와 말 잘 듣는 개는 분명히 다르다.

둘째, 우리가 동물에게 윤리를 적용하려면 우리도 그들에게 윤리적으로 행동해야 한다. 우리가 어떤 대상이 윤리적이기를 바라려면 우리도 마찬가지로 윤리적인 행동을 해야 한다. 동물의 입장에서 보면 사람에게도 여러 가지 종류가 있어서 모두 똑 같지 않다. 어떤 주인은 친절해서 먹을 것도 제때에 주고 항상 관심을 가지고 보살펴 주려고 노력하는데, 어떤 사람은 먹을 것도 제대로 주지 않고 항상 발로 차기나 하고 하루 종일 움직이지도 못하게 줄로 묶어두기도 한다.

나는 윤리적인 행동을 하지 않으면서 일방적으로 상대방의 윤리적인 행동을 요구할 수는 없다. 동물에게 덕을 요구하려면 사람도 동물에게 그에 해당하는 덕을 보여야 한다. 동물을 학대하는 사람이 동물에게 덕 있는 행동이 나오기를 바라는 것은 말이 되지 않는다. 사람이 동물을 학대하면 동물은 자신을 지키기 위하여 공격하는 것은 당연하다. 동물을 학대하다가 공격을 당한 사람은 그 동물에게 책임을 물을 자격도 없다.

셋째, 동물의 덕도 배울 필요가 있다. 공자가 천리마의 덕을 말했을 때, 그는 사람들에게 천리마에게도 덕이 있으니 잘 배우라고 가르친 것이다. 필요하면 개와 소 그리고 말에게도 배울 것은 배워야 한다. 「자한편」에는 "한 해의 날씨가 추워진 뒤에야 소나무와 잣나무의 잎이 시들지 않음을 알게 된다."[6]는 공자의 말이 나온다. 동물뿐만 아니라 식물에게도 덕이 있다는 사실을 공자는 알려주었다. 따뜻할 때는 모든 나무들이 다 잘 자라기 때문에 어떤 나무가 더 강한지 알 수 없다. 그러나 날씨가 추워지면 강한 나무는 그 푸름을 그대로 유지하지만 약한 것들은 잎이 시들거나 단풍이 지고 마침내 떨어지고 만다.

사람도 마찬가지이다. 환경이 좋을 때는 누구나 다 그런 대로 살 수 있기 때문에 능력의 차이가 나타나지 않는다. 그러나 어려움이 닥치게 되면 개인들 간의 능력차가 선명하게 나타나게 된다. 약한 사람은 조그마한 어려움에도 쉽게 좌절하고 말지만 강한 사람은 그러한 어려움을 오히려 자신을 단련하는 기회로 삼아 보다 슬기롭게 넘긴다. 이러한 교훈을 공자는 이 말을 통

---

6) 『論語』「子罕」, "子曰, 歲寒, 然後知松柏之後彫也."

해서 주고자 했을 것이다.

넷째, 상대방을 배려하는 존재는 덕을 가지고 있다. 천리마가 덕을 지니고 있다는 말은 여러 가지 의미가 있겠지만 그 가운데 하나는 바로 그것이 사람이나 다른 동물들을 배려할 줄 아는 것이다. 그리고 천리마가 사람의 말에만 순종한다고 해서 좋은 말이 되는 건 아니니다. 천리마라는 칭송을 들으려면 다른 말에게도 거칠지 않고 다른 가축들과도 사이가 좋아야 한다. 아무리 잘 달리는 말이라 하더라도 개만 보면 공격하려 덤빈다면 덕이 있다고 칭찬받을 수 없다.

여기서 우리는 또 하나의 중요한 사실을 배울 수 있다. 이 세상에는 여러 가지 생명체들이 함께 살아가고 있기 때문에 서로 다른 생명체들을 배려할 줄 알아야 한다는 점이다. 천리마의 경우와 마찬가지로 사람과 다른 동물들을 배려할 줄 아는 동물은 인정을 받고 그래서 생존에도 유리한 위치에 서게 된다.

심지어는 질병을 일으키는 미생물조차도 다른 생명체들을 배려하지 않는 종류들은 금방 사라지고 만다는 사실을 과학자들은 알려 주고 있다.[7] 예를 들어 아주 엄청나게 독성이 강한 병균이 있는데 그것에 감염된 숙주는 모두 죽어버린다면 어떻게 될까? 당연히 그 병균도 오래 가지 못하고 멸종하고 말 것이다. 숙주를 배려하지 않는 병균이나 기생충은 생존을 보장받을 수 없다. 그렇기 때문에 이 세상에 사는 모든 생명체들은 주변의 다른 생명체들을 생각하지 않을 수 없다. 그래서 남을 배려하는 정신은 인간에게만 그리고 인간 사회에만 적용되는 게 아니라 지구의 생태계 전체에도 적용이 되는 것이다.

3. 동물에게도 예(禮)를 지켜야 한다.

공자는 예(禮)를 강조해서 제자 안연에게 "예가 아니면 보지 말며, 예가

7) L. Margulis, D. Sagan, 『마이크로 코스모스』, 홍욱희 역, (서울: 범양사, 1987), p. 135 참조.

아니면 듣지 말며, 예가 아니면 말하지 말며, 예가 아니면 행하지도 말라."[8] 고 말할 정도였다. 제자에게 이렇게 예를 강조하고 가르친 사람이기에 그 자신도 이와 같이 생활하였을 것이다. 공자가 말한 예는 사회생활을 위한 최소한의 규범이라고 할 수 있고, 이것은 또한 그가 말한 인(仁)을 실천하는 방법이라고 할 수 있다.

사회생활을 하는 데 예를 지키면서 살아야 하는 것은 당연하다. 질서를 지키고 다른 사람을 배려하는 방법이 바로 예를 지키는 것이다. 내가 예를 따르지 않으면 당장 다른 사람들은 나를 비난하게 된다. 그런 비난을 받지 않기 위해서 더 나아가서 사람대접을 받기 위해서 예에 맞는 행동을 할 필요가 있다.

그러면 우리가 예에 맞는 행동을 해야 하는 대상은 사람에 한정되는가? 다시 말하면 사람이 아닌 동물들에게도 예에 맞는 행동을 할 필요가 있는가? 상식적으로 볼 때, 예에 맞는 생활을 하는 사람은 동물들에게도 어느 정도는 예를 지킬 것이라 생각된다. 물론 그 예가 사람의 경우와는 다르겠지만 거기에 해당하는 것이 있으리라 여겨진다. 이미 앞에서 언급이 되었듯이 현실에서 우리는 동물들의 덕을 말하고 있고, 동물들에게도 덕이 있는 행동을 하려고 노력도 한다.

그럼 공자의 경우는 어떠했는가? 이것에 관한 직접적인 기록은 없지만 간접적인 자료는 있다. 『논어』「술이편」에는 "공자는 낚시는 하였으나 주낙을 쓰지는 않았고, 주살을 쏘기는 하였으나 잠자는 새를 쏘지는 않았다."[9] 라는 내용이 나온다.

이 문장의 원문에 나오는 강(綱)자를 해석하는 데는 서로 다른 견해가 있다. 주자(朱子)는 이것을 그물에 있는 큰 밧줄로 보고, 공자가 어망으로 고기를 잡지 않았다고 해석했지만 공안국(孔安國)의 견해를 따르는 사람들은 강(綱)을 큰 밧줄에 여러 개의 낚시 바늘을 달아서 고기를 잡는 주낙이

---

8) 『論語』「顔淵」, "非禮勿視, 非禮勿聽, 非禮勿言, 非禮勿動,"
9) 『論語』「述而」, "子釣而不綱, 弋不射宿."

라고 해석하였다. 여기서는 공안국의 견해를 따랐다.

주자는 주(註)에서 홍흥조(洪興祖)의 말을 인용해서 자신의 의견을 보여 주었다. "공자는 어렸을 때 집이 가난하여 부모의 봉양과 제사를 위해서 또한 부득이한 경우에 낚시와 주살질을 하였다. 부득이한 경우란 공자가 벼슬을 하면서 사냥시합(獵較)[10]을 한 것이 그것이다. 그러나 동물을 모조리 잡거나 불의(不意)에 새를 쏘는 것은 또한 하지 않았다. 여기서 어진 사람의 본심을 볼 수 있다. 동물을 대함이 이와 같았으니 사람을 어떻게 대했다는 것은 미루어 알 수 있고, 작은 일에 이와 같았으니 큰일에 어떠했는지를 알 수 있다."[11]

원래 공자의 집안이 가난하였기 때문에 어렸을 적에 낚시로 물고기도 잡고 주살로 새도 잡았던 모양이다. 그러나 그가 물고기를 잡고 새를 잡는 방법은 다른 사람들과는 많이 달랐다. 쉽게 여러 마리의 물고기를 짧은 시간에 잡을 수 있는 방법이 있었지만 그 방법을 쓰지 않았고, 잠자는 새를 쉽게 잡는 방법도 있었지만 그렇게 하지 않았다.

이러한 공자의 태도는 우리에게 여러 가지를 가르쳐 주고 있으며 또한 그의 인격을 짐작할 수 있는 중요한 단서를 보여주고 있다. 사람을 사랑하라는 그의 가르침이 우연히 나온 것이 아니요, 그가 세속적인 출세를 위해서 내세운 헛구호가 아니라는 사실을 이 이야기는 잘 보여주고 있다.

사람이 살기위해서 동물을 죽이지 않을 수는 없다. 물론 요즘에도 육식도 하지 말고 동물들도 죽이지 말아야 한다고 주장하는 극단적인 사람들도 있다. 그러나 그런 주장은 현실과 너무도 거리가 있어서 실천할 수 있는 가능성이 아주 희박하다. 공자는 살생을 하지 말아야 한다는 극단적인 생각은 하지 않았지만 동물에 대한 배려는 가지고 있었다.

---

10) 공자가 사냥시합에 참가했다는 기록은 『맹자』 「만장하(萬章下)」에 나온다.

11) 『論語』 「述而」, 朱註, "孔子少貧賤, 爲養與祭, 或不得已而釣弋, 如獵較是也. 然盡物取之, 出其不意, 亦不爲也. 此可見仁人之本心矣. 待物如此, 待人可知, 小者如此, 大者可知."

그런 동물에 대한 동정심이 바로 바늘이 하나 달린 낚싯대로 고기를 잡았지만 여러 개의 바늘이 달린 주낙을 사용하지는 못하게 한 것이다. 공자의 태도는 인간의 욕망은 인정하지만 그것을 절제해야 한다는 그의 정신을 잘 나타내고 있다. 고기를 먹는 것은 허용하지만 그것을 절제해서 동물을 죽이는 일을 될 수 있으면 하지 않는 것이 좋다는 입장이다.

주낙을 사용해서 물고기를 잡으면 한 번에 많은 양을 잡을 수 있어서 좋지만 그만큼 많은 살생을 저지르는 결과를 가져오게 된다. 주낙은 생명의 소중함을 잊어버리게 할 위험이 있다. 뿐만 아니라 주낙을 사용하는 태도에는 인간의 좋지 못한 욕심이 들어 있다. 공자는 아마 그러한 욕심이 나타나는 행동을 꺼렸을 것 같다.

어린 공자는 또한 잠자는 새를 잡지 않았다. 보통의 아이들이라면 처마 밑에서 잠자고 있는 참새도 잡아서 구워먹고 숲 속 둥지에서 잠든 큰 새들도 잡았을 것이지만 공자는 그렇게 하지 않았다. 그는 역시 보통의 아이들과는 확실히 달랐다. 잠자는 동물을 잡는 행동은 사실 점잖지 못하다. 스포츠로 말하자면 정정당당하지 못한 태도라고 하겠다. 동물을 사랑하는 마음을 가진 어린 공자는 그것이 떳떳하지 못하다고 생각하였던 게 분명하다.

여기서 우리는 공자가 그렇게 강조하였던 예(禮))의 정신을 엿볼 수 있다. 사람은 지켜야 할 사람의 도리가 있다. 그것을 제대로 지키게 되면 스스로는 인격자가 되는 것이고, 그러한 구성원들이 모인 사회는 살기 좋은 이상사회가 될 수 있다.

우리가 예를 지켜야할 대상은 사람에 한정되지 않는다. 가장 우리와 가까이 지내고 있는 동물에게도 예를 지켜야 한다. 우리가 기르고 있는 개에게도 할 수 있는 일이 있고, 할 수 없는 일이 있다. 먹이를 먹고 있는데 그것을 방해한다든지 잠을 자고 있는데 갑자기 큰 소리를 질러서 놀라게 하는 행동은 개에게도 해서는 안 된다. 그리고 개를 꼼짝하지 못하게 묶어두거나 밥을 아예 주지 않거나 상처를 입히거나 이유 없이 때리는 것도 옳지 않다. 이제 동물보호법이 생겨서 동물을 학대하는 사람들을 법으로 처벌하기도 하는 시대가 되었다. 그러나 법을 만들어야만 할 지경에 이른 상황이 안타까울 따름이다.

최근에 와서 일부 엽사들은 밤에 자동차를 타고 다니면서 잠자는 동물들을 놀라게 해서 깨우고, 그들에게 총질을 하고 있다. 이런 행위는 다 불법이라서 지금은 법의 심판을 받게 되는데, 이미 공자는 당시에 그런 몰지각한 사냥을 하지 않았다. 특히 생계를 위한 수렵이 아니라 취미라면 더욱 조심을 해야 한다. 낚시의 경우도 마찬가지이다. 취미가 낚시인 사람들을 다 욕할 수는 없지만 살생을 즐기는 행위는 아무래도 자제하는 게 좋다.

살생을 하게 되면 자연 심성이 거칠어질 수 있고, 그러한 거칠어진 심성은 스스로에게도 좋지 못하고 남에게도 피해를 줄 수 있기 때문이다. 낚시와 사냥을 하더라도 살생의 심각함을 생각하면서 해야 한다. 공자는 새를 잡을 때도 함부로 잡지 않고 지킬 것은 지키면서 잡았다. 이러한 태도에서 살생에 대한 조심하는 마음을 엿볼 수 있다. 취미로 낚시나 사냥을 하더라도 규칙을 정해서 한계를 벗어난 행동을 해서는 안 된다.

4. 동물에 대한 사랑과 사람에 대한 사랑

공자의 여러 가지 언행으로 미루어 볼 때, 그의 사랑은 동물이나 식물에까지 미쳤음이 분명하다. 그러나 그는 동물을 사랑하는 일과 사람을 사랑하는 일에는 선후가 있고 경중이 있다는 사실을 분명히 보여주고 있다. 이것은 사실 그의 인의 정신에 잘 나타나 있다. 우리의 사랑은 가까운 곳에서부터 먼 곳으로 퍼져나가야 한다고 그는 가르쳤다. 사람에 대한 사랑과 동물에 대한 사랑에 선후가 있음을 잘 보여주는 일화가 「향당편」에 나온다. 마구간이 불에 탔는데, 공자는 퇴근을 하여 "사람이 다쳤느냐?"고 묻고, 말에 대하여서는 묻지 않았다는 이야기이다.

주자(朱子)는 이 문장에 대한 주(註)에서 "말을 사랑하지 않는 것이 아니나 사람이 상했을까 두려워하는 마음이 많았으므로 물어 볼 겨를이 없었다. 대개 사람을 귀히 여기고 가축을 천하게 여기는 것은 도리가 마땅히 이러해야 하는 것이다"[12]고 설명하였다. 말도 사랑하지만 사람을 사랑하는 것에는 미치지 못한다는 설명이다. 그래서 사람과 가축을 비교한다면 사람은 귀하고 가축은 천하다.

보통 사람들은 마구간에 불이 난 일에 대해 화를 내면서 누가 불을 내었는가를 추궁하기에 바빴을 것이다. 그리고 말이 혹시 불 때문에 죽지나 않았을까 걱정하였으리라. 당시에도 말은 귀한 가축이니 재산상으로 보아도 걱정을 하는 것이 무리는 아니다. 요즘도 마찬가지이다. 자신의 차고에 불이 났다면 비싼 차가 혹시라도 타지 않았을까를 먼저 걱정하지 않겠는가?

그런데 공자는 "사람은 안 다쳤느냐?"고만 묻고 말에 대한 걱정은 뒤로 미루었다. 말이 아무리 비싼 가축이라 하더라도 사람의 가치에는 미치지 못한다는 마음의 표현이다. 동물을 사랑하지 않는 것은 아니지만 감히 사람과는 동렬에 놓지 않는다. 그의 사람에 대한 사랑이 어떠하였나를 잘 보여주는 대목이다.

일부 극단적인 환경론자들은 환경보존이나 동물보호를 지나치게 강조한 나머지 오히려 동물을 사람보다 더 중요하게 생각하는 경우가 있다. 이것은 주객이 전도된 일이다. 우리가 자연파괴를 걱정하고 생태계의 파괴를 걱정하는 것도 다 인간을 위한 일이다. 인간은 인간일 뿐이다. 그런데 인간이 마치 조물주라도 된 것처럼 모든 생명체들을 동등하게 대해야 한다고 주장한다면 지나친 행동이다.

우리가 동물을 보호하고 그것들을 배려하는 마음을 가져야 하는 것은 필요하다. 그러나 거기에는 선후가 있고, 경중이 엄연히 존재한다. 아프리카의 주민들은 농사지을 땅이 없어서 굶어죽고 있는데, 동물을 보호한다는 명목으로 엄청난 땅을 보호구역으로 지정해서 사람들이 들어갈 수 없게 하는

12) 『論語』「鄕黨篇」, 朱註, "非不愛馬, 然恐傷人之意多, 故未暇問. 蓋貴人賤畜, 理當如此."

처사는 분명히 잘못되었다.

선진국 사람들은 초원에서 자유롭게 살아가는 코끼리도 보고 싶고, 사자들이 들판에서 사냥을 하는 모습도 보고 싶겠지만 배고픈 원주민에게는 그곳이 자신들을 죽이는 저주의 땅일 뿐이다. 코끼리와 사자를 보호하고 배려하는 일은 좋지만 그것도 사람이 살고 나서의 일이다. 미국 사람들에게 버팔로들이 충분히 살아갈 수 있는 땅을 내어 놓으라고 한다면 그들이 찬성하겠는가?

우리나라의 경우를 보면 지리산의 반달곰을 보존하는 프로젝트가 지금 진행 중에 있는데, 이 경우도 문제는 많은 것 같다. 이미 생태계가 파괴되어서 반달곰이 살 수가 없을 지경에 이르렀는데, 거기에 몇 마리 반달곰을 풀어놓는다고 해도 장기적으로 반달곰이 자생할 수는 없다. 먼저 반달곰이 살아갈 수 있는 환경을 만드는 일이 중요하지 몇 마리의 반달곰을 살리는 일이 중요한 건 아니다.

뿐만 아니라 그 몇 마리 반달곰을 살리는 일에 엄청난 투자를 할 필요가 있는지도 생각해 보아야 한다. 거의 불가능에 가까운 일을 하는 데 돈을 낭비하지 말고 그것을 시급한 다른 환경문제를 해결하는 데 쓰거나 어려운 사람들을 위하여 쓰는 게 더 바람직하다.

공자의 이 태도는 또한 애완동물들을 사람보다 더 사랑하는 많은 사람들에게도 가르치는 바가 많다. 애완동물을 좋아하는 사람들의 마음은 이해할 수 있지만 그것이 지나치면 결코 좋지 않다. 그리고 애완동물을 키우는 데 들어가는 경제적인 비용도 엄청나다. 이것도 사실 소중한 자원을 낭비하는 행위이다. 후진국에서는 사람이 굶어 죽어가고 있는데 일부 선진국의 애완동물들은 비만에 걸려 그걸 치료하는 데 돈을 지출하고 있는 게 현실이다.

우리나라에서도 개팔자가 사람팔자보다 더 좋은 경우가 상당히 많은 모양이다. 한편에서는 돈이 없어서 굶는 사람들이 있는데, 한편에서는 개에게 엄청난 비용을 지불하는 사람들이 있다. 내가 내돈 쓰는데 무슨 상관이냐고 할 수도 있겠지만 좀더 다른 사람을 생각하는 마음이 필요하다. 그것이 바로 인간답게 생각하는 것이고 인간답게 사는 길이라는 것을 깨달을 필요가 있다. 사람이 사람을 생각하지 않는다면 누가 사람을 생각할 수 있겠는가? 자연과 환경을 논하는 과정에서 사람이 오히려 소외되어서는 안 된다.

5. 자연을 즐긴다.

때로는 자연이 우리에게 두려운 존재로 다가오기도 하지만 대부분의 경우에 자연은 우리에게 즐거움을 주는 친근한 존재이다. 무더운 여름 시원한 개울물에 몸을 담그고 있으면 우리는 물과 하나가 됨을 느낄 수 있다. 물은 우리의 더운 몸을 식혀주고 상쾌하게 해준다. 마찬가지로 시원한 바람은 우리의 마음을 정말 즐겁게 해준다.

푸른 하늘과 멀리 보이는 산들도 우리의 기분을 즐겁게 만들고, 산의 나무와 풀들 그리고 새들의 노래 소리도 우리의 몸과 마음을 기쁘게 만든다. 우리 주변의 모든 사물들은 우리를 감동시키고 또한 즐겁게 만들어 준다. 자연은 사람을 즐겁게 하는 아름다움을 창조하는 위대한 힘을 가지고 있다. 바다는 바다대로 산은 산대로 강은 강대로 아름다움을 가지고 있다. 나아가서 풀 한 포기 나무 한 그루 바위 하나 … 모든 것이 아름답다. 그런 아름다움을 즐기는 것은 인간만의 특권인지도 모른다.

그리고 자연의 아름다움은 음악과 마찬가지로 인간의 마음을 선하게 만들어 주는 힘을 가지고 있다. 좋은 음악을 많이 들으면 사람의 심성이 선해지듯이 자연의 아름다움을 많이 감상하게 되면 마음이 선해지게 된다. 자연의 아름다움은 사람을 즐겁게 해주면서 착하게 만들어주는 정화작용을 하는 것이다.

일찍부터 유학자들은 자연의 아름다움을 노래하는 시를 짓고 그것을 노래하는 전통을 가지고 있다. 이것은 공자가 『시경』을 강조해서 시를 짓고 그것을 노래하였던 것에 그 근원이 있다. 시를 짓는 일은 자연의 아름다움을 감상하는 일에서 시작하게 된다. 자연의 아름다움을 느끼지 못하는 사람은 시를 지을 수 없다. 시는 자신과 자연이 일심동체가 되어야만 나올 수가 있기 때문이다.

『논어』「선진편」에 이것을 잘 보여주는 일화가 소개되어 있다. 공자가 제자들에게 각자 자신의 포부를 말해 보라고 했다. 먼저 자로(子路)는 천승(千乘)의 나라를 다스려 보고 싶다고 했고, 염유(冉有)는 사방이 육칠십 리 쯤 되는 작은 나라를 다스려 보고 싶다고 했으며, 공서화(公西華)도 제후(諸侯)의 일을 하고 싶다고 말했다.

그런데 증석(曾晳)은 이들과는 다르게 "늦은 봄에 봄옷을 지어 입고 어른 대여섯 명과 아이들 육칠 명을 데리고 기수(沂水)에서 목욕하고, 무우(舞雩)에서 바람을 쐬면서 시나 읊으며 돌아오는 것입니다"[13]라 대답하였다. 이 대답에 공자는 매우 감탄하면서 자신의 뜻도 그와 같다고 맞장구를 쳤다. 공자는 세속적인 일에 관심이 많았지만 자연 속에서 참된 즐거움을 찾는 여유 있는 생활에 대해서도 이미 잘 알고 있었던 것이다.

증석의 말은 공자의 생각을 대변할 뿐만 아니라 동양인들의 자연에 대한 태도를 가장 분명하게 보여주고 있다. 자연을 대상화하기보다는 일체가 되어서 거기서 즐거움을 찾으려는 태도가 바로 그것이다. 여기에서는 인간과 자연을 극단적으로 이분화하지 않아서 인간과 자연이 어우러져 하나가 된 모습이다. 주자는 증석의 말을 이렇게 설명하였다.

> 증석의 학문은 대개 사람의 욕심이 없어져야 천리가 흘러 어느 곳이든 충만하고 조금도 빠짐이 없다는 것을 볼 수 있었다. 그러므로 움직이고 고요한 사이에 차분함이 이와 같았다. 그리고 자기의 뜻을 말한 내용은 자신이 처한 위치에서 일상생활을 즐기는 것에 불과하다. 처음부터 자신을 버리고 남을 위하려는 뜻도 없었다. 그래서 그의 가슴속은 유연(悠然)하여 곧바로 천지만물과

13) 『論語』「先進篇」, "莫春者, 春服旣成, 冠者五六人, 童子六七人, 浴乎沂, 風乎舞雩, 詠而歸"

> 위 아래로 함께 흘러서 각각 그 자리의 오묘함을 얻어서 은연중에 말로 드러난 것이다. 세 사람이 작은 일에 몰두하는 것과 비교하면 그 기상(氣象)이 같지 않다.[14]

주자는 증석의 학문적인 수준이 욕심이 없는 데까지 이르렀다고 평가하고 있다. 아무런 욕심이 없기 때문에 그는 자신이 처한 일상생활 속에서 즐거움을 찾을 수 있는 경지에 도달했다. 그는 이미 자신과 남을 구별하는 마음이 없기에 자신을 버리고 남을 위해서 일한다는 생각도 물론 가지지 않았다. 나아가 증석의 정신적인 경지는 이미 천지만물과 하나가 되었다고 주자는 평가하였다.

그래서 아마 공자도 감탄을 하고 정색을 하면서 그의 말에 맞장구를 쳤을 것이다. 공자도 그런 경지를 이해하고 있었지만 제자들에게 그것을 미처 말하지 못했던 모양이다. 그리고 현실의 많은 문제들이 그가 그런 생활을 하도록 놓아주지도 않았다. 증석의 말을 통해서 공자는 마음속에 있던 생각을 제자들에게 드러내 보인 것이다.

6. 소박한 삶

현대의 자연과 환경의 문제를 해결하는 방법에 대해서 여러 가지 의견들이 많이 나와 있다. 서양의 과학기술 때문에 이러한 문제들이 발생했다고 주장하면서 그것을 포기해야 한다는 사람들도 있고, 과학기술 때문에 문제가 발생했지만 그것을 해결할 수 있는 것도 과학기술밖에 없다고 주장하는 사람도 있다. 문제는 서양 기독교의 자연관이라고 보고, 동양사상에서 문제

---

14) 『論語』「先進篇」, 朱註, "曾點之學, 蓋有以見夫人欲盡處, 天理流行, 隨處充滿, 無少欠闕, 故其動靜之際, 從容如此, 而其言志, 則又不過卽其所居之位, 樂其日用之常. 初無舍己爲人之意, 而其胸次悠然, 直與天地萬物, 上下同流, 各得其所之妙, 隱然自見於言外. 視三子規規於事爲之末者, 其氣象不侔矣."

해결의 실마리를 찾아야 한다고 주장하는 사람들도 있다.

서양의 과학기술이 문제이기는 하지만 그보다는 인간의 욕망을 긍정하고 나아가서 그것을 부추기는 사람들의 마음이 더 문제인 것 같다. 욕망의 해방을 통해서 얻은 것도 많았지만 잃은 것 역시 많다는 사실을 깨달아야 한다. 인간의 욕망은 너무 억압해도 안 되지만 그것을 너무 풀어놓아서도 안 된다. 인간의 욕심은 끝이 없기 때문에 그것이 시키는 대로 하게 되면 남아나는 게 없다.

공자도 극단적인 금욕은 주장하지 않았지만 욕망의 통제는 적극적으로 가르쳤다. 「학이편」에는 "군자는 먹는 데 있어서 배부름을 추구하지 아니하고, 사는 데 있어서 편안함을 추구하지 아니한다."[15]라는 그의 말이 있고, 「이인편」에는 "선비가 도에 뜻을 두고도, 나쁜 옷과 나쁜 음식을 부끄러워하는 사람이면 족히 함께 의논할 수 없다."[16]라는 말도 나온다. 공자는 소박하게 사는 생활을 선호하고 그것을 권장하였다. 특히 군자는 더욱 그러해야 한다고 생각하였다. 군자는 다른 사람들의 본보기가 되기 때문에 더욱 검소한 모습으로 살아야 한다고 가르쳤다. 이러한 그의 가르침을 어느 정도만 실천한다면 현대사회의 많은 문제들이 자연스럽게 해결될 수 있다.

한국의 기성세대는 참으로 어렵게 살았었다. 그들은 제대로 먹지 못하고 입지 못하면서 살았다. 그들은 좁은 집에서 생활하였고, 먼 길도 그냥 걸어서 다녔다. 정말 그들의 생활은 소박함을 지나서 궁핍함 그 자체였다. 이제 세상이 바뀌어서 먹을 것은 풍족하고 입을 것도 풍족해졌다. 좋은 집들도 많아지고 도로에는 차들이 넘쳐난다.

어릴 적에 제대로 먹지 못한 어른들은 자식들을 잘 먹임으로써 자신의 한을 풀려고 한다. 그래서 외식하는 날이 집에서 식사를 하는 날보다 많은 사람들도 적지 않다. 지금 도시 근로자들이 외식비로 쓰는 지출액이 전체 식비의 절반에 육박하고 있는 것으로 나타났다. 1980년만 하더라도 외식비

---

15) 『論語』「學而篇」, "君子食無求飽, 居無求安."
16) 『論語』「里仁篇」, "士志於道, 而恥惡衣惡食者, 未足與議也."

는 식료품 지출액의 4.1%에 불과했다는 사실에 주목할 필요가 있다. 2006년 현재 전국적으로 인구 78명당 식당이 한 곳이라는 통계가 나와 있는 실정이다. 어릴 적에 고기를 제대로 못 먹었기 때문에 거기에 한이 맺혀서 고기를 밝히는 사람들도 상당히 많다. 이런 사람들은 너무 많은 영양을 취하고 운동을 하지 않아서 결국 성인병에 걸리고 만다.

가난하게 살았던 사람들은 먹는 것뿐만 아니라 사는 집에 대해서도 한이 많아서 넓은 집에서 한번 살아보겠다고 모두들 큰 집을 찾는다. 이런 기본적인 문제가 해결된 사람들은 이제 좋은 승용차에도 욕심이 생기게 되었다. 요즘은 대도시뿐만 아니라 시골에도 외제차들이 드물지 않게 되었고, 중형차들은 명함도 내밀지 못할 지경에 이르렀다.

이렇게 우리들이 우리의 한을 풀고 욕망을 만족시키고 있을 때 죽어나는 것은 우리의 자연과 환경이다. 초목이 자라던 넓은 땅에는 시멘트로 된 삭막한 건물들이 들어서고, 아름답던 산들은 허리가 잘려나가고 말았다. 맑은 물이 흐르던 하천은 썩은 물이 냄새를 풍기면서 힘들게 흘러가게 되었다. 그렇게 많았던 동물들은 지금은 흔적도 없이 사라지고 말았다.

공자는 이미 2500년 전에 검소하게 생활해야 한다고 가르쳤다. 나의 욕심을 키우고 그것을 만족시키면 다른 사람들에게 그만한 피해가 간다는 사실을 알아야 한다. 당연히 자연에게도 그 피해가 미친다. 오늘 우리가 풍요롭게 살면 우리의 후손들은 그만큼 피해를 당하게 될 것이다. 자원은 무한한 것이 아니기 때문이다. 앞서가는 사람이 우물을 다 먹어 버리거나 더럽히면 뒤에 가는 사람이 피해를 당하게 된다.

내가 편하게 살면 누군가는 내가 편한 만큼 고통을 당해야 한다. 나의 편안함은 다른 사람의 고통의 결과라고 생각해야 한다. 반대로 내가 고생을 하면 다른 사람은 편안하게 살 수 있다. 공자가 배부름과 편안함을 경계한 것은 욕망을 방치하지 말라고 가르친 것이다. 모든 문제는 인간의 욕심 때문에 생기니 그것을 잘 다스리지 않을 수 없다.

욕심을 통제하는 일은 바로 먹는 데서 시작해야 한다. 좋은 음식으로 고기를 생각할 수 있는데 고기를 먹으면 건강에도 좋지 않지만 환경에도 아주 나쁘다. 고기를 생산하는 데는 엄청난 비용이 들어가고 오염물도 많이 발생하기 때문이다. 또한 육식은 동물의 학대를 전제하지 않을 수 없다. 특히 요즘의 가축 사육방법은 잔인하기 짝이 없기 때문에 육식을 줄여나가는 지혜가 필요하다.

오늘의 자연파괴와 환경문제를 해결하기 위해서는 해야 할 일들이 많지만 우선 우리가 할 수 있는 것은 보다 검소한 생활을 하려고 노력하는 것이다. 욕심을 줄이고 지나친 소비를 줄이는 생활이 자연과 환경에 피해를 적게 주는 길이다. 실제로 우리 조상들은 검소한 생활을 실천하고 살았다. 그들이 가난해서 그렇게 검소한 생활을 했던 것만은 아니다. 그들도 이미 그러한 생활이 자연과 환경을 보호하는 방법이라는 사실을 알고 있었던 것이다.

맺음말

유학에서는 원래 이 세계 전체가 윤리적이고 도덕적인 존재라고 생각하였기 때문에 인간만이 도덕의 주체라고 생각하지는 않았다. 예컨대 『주역』「계사전」에서는 "하늘과 땅의 큰 덕(德)은 만물을 생성하는 것이라고 한다."[17]는 말이 있고, 주자는 "인(仁)이란 만물을 낳는 천지의 마음이며, 또한 사람이 이것을 얻어 사람의 마음으로 삼는 것이다."[18]라고 설명하였다.

이와 같은 생각은 인간과 자연을 엄밀히 가르고 자연을 죽은 존재나 기계로 보는 자연관과는 상당히 다르다. 이런 자연관을 가지고 있었기 때문에 엄밀한 자연과학이 동양에서는 나타나지 않았는지도 모른다. 실제로 동양이 서양과 같은 과학을 발전시키지 못한 것을 자책한 때도 있었다.

그러나 지금은 그런 자책감이나 열등감을 가질 때가 아니다. 동양과 서양

17) 『周易』「繫辭傳下」, "天地之大德曰生"
18) 朱熹, 『朱子大全』, 제95권, 「仁說」, "仁者天地生物之心, 而人之所得以爲心."

이 힘을 합쳐서 자연파괴와 환경오염과 같은 심각한 문제를 해결하는 일이 급선무이다. 공자의 인은 자연과 환경문제를 해결하는 데도 도움을 줄 것이 틀림없다. 자연을 아끼고 사랑해야 한다는 간단한 가르침보다 더 효과적인 방법은 없다.

인간과 자연을 엄밀하게 갈라서 생각하지 않는 자연관이 자연문제를 해결하는 데는 훨씬 유리할 수 있다. 자연을 분석하고 계산하는 데는 효율적이지 못했던 자연관이 현대의 심각한 환경문제를 해결하는 데는 오히려 도움이 될 수 있다. 이것을 공자의 가르침이 잘 보여주고 있다.

Ⅵ

맹자(孟子)의 자연관

Ⅵ. 맹자(孟子)의 자연관

중국인들의 자연관을 논의할 때 많이 등장하는 말들은 천인합일(天人合一)[1], 인간과 자연의 조화[2], 자연에 순종 또는 순응[3], 유기체적 자연관[4] 등이 있다. 천인합일이란 자연과 인간이 원래 분리될 수 없고 하나로 합쳐져 있다는 의미이다. 인간을 자연의 일부로 보고 자연에 인간이 순종해야 한다는 사상과 자연과 인간은 운명 공동체라는 자연관을 강조하는 말이라 하겠다. 인간과 자연의 조화, 자연에 순종 또는 순응이라는 말들도 역시 천인합일이라는 말과 유사한 의미를 갖는다. 인간과 자연을 대립적이고 적대적인 관계로 파악하지 않고 나눌 수 없는 하나로 보았으며, 그래서 자연

1) 張岱年, 『中國哲學問題史』, (香港: 彙文堂出版社, 民國 76), p.6 ; 方東美, 『中國人生哲學』, (臺北: 黎明文化事業公司, 民國 77), pp.32~38; Roetz, Heiner, Mensch und Natur im alten China, Frankfurt am Main, 1984, pp.43~49.

2) 곽신환, 『주역의 이해(주역의 자연관과 인간관)』, (서울: 서광사, 1990), p.15; Köster, Hermann, Symbolik des chinesischen Universismus, Stuttgart, 1958, p.71.

3) 정병석, 「천생인성의 구조로 본 순자의 자연관」, 『인간과 자연』, (서울: 서광사, 1995), pp.50~52; Fung, Yu-Lan, A Short History of Chinese Philosophy, ed. by Derk Bodde (New York: The Free Press, 1966), p.26.

4) 金忠烈, 『中國哲學散稿』 II, (서울: 온누리, 1988), pp.48~50; 두유명, 「존재의 연속성: 중국의 자연관」, 『자연-그 동서양적 이해』, (서울: 종로서적, 1989), pp.121~136; 方東美, 같은 책, pp.16~19; Needham, Joseph, Science and Civilisation in China(II), (Cambridge: University Press, 1956), p.498.

에 순응해야 한다고 중국인들이 대체로 생각했다는 것이다.

유기체적 자연관이란 자연을 살아 있는 존재로 파악하는 자연관인데, 자연이 생명이 없는 물질로 이루어져 있다고 보는 자연관과는 다르다. 이 자연관도 역시 인간과 자연이 하나라는 생각과 밀접한 관계가 있다고 볼 수 있다. 인간이 이미 살아 있는 존재이니 인간과 일체를 이루고 있는 존재 또한 살아 있는 존재여야 한다. 그리고 세계를 유기체로 생각하게 되면 인간이 자연에 순응해야 하고 복종해야 한다는 결론에 이를 수밖에 없다. 유기체를 이루고 있는 일부가 유기체 전체에 대립하거나 적대적일 수는 없기 때문이다.

이러한 중국의 자연관들이 갖는 공통점은 자연에 대한 소극적인 태도 또는 순종적인 태도라고 할 수 있다. 풍우란(馮友蘭)은 자연에 대한 이러한 태도를 농부의 태도라고 말했다. 농부들은 자연을 찬미하고 인위적인 것을 비난하며 원시적이고 순박한 생활에 쉽게 만족한다.[5] 이렇게 일반적으로 중국인들은 자연에 순응하려고 했고 자연과 조화롭게 살려고 했었다고 알려져 있기 때문에, 우리는 그들이 발전을 거부하였고 자연 상태를 선호하였던 것으로 생각하기 쉽다. 그리고 중국의 철학자들도 자연과의 조화와 자연에 순응하는 삶만을 일방적으로 강조하였다고 성급하게 짐작할 수 있다. 하지만 맹자의 자연관을 살펴보면 우리는 이와는 다른 자연에 대한 견해도 중국에 있었음을 보게 된다.

맹자가 관심을 가졌던 주제는 물론 자연이 아니었고 인간이었으며, 특히 윤리와 도덕의 문제였다. 예컨대 어떤 사람이 진정으로 바람직한 사람이며, 어떻게 사람들을 대하여야 하며, 위정자는 어떻게 백성들을 다스려야 하는가 등 이런 문제에 그는 관심을 가졌다. 주로 인간사에 관심을 가졌기 때문에 맹자의 말들은 모두 그런 문제들을 주제로 다루고 있지만 드물지 않게 오늘날 우리가 자연이라 부르는 대상에 대해서도 언급하고 있다. 그는 자신의 주요한 관심사를 남에게 보다 잘 설명하기 위해서 자연에 관한 일을 이

5) Fung, Yu-Lan, 같은 책, p.26.

용하고 있다. 바로 여기서 우리는 맹자의 자연관을 엿볼 수 있다.

놀랍게도 맹자는 자연에 대한 아주 구체적이고 세분화된 입장과 견해를 가지고 있었음을 우리는 알 수 있다. 그의 자연관은 현대를 사는 우리들의 자연관과 별로 다르지 않고 또 수동적으로 자연에 순응해야 한다는 생각도 없다. 여기서는 그의 자연에 대한 견해를 열 개의 항목으로 나누어서 살폈다.

1. 극복의 대상인 자연

> 요임금 때에는 천하가 아직 태평하지 못하였소. 홍수가 나서 천하에 범람하고 초목이 울창하게 자라고 금수가 번성하였고, 오곡은 여물지 않고 금수가 사람에게 달려들고 짐승의 발굽과 새 발자국의 길이 나라 한복판에 얽혀 있었소. 요임금이 홀로 그것을 근심하여 순(舜)을 등용하여 다스리게 하였소. 순은 익(益)을 시켜 불을 맡아보게 하였는데, 익이 산과 못에 불을 질러 초목을 태워 버리니 금수가 도망쳐 숨어 버렸소. 우(禹)는 아홉 강물을 제대로 흐르게 하고, 제수(濟水)와 탑수(漯水)를 다스려 바다로 빠지게 하고, 여수(汝水)와 한수(漢水)를 파 뚫고, 회수(淮水)와 사수(泗水)를 쳐내서 장강(長江)으로 빠지게 하였소. 그렇게 한 뒤에야 나라 안이 먹고 살 수 있게 되었소.[6)]

이 인용문은 맹자가 진상(陳相)이라는 사람에게 허행(許行)이 잘못되었음을 설명하는 과정에 나온 이야기이다. 진상은 허행을 추종하는 사람이고 허행은 농가(農家)로서 누구나 똑같이 농사를 지으면서 생활해야 한다고 주장하고 그것을 실천하는 사람이다. 그의 주장은 다시 원시 공동사회로 돌아가자는 것으로 반문명적인 색채가 농후하다. 이런 주장을 맹자는 비판하고 직업의 분화와 분업 등은 당연하고 또한 더 생산적이라고 말하였다. 나아가

---

6) 『孟子』「滕文公」상4, "當堯之時, 天下猶未平, 洪水橫流, 氾濫於天下, 草木暢茂, 禽獸繁殖, 五穀不登, 禽獸偪人, 獸蹄鳥跡之道交於中國. 堯獨憂之, 擧舜而敷治焉. 舜使益掌火, 益烈山澤而焚之, 禽獸逃匿. 禹疏九河, 瀹濟漯而注諸海, 決汝漢, 排淮泗而注之江, 然後中國可得而食也."

서 평등과 동일을 주장하는 허행을 비판하고 차별과 차등이 없을 수 없음을 강조하였다.

허행은 문명의 진보를 좋지 않은 것으로 보았지만 맹자는 문명의 진보를 좋은 것으로 생각하였다. 맹자가 여기서 요임금과 순임금 그리고 우임금을 이야기하는 이유는 바로 그들에 의해서 사람들은 원시적인 상태의 생활에서 벗어날 수 있었다고 보기 때문이다. 맹자에 의하면 요임금 때에는 자연 그대로의 상태라서 사람이 살기에 불편했는데 요임금이 순임금을 시켜 불로써 다스리게 했고, 다시 우임금이 물을 다스려서 살기 좋게 했다. 물론 이 이야기는 『서경』에 나오는 것인데 맹자가 다시 정리해서 요약하였다. 「등문공장구」하 9장에도 같은 내용이 다시 나오는데 순임금이 나오지 않는 게 다른 점이다.

우리는 맹자가 요약한 『서경』의 내용을 다시 세 부분으로 나눌 수 있다. 첫째는 요임금 시대에는 아직 사람들이 살기에 적합한 자연환경이 존재하지 않았다는 내용이다. 홍수를 막지 못했고, 초목은 또 너무 울창했으며, 짐승들이 사람을 해치는 그런 상황이었다. 사람들이 자연의 힘 앞에서 무력했던 때였음을 알 수 있다. 둘째는 순임금이 나와서 익이라는 사람을 시켜 불로써 초목을 태우고 금수를 쫓아버렸다는 이야기이다. 사람들이 불을 사용해서 어느 정도 자연을 통제할 수 있었던 시대였음을 알 수 있다. 셋째는 우임금이 홍수를 완전히 다스렸다는 부분이다. 제방을 쌓는다든지 수로를 인공적으로 만들어서 홍수를 막아서 사람들이 살기가 좋아졌다는 내용이 나온다. 물을 다스렸다는 건 결국 자연을 다스렸다는 의미로 볼 수 있다.

중국의 역사에 대한 맹자의 이 전설적인 이야기는 태고시대를 낙원으로 묘사하고 있지 않은 점이 특이하다. 오히려 강조되고 있는 점은 태고시대는 무척 사람이 살기에 힘이 들었다는 사실이다. 사람의 힘이 가해지지 않은 자연환경은 사람이 살기에 여러 모로 매우 불편하기 때문이다. 그래서 사람이 살기에 알맞게 자연을 변화시키는 일이 여기서는 당연하고 바람직한 행위로 묘사되고 있다.

홍수를 막기 위해서 강둑을 쌓거나 인위적으로 새로운 물길을 만드는 공사는 자연을 개조하는 일이고 자연을 인간의 힘으로 제압하는 행위이다. 요임금과 순임금 시대에 이미 이와 같이 자연의 힘을 제압하여 인간의 힘 안에 두고자 하는 노력이 있었으니 그 역사는 장구하다 하겠다. 불을 사용해서 울창한 숲을 태우고 농지를 개간하는 일 역시 자연을 변화시켜서 인간이 원하는 모습으로 만드는 일이다. 새롭게 길을 만드는 일과 인간에 유해한 동식물을 제거하는 일도 자연을 사람이 능동적으로 바꾸는 자연의 개조이다.

수동적으로 단순히 적응하고 순응하려고만 하지 않고 능동적으로 자연을 변화시키려는 생각을 인간이 하게 된 것은 획기적인 발전이라 하겠다. 물론 인간이 그런 생각을 할 수 있게 되기까지는 오랜 세월이 필요했다. 인류의 역사다운 역사가 시작되는 때는 바로 자연을 인간이 능동적으로 변화시킨 다음부터라는 사실을 우리는 맹자의 말을 통해서 알 수 있다. 곧 중국역사가 시작되는 때를 요임금과 순임금의 시대로 보면서, 바로 그때부터 인간이 자연을 본격적으로 변화시키기 시작한 것으로 설명하고 있다.

자연을 인간이 살기에 적당한 곳으로 만드는 일을 사람들이 하고 나서부터 자연이란 원래 있는 그대로의 자연이 아니라 이미 인간의 손에 의해 변화된 그리고 어느 정도 인간이 생활하기에 적당한 환경을 의미하게 되었다. 순수한 의미의 자연이란 이미 존재하지 않고 인간이 끊임없이 간섭한 자연만이 존재할 뿐이다. 이 사실을 분명하게 순임금과 우임금의 이야기에서 우리는 알 수 있다. 이 이야기는 인간이 자연을 엄청나게 변화시켰음을 잘 말해 주고 있고 또 중국인의 자연에 대한 적극적인 태도를 잘 나타내고 있다.

2. 자연의 파괴와 보호 그리고 이용

빽빽한 그물을 웅덩이와 못에 넣지 않으면 물고기와 자라를 다 먹을 수 없

> 을 것이며, 도끼를 제때에 산림에 들이면 재목을 다 쓸 수 없을 것입니다. 곡식과 고기와 목재가 다 확보되면 이는 백성으로 하여금 산 사람을 기르고 죽은 사람을 장사 지내는 데 유감(遺憾)없게 하는 것입니다.[7]

> 우산(牛山)의 나무는 일찍이 무성했었다. 그러나 큰 나라 수도의 교외에 있어서 도끼로 나무들을 찍어대니, 무성하게 자랄 수가 있겠는가? 밤낮으로 자라나고 비와 이슬의 윤택을 받아 싹이 돋아나지 않는 것은 아니지만, 소와 양이 또 자라는 족족 뜯어 먹었다. 그래서 저렇게 민둥산이 된 것이다. 사람들은 그 민둥산을 보고 본래부터 재목이 있지 않았다고 하는데, 이것이 어찌 산의 본성이겠는가?[8]

앞의 인용문은 맹자가 양(梁)나라 혜왕(惠王)에게 나라를 다스리는 방법을 설명하는 과정에서 나온 이야기이다. 나라를 다스리는 데는 경제적으로 넉넉한 것이 무엇보다도 중요하고 그것을 이루기 위해서 산과 물에서 나는 자원들을 잘 보호할 필요가 있다는 내용이다. 뒤의 인용문은 맹자가 인간의 본성은 원래 선했으나 그것을 잘 보호하고 기르지 않았기 때문에 악한 경우가 있다는 사실을 우산의 나무를 예로 들어서 설명한 내용이다. 우산에 나무가 자랄 수 없을 정도로 황폐화되었다는 이야기에서 우리는 옛날에도 자연파괴에 해당하는 일이 있었음을 알 수 있다.

맹자의 말로 미루어 보면 당시에도 이미 물고기를 마구 잡아서 강과 못에 물고기가 그렇게 풍족하지 않았던 모양이다. 그리고 산에서 함부로 나무를 베어 쓰는 바람에 좋은 나무들도 그렇게 많지 않았던 것 같다. 특히 마을 가까이 있는 산에는 더욱 나무들이 없었다는 사실을 우리는 맹자의 말을 통해서 알 수 있다. 이런 경우는 사람들이 자연을 사람들이 살기 좋은 상태로

---

7) 『孟子』「梁惠王」상3, "數罟不入洿池, 漁鼈不可勝食也. 斧斤以시入山林, 林木不可勝用也. 穀與魚鼈不可勝食, 林木不可勝用, 是使民養生喪死無憾也."

8) 『孟子』「告子」상8, "牛山之木嘗美矣. 以其郊於大國也, 斧斤伐之, 可以爲美乎! 是其日夜之所息, 雨露之所潤, 非無萌蘖之生焉, 牛羊又從而牧之, 是以若彼濯濯也. 人見其濁濁也, 以爲未嘗有材焉, 此豈山之性也哉?"

만드는 자연의 개조가 아니라 오히려 살기 어려운 곳으로 만드는 자연의 파괴에 해당한다. 산에 나무가 없고 강이나 호수에 물고기가 없다면 사람들은 또 어떻게 편하게 살 수가 있겠는가?

이러한 자연의 파괴에 대한 대책으로 맹자는 이미 자연의 보호와 이용을 강조하였다. 자연의 자원을 잘 보호하는 일이 바로 백성들을 잘살게 하는 방법이며 나라가 부강하게 되는 길이라는 사실을 말했다. 그는 또한 자연의 자원이 무한정으로 많아서 사람들이 얼마든지 마음 놓고 이용할 수 있는 것이 아님도 알았다. 그렇기 때문에 자연을 보호하면서 이용할 필요가 있다고 생각했던 것이다.

웅덩이와 못에는 물고기와 자라가 자라고 있는데 그것을 적절하게 보호하지 않으면 얼마 가지 않아서 모두 없어져 더 이상은 잡을 수가 없기 때문에 그렇게 되지 않도록 사전에 미리 조심해야 한다. 물고기를 너무 많이 잡아서도 안 되고 또 어린 고기를 마구 잡아도 안 되며 알을 밴 물고기를 잡아서도 안 된다. 그리고 아주 촘촘한 그물을 가지고 고기를 잡지 말라는 말은 작은 고기를 잡지 말라는 뜻이다. 그런 일을 피하면 물고기가 많이 자랄 수 있게 되고 또 그러면 넉넉하게 물고기를 사람들이 먹을 수 있다. 주자(朱子)에 의하면 그 당시에도 이미 그물은 반드시 네 치 눈을 사용하게 하고, 고기는 한 자가 되지 않으면 시장에서 팔지 못하고 먹지도 못하게 했다.[9)]

그리고 산에 있는 나무는 목재로 또는 불을 피우기 위해서 이용해야 하는데, 만일 나무가 없다면 심각한 문제가 발생한다. 너무 어린 나무들을 함부로 벤다든지 한꺼번에 일정한 지역의 나무를 모두 베어 버린다든지 하면 나무는 사람들이 충분히 이용할 수 없을 정도로 줄어들어 버린다. 나무를 통째로 베지 않고 가지만을 쳐서 땔감으로 사용하는 것도 산림을 보호하는 좋은 방법이 될 수 있다. 또한 숲이 어느 정도 우거졌을 때 쓸모없는 나무들을 솎아 내는 일도 산림을 잘 이용하는 방법이다. 이런 것을 잘 실천했을

9) 『孟子』 「梁惠王」 상3, 朱子註 참조.

때 사람들은 모두 넉넉하게 목재와 땔감을 산에서 구할 수 있다. 맹자 당시에도 이미 원칙적으로는 나무의 잎이 다 지고 나서 나무를 벨 수 있도록 했다고 한다.[10] 자연의 보호와 이용을 중요하게 생각한 것은 어제 오늘의 새로운 이야기가 아니라 이미 그 역사가 오래되었음을 알 수 있다.

그런데 사람의 힘이 미치지 않은 상태의 자연을 바람직하지 못한 존재로 본다면 자연의 파괴가 사람들에게는 오히려 좋은 일이 될 수도 있다. 자연 그대로의 모습은 인간에게 해로운 상태이기 때문에 그것을 인간이 살기에 좋은 곳으로 만드는 행위를 자연파괴로 정의한다면 그렇다. 그러나 자연을 인간이 살기에 적합하게 만드는 일과 산의 나무를 보호하고 강과 호수의 물고기를 보호하는 일은 결코 상충하지 않는다.

강과 호수에 사는 물고기를 너무 많이 잡아서 거의 물고기가 사라질 지경에 이르렀다면 그것은 인간의 입장에서도 바람직하지 않고 자연에 있어서도 좋은 결과는 아니다. 그렇기 때문에 강과 호수의 물고기를 때에 따라서 적당히 잡고 보호할 필요가 있다. 그것은 산과 들에서 사는 동물의 경우에도 마찬가지이다. 사냥은 하되 늙은 동물들과 병든 동물들을 선택하고 새끼 밴 암컷을 피할 필요가 있다. 그리고 산에 있는 나무와 다른 풀들도 역시 보호할 필요가 있다.

3. 자연의 회복력

> 왕께서는 초목의 싹을 아시는지요. 칠팔월 사이에 가물면 싹이 시들다가 하늘에 뭉게뭉게 구름이 일어나 좍좍 비가 내리면 싹이 쑥쑥 올라옵니다. 이렇게 되면 누가 막겠습니까?[11]

---

10) 같은 곳 참조.
11) 『孟子』 「梁惠王」 상6, "王知夫苗乎! 七八月之間旱, 則苗槁矣. 天油然作雲, 沛然下雨, 則苗浡然興之矣. 其如是, 孰能禦之?"

> 밤낮으로 자라나고 비와 이슬의 윤택을 받아 싹이 돋아나지 않는 것은 아니다.12)

> 산길의 지름길 사이는 갑자기 사람이 다니면 큰 길이 나고, 잠시라도 다니지 않으면 잡초가 이를 막아 버린다.13)

처음의 이야기는 맹자가 양나라 양왕(襄王)에게 평화로써 정치를 하면 그 힘이 초목의 싹이 돋아나듯이 강하다는 사실을 말한 내용이다. 시들었던 초목이 비가 오면 다시 생기를 얻어서 돋아나는데 그 힘을 아무도 막을 수가 없다고 본 맹자의 관찰이 아주 구체적이고 정확하다. 물론 여기서 맹자가 말하고 싶었던 힘은 백성들이 밀어주고 따르는 힘이었으리라. 다음의 이야기는 이미 한 번 나왔는데 우산의 나무를 사람들이 잘라가도 계속 새로 자라난다는 내용이다. 끊임없이 자라나는 능력을 초목은 원래 가지고 있음을 잘 말해 준다. 끝의 예는 맹자가 자신의 제자인 고자(高子)에게 말한 내용인데 잠시도 쉬지 말고 끊임없이 공부하라는 가르침이다. 만일에 조금이라도 중단을 하게 되면 마치 산골짜기의 작은 길이 잡초로 꽉 덮이듯이 마음이 惡으로 덮인다는 말이다.

사람이 자연에 많은 피해를 주어도 자연은 다행스럽게 강한 회복력을 가지고 있어서 빠르게 다시 원래의 상태로 돌아갈 수가 있다. 이런 강한 회복력은 자연이 마치 살아 있는 존재와 같이 보이도록 한다. 불이 나거나 가물어서 산이나 들판에 있는 초목들이 불에 타거나 말라 죽어도 얼마 시간이 지나지 않으면 곧 다시 산과 들은 초목으로 뒤덮인다. 논과 밭의 잡초들은 사람들이 농사를 지은 이후 끊임없이 제거해 왔지만 여전히 해마다 다시 자라난다. 목초지의 풀은 해마다 베어도 다시 또 돋아난다.

맹자는 이러한 자연의 회복력을 잘 관찰하고 있었으므로 위와 같은 말을

---

12) 『孟子』 「告子」 상8, "是其日夜之所息, 雨露之所潤, 非無萌蘖之生焉."
13) 『孟子』 「盡心」 하21, "山徑之蹊間, 介然用之而成路, 爲間不用, 則茅塞之矣."

할 수 있었으리라. 물론 예를 들고 있는 것이 초목이 끊임없이 자라나는 모습에 한정되어 있어서 자연 전체의 회복력이라고 말할 수는 없다고 할 수도 있다. 하지만 자연의 회복력을 말할 때 우리가 흔히 거론할 수 있는 예는 생명을 가지고 있는 식물과 동물의 경우이다. 맹자는 동물에 관해서는 말하지 않았지만 식물의 경우를 가지고 미루어 짐작할 수 있다. 그렇다면 식물에 대해서 한 그의 말을 우리는 자연 전체의 경우에도 적용할 수 있을 것 같다.

그러나 이러한 자연의 회복력도 무한하지는 못함을 알아야 한다. 어느 정도의 파괴는 자연이 가지고 있는 회복력에 의해서 회복이 되지만 너무 심한 파괴는 회복이 불가능하게 된다. 맹자의 시대에는 이와 같이 심한 파괴는 없었다. 그렇기 때문에 그가 들고 있는 예는 가물어서 식물이 시들었다가 다시 비가 오면 살아나는 모습, 소와 양이 뜯어먹은 나무와 풀이 다시 자라나는 모습과 사람이 다녀서 나무와 풀이 자라지 못한 산길에 새로 초목이 자라나는 모습 등에 한정되어 있다.

4. 자연의 본성

> 물이 참으로 동서의 구분은 없지만 상하의 구분도 없는가? 사람의 성품이 선한 것은 물이 아래로 내려가는 것과 같다. 사람은 선하지 않음이 없고 물은 아래로 내려가지 않음이 없다. 이제 물을 쳐서 튀기면 사람의 이마도 넘어가게 할 수 있고, 거슬러 흐르게 하면 산에라도 올라가게 할 수 있으나, 이것이 어찌 물의 본성이겠는가? 형세가 그런 것이다.[14]

이것은 맹자와 고자(告子)가 인간의 본성이 어떠한가에 대해 논쟁하는

---

14) 『孟子』「告子」상2, "水信無分於東西, 無分於上下乎? 人性之善也, 猶水之就下也. 人無有不善, 水無有不下. 今夫水, 搏而躍之, 可使過顙; 激而行之, 可使在山: 是豈水之性哉? 其勢則然也."

과정에서 맹자가 한 답변이다. 먼저 고자가 인간의 본성은 물과 같아서 동쪽으로 트면 동쪽으로 흐르고 서쪽으로 트면 서쪽으로 흐른다고 하자 맹자가 이렇게 반박하였다. 맹자는 물이 아래로 내려가려는 성질은 인간이 선한 일을 하려는 본성과 같다고 보았다. 우리는 그가 인간의 본성이 선함을 확고하게 믿었음을 이 말을 통해서 잘 알 수 있다.

사람의 본성이 무엇인가에 대해서 주로 관심을 가진 사람이 맹자이기 때문에 그가 자연의 본성에 대해 말한 것도 사실은 인간의 본성을 설명하기 위해서다. 하지만 그는 어쩌면 자연의 본성을 먼저 보고서 인간도 본성을 가지고 있다고 생각했는지도 모른다. 자연의 본성이란 예를 들어 물이 늘 아래로 흐르려는 성질과 같은 것이다. 불이 위로 타올라 가거나 나무가 위로 자라는 성질도 그것의 본성이라 할 수 있다. 자연에서 인위적인 힘이 가해지지 않았을 때 자연스럽게 일어나는 일을 맹자는 자연의 본성에 따라서 일어나는 현상으로 보았다.

그러한 본성을 순간적으로는 인위적으로 막고 변화시킬 수 있으나 그 변화된 모습이 진정한 본성은 아니라고 맹자는 주장한다. 다시 말해서 자연적인 모습과 인위적인 모습을 그는 분명히 갈라서 생각했고, 인위적인 조작이 자연적인 본성을 변화시킬 수 없다고 보았다. 예컨대 분수와 같이 순간적으로 물을 위로 올라가도록 할 수는 있지만 그렇다고 물이 아래로 흐르려고 하는 성질을 버린 것은 아니다. 그렇기 때문에 물을 다스리는 데 있어서 물의 본성을 이용하고 그것을 거슬러서는 안 된다는 게 그의 주장이다. 인위적인 조작을 하는 일은 언제나 그것이 아닌 한에서 허용될 수 있다. 맹자는 자연을 변화시키고 통제하는 인위를 긍정적으로 보고 있지만 그것은 자연의 본성에 역행하지 않는 범위 안에서 이루어져야 한다는 조건을 달고 있다고 할 수 있다.

자연의 본성을 거스르지 않는다는 입장은 자연에 순종한다는 태도와는 전적으로 다르다. 자연을 보다 잘 이용하기 위해서 자연의 본성을 잘 알고 그것을 거스르지 말자는 주장이다. 자연을 잘 이용하는 하나의 방법이 바로 자연의 본성을 알고 거스르는 일을 하지 않는 것이라 할 수 있다. 이것은 인간의 본성이 어떠하다는 사실을 바로 알고서 사람을 교육시키고 다스리는 방법을 강구하는 태도와 똑같다.

5. 동류(同類)의 유사성

> 이제 밀과 보리를 파종하고 흙을 덮어 주는데, 땅이 같고 심은 때도 같으면 부쩍 돋아나 하지 때에 가서는 모두 여물게 된다. 비록 같지 않음이 있을지라도 이것은 비옥하고 척박한 차이와 비나 이슬을 받고 사람의 손길이 같지 않아서다. 그러니 동류의 것이라면 모두 비슷한 것이다.[15]

맹자의 이 말은 「고자 장구」상 7장에 나온다. 동일한 식물의 자라는 모습이 거의 비슷하듯이 사람들의 감각기관이 지각하는 능력은 거의 비슷하다. 또 모든 사람들이 비슷한 감각기관을 가지고 있고 비슷한 것을 지각하듯이 마음도 비슷하게 모두 理와 義를 좋아한다는 것이 맹자의 주장이다. 같은 종류의 식물들이 비슷하게 성장하는 사실은 우리가 경험적으로 알 수 있다. 그러나 나의 감각기관이 지각한 내용과 다른 사람이 지각한 내용이 비슷하다는 사실은 어떻게 알 수 있을까? 그것은 내가 좋아하는 것을 남들도 좋아하고 내가 싫어하는 것을 남들도 싫어하는 사실을 보고 알 수 있다. 내가 좋아하는 맛을 다른 사람도 같이 좋아하고, 내가 싫어하는 맛을 다른 사람도 싫어하는 사실을 보면 나와 다른 사람들이 대체로 동일한 미각을 가지고 있음을 알 수 있다.

맹자의 같은 종류는 모두 비슷하다는 생각은 어쩌면 당연한 이야기 같지만 매우 중요하다. 자연에 있는 모든 사물들은 같은 종류라면 실제로 비슷하기 때문에 우리는 경험을 통해서 얻은 지식을 유용하게 이용할 수 있다.

---

15) 『孟子』「告子」상7, "今夫麰麥, 播種而耰之, 其地同, 樹之時又同, 浡然而生, 至於日至至時, 皆熟矣. 雖有不同, 則地有肥磽, 雨露之養, 人事之不齊也. 故凡同類者舉相似也."

만일 같은 종류인데도 그 성질이 서로 비슷하지 않다면 우리의 경험은 언제나 새로울 것이고 과거의 경험은 현재와 미래의 생활에 아무런 도움도 주지 못할 것이다. 인간뿐만 아니라 동물도 이 자연의 유사성을 이용하고 있는 게 틀림없다. 어떤 식물의 맛이 어떤가를 한번 경험하게 되면 그와 같은 종류의 식물은 모두 그와 유사한 맛을 지니고 있다는 사실을 알기 때문에 두려움 없이 또 먹을 수 있을 것이다.

사과는 사과의 맛을 지니고 있고 배는 배의 맛을 가지고 있고 감은 감의 맛을 지니고 있다. 내가 먹는 사과와 나의 친구가 먹는 사과의 맛도 같거나 비슷해야 한다. 그리고 지난해 먹었던 사과의 맛을 올해의 사과도 역시 가지고 있으리라. 우리가 경험적인 지식을 믿고 의존할 수 있는 이유는 바로 같은 종류는 비슷하기 때문이다. 또한 다른 사람도 나와 같은 사람이므로 나와 비슷하게 느끼고 비슷하게 생각한다고 볼 수 있다.

6. 원리를 알면 미래의 일도 알 수 있다

천하에서 사물의 본성을 말하는 것은 이미 그렇게 된 자취(故)를 따르는 것일 뿐이다. 이미 그렇게 된 자취는 순리를 근본으로 한다. 지혜로운 사람을 미워하는 것은 천착부회(穿鑿附會)하기 때문이니, 만일에 지혜로운 사람이 우임금이 물길을 돌리듯이 한다면야 지혜로움을 미워할 것이 없다. 우임금이 물을 다스린 것은 자연의 형세를 따라 하였으니 만일에 지혜로운 사람이 자연의 형세를 따르기만 한다면 그 지혜로움은 또한 위대한 것이니라. 하늘이 높고 별이 멀다지만, 진실로 그 이미 그렇게 된 자취를 추구한다면, 가만히 앉아서 천년 뒤의 동짓날을 알 수 있다.[16)]

16) 『孟子』「離婁」하26, "天下之言性也, 則故而已矣. 故者以利爲本. 所惡於智者, 爲其鑿也. 如智者若禹之行水也, 則無惡於智矣. 禹之行水也, 行其所無事也. 如智者亦行其所無事, 則智亦大矣. 天之高也, 星辰之遠也, 苟求其故, 千歲之日至, 可坐而致也."

여기서 주자(朱子)는 고(故)자를 已然之跡(이미 그렇게 된 자취)이라고 해석했는데, 그 의미는 지금까지의 현상과 같다. 사람과 사물의 본성을 말할 수 있는 근거는 그 사람과 사물의 지금까지의 자취를 볼 수 있었기 때문이다. 그래서 마지막 문장의 의미는 지금까지의 별의 움직임을 안다면 그것을 근거로 해서 앞으로 어떻게 움직일지도 알 수 있다가 된다. 맹자의 이러한 견해는 현대의 자연과학자가 지금까지의 현상을 관찰해서 그것을 토대로 미래를 예측하려는 생각과 비슷하다.

우리가 어떤 사물의 본성이 어떠하다고 말했을 때 그것은 지금까지의 자취를 보고서 한 말이라는 맹자의 지적은 매우 정확하다. 우리가 사람의 본성이 선하다고 말할 때, 이것은 다른 의미가 아니라 지금까지 우리가 관찰해 보니까 사람들이 대체로 선하게 행동하더라는 의미이다. 지금까지 우리가 악한 사람들의 행동만을 보았다면 인간의 본성이 선하다고 주장할 수 있겠는가? 이것은 자연의 경우에도 마찬가지다. 물이 위에서 아래로 흐르는 본성을 가지고 있다는 말은 결국 지금까지 보니까 물은 늘 위에서 아래로 흐르더라는 의미이다.

자연의 법칙이니 자연의 원리니 하는 말도 사실은 자연이 어떤 법칙이나 원리를 가지고 있다는 말이 아니라 지금까지 자연에서 일어나는 일을 보니까 늘 그렇게 되더라는 말이다. 물론 어떻게 생각하면 같은 말일 수도 있지만 꼭 그렇지는 않다. 사실 우리는 자연이 어떤 본성을 가지고 있는지, 어떤 법칙을 가지고 있는지를 먼저 아는 게 아니라 지금까지 그것이 어떻게 되는지를 보고서 그것을 근거로 해서 어떤 본성을 가졌다느니, 어떤 자연의 법칙이 있다느니 하고 말할 뿐이다. 그리고 본성이나 법칙을 따지는 일은 이것을 근거로 미래를 예측할 수 있기 때문에 중요하고 유용하다.

또한 지금까지 일어난 일을 근거로 미래를 예측할 수 있기 위해서는 자연의 제일성(齊一性)을 전제해야 한다. 자연의 제일성이란 자연의 한결같음을 말한다. 예를 들어 어제도 해는 동쪽에서 떴고 오늘도 해는 동쪽에서 떴으며 내일도 해가 동쪽에서 뜨는 사실이 그것이다. 물이 항상 높은 곳에서 낮은 곳으로 흐르는 현상도 그 예가 될 수 있다. 만일에 자연의 제일성이 없다면 지금까지 일어난 일을 가지고 미래의 일을 예측할 수 없다. 그리고 우리의 모든 경험은 일회적인 것으로 끝나고 만다. 다행히 우리가 살고 있는 이 세계는 예측불허의 세계가 아니라 예측이 가능한 세계다. 그래서 자연의 원리를 알기만 하면 어렵지 않게 미래의 일도 예측할 수 있다.

예를 들어 어떤 물체의 움직이는 방향과 속도를 알고 있으면 언제 그것이 어떤 위치에 있으리라는 것을 예측할 수 있듯이 별의 움직이는 원리를 알면 앞으로 얼마 후에는 그 별이 어디에 있을지도 알 수 있다. 일식이나 월식을 예측하는 일도 바로 그 원리를 알기에 가능하다. 과학의 중요한 일 가운데 하나도 역시 지금까지의 일을 관찰해서 거기서 일정한 법칙을 찾고 그것을 이용해서 미래를 예측하는 것이다.

7. 동물에 대한 사랑

> 군자는 금수에 대해서 그 산 것을 보고는 죽는 것을 차마 보지 못하며, 그 죽는 소리를 듣고는 그 고기를 차마 먹지 못합니다. 그렇기 때문에 군자는 푸줏간을 멀리합니다.[17)]

> 군자는 동식물을 사랑하지만 인애(仁愛)하지는 않고, 백성들을 인애하지만 친애(親愛)하지는 않는다. 부모를 친애하고 백성들을 인애하며, 백성들을 인애하고 동식물을 사랑한다.[18)]

첫째 인용문은 맹자가 제(齊)나라 선왕(宣王)에게 한 이야기이다. 맹자

---

17) 『孟子』 「梁惠王」 상7. "君子之於禽獸也, 見其生不忍見其死, 聞其聲不忍食其肉, 是以君子遠庖廚也."

18) 『孟子』 「盡心」 상45. "君子之於物也, 愛之而弗仁; 於民也, 仁之而不親. 親親而仁民, 仁民而愛物."

는 금수를 사랑하는 마음을 가진 사람은 어진 사람이고, 그러므로 왕도정치를 할 수 있다고 왕에게 말한다. 제나라 선왕이 희생되기 위해서 끌려가는 소를 보고서 가여움을 느꼈다는 말을 맹자가 듣고서 한 답변이다. 둘째 인용문은 맹자가 親과 仁 그리고 愛를 구별하여 설명한 내용이다. 親이란 친족을 사랑하는 마음이고, 仁이란 인간 상호간의 사랑하는 마음이며, 愛란 금수와 초목을 사랑하는 마음이다. 맹자에 의하면 군자는 동식물을 사랑하지만 사람을 사랑하는 것만큼은 사랑하지 않는다.

군자는 사람을 사랑할 뿐만 아니라 동물도 역시 사랑한다. 다른 생명체들을 소중하게 여기는 사람이 역시 다른 사람의 생명도 소중하게 여긴다고 맹자는 생각했다. 군자만이 아니라 일반인들도 마찬가지로 동식물을 사랑하는 마음은 있다. 그러나 사람들이 욕심에 눈이 어두워지면 그렇지 못할 수도 있다. 돈이 된다고 하면 조금 두렵지만 쉽게 동물들을 죽일 수 있는 존재가 사람이다. 그리고 사람들이 모두 고기를 먹지 않고 살 수도 없다. 그래서 살아 있는 동물을 죽이는 일을 완전히 금할 수는 없다. 그러나 필요하기 때문에 최소한의 생명을 죽이는 살생과 아무런 생각도 없이 마구 생명을 죽이는 살생은 다르다. 예를 들어 아프리카에서 원주민들이 먹기 위해 동물을 죽이는 사냥과 상아를 얻기 위해서 코끼리를 마구 죽이는 행위는 분명히 다르다.

그런데 맹자는 동물을 사랑하는 행위와 사람을 사랑하는 행위는 분명히 구별해야 한다고 가르쳤다. 자기 집의 고양이와 개는 끔찍이 아끼면서 길거리의 헐벗은 사람들은 외면한다면 동물을 사람보다 더 사랑한다고 하겠다. 확실히 맹자의 말은 오늘날 일부 사람들에게 아주 좋은 가르침이 될 수 있다. 잘사는 나라의 개와 고양이가 못사는 나라의 사람들보다 더 잘 먹고 사는 게 어제 오늘의 일이 아니다. 이렇게 왜곡된 동물의 사랑은 오히려 인류의 장래를 위해서는 바람직한 현상이 아니다.

하지만 이 문제는 그리 간단한 것만은 아닌 듯하다. 예컨대 이 세상에 한 마리나 두 마리밖에 없는 희귀한 동물이 있다면 그것의 가치는 한 명의 평범한 사람의 가치보다 더 클까? 현대의 극단적인 어떤 동물학자나 자연보호주의자는 그 동물이 사람보다 더 귀중하다고 주장할지도 모른다. 맹자는 분명히 한 명의 평범한 사람이 더 귀중하다고 주장했을 것이다. 현대의 일반인들은 과연 어떤 생각을 할지 궁금하다.

8. 금수와 인간은 차이가 거의 없다

> 사람이 새나 짐승과 다른 점은 극히 적다. 일반 사람들은 그것을 버리고 군자는 간직하고 있다.[19]

맹자에 의하면 금수와 인간은 다른 점이 별로 없다. 사람이 동물과 다른 점은 역시 도덕적인 일을 할 수 있는 능력을 가지고 있다는 데 있다. 그러나 그 차이는 매우 적어서 조금만 방심하면 인간은 동물과 똑같은 존재가 되어버린다. 여기서 동물은 도덕적인 생각을 할 수 없는 존재로 파악되었다. 자연 상태와 인간의 생활은 바로 그것 때문에 또한 차이가 난다고 보았고, 그렇기 때문에 인간이 더 높은 차원의 존재라고 생각하였다.

동물적인 자연 상태의 생활이 인간의 이상적인 목표는 이미 아니다. 동물은 주어진 본능에 따라서 생활하기 때문에 도덕이 있을 수 없고 있을 필요도 없다. 사람은 동물과는 다르게 도덕을 가지고 있다. 그렇다고 그것이 저절로 보장되는 건 아니고 많은 노력이 필요하다. 사람이 동물과 다른 점은 근본적인 차이점 때문이 아니라 오히려 많은 노력 때문에 생기게 된다. 노력하지 않고 가만히 있으면 인간은 동물보다 더 못한 존재가 되어버리기도 한다. 끊임없는 노력은 우리를 인간다운 인간으로 만들어 주지만, 타고난 대로 가만히 있으면 인간다운 인간이 될 수 없다. 생긴 모습이 사람이라고 해서 다 사람다운 사람이 아닌 까닭은 사람이 동물과 근본적으로 다른 점이 거의 없기 때문이다.

---

19) 『孟子』「離婁」하19, "人之所以異於禽獸者幾希, 庶民去之, 君子存之."

9. 선택적인 조림

> 한 아름이나 한 줌의 오동나무나 가래나무는 사람이 진실로 키우려고만 하면 다 키울 줄을 안다. 자기 몸에 이르러서는 수양할 줄을 모르니, 어찌 자기 몸 아끼기를 오동나무나 가래나무에게 하는 것만큼도 못하는가?[20)]
>
> 이제 한 원예사가 오동나무나 가래나무를 버리고 신대추나무나 가시나무를 재배한다면 하급원예사가 될 것이다.[21)]

맹자의 첫 번째 말은 사람들이 수양하지 않음을 한탄하는 내용이다. 사람들이 오동나무나 가래나무를 키우는 일은 잘하면서도 정작 자기 자신을 키우는 수양은 하지 않는다는 말이다. 우리는 그의 말에서 당시에도 사람들이 이미 좋은 나무를 키워서 이용하였다는 사실을 알 수 있다. 두 번째의 말은 우리의 몸에도 귀한 부분과 천한 부분이 있으니 천한 부분을 기르기 위해서 귀한 부분을 해쳐서는 안 된다는 내용이다. 그것을 설명하기 위해서 나무 기르는 일을 하나의 예로 들었다. 나무에도 좋은 나무가 있고 좋지 않은 나무가 있는데 좋은 나무를 길러야 하듯이 우리 몸의 귀한 부분을 길러야 한다는 가르침이다. 우리 몸의 귀한 부분이란 다른 게 아니라 바로 마음이다. 여기서 우리는 당시에 이미 사람들이 이용하기에 좋은 나무를 심고 그렇지 못한 나무는 제거했다는 사실도 짐작할 수 있다.

사람들이 가축을 길러서 여러 가지로 이용하듯이 나무도 가꾸어서 이용하였다. 쓸모 있는 땅에는 곡식을 심고 그렇지 못한 땅에는 나무를 심는다든지 목초지를 만들어서 이용할 수 있다. 강과 호수의 물은 농수로 유용하게 쓸 수 있고 또 그 물속에는 식용으로 할 수 있는 물고기들을 키워도 된다. 사람과 관계없는 자연 그리고 사람의 손이 닿지 않는 자연이란 이미 존재하지 않는다. 인간에게 불편을 주는 자연은 인간의 힘에 의해서 제거되고 인

---

20) 『孟子』「告子」상13, "拱把之桐梓, 人苟欲生之, 皆知所以養之者. 至於身而不知所以養之者, 豈愛身不若桐梓哉?"

21) 『孟子』「告子」상14, "今有場師, 舍其梧檟, 養其樲棘, 則爲賤場師焉."

간에게 이로운 부분들만이 남게 되었다. 산에서 자라는 나무도 쓸모없는 종류는 제거하고 사람에게 가장 쓸모 있는 나무들만 보호하고 키우게 되었다. 인간이 만들어 가는 자연, 인간과 밀접하게 연결된 자연이 존재하고 그렇지 않은 자연이란 더이상 있을 수도 없다. 가까이는 집안의 정원에서부터 논과 밭 주변에 있는 공터, 그리고 동네 주위에 있는 작은 들에는 사람들이 좋아하는 나무들이 자랄 수밖에 없다.

이와 같이 자연은 우리의 논밭과 같이 심고 김매고 가꾸었을 때 기대한 산물(産物)을 수확할 수 있는 장소이다. 그렇기 때문에 그렇게 의도적으로 가꾸지 않은 산물을 자연에서 구하려 한다든지 또는 가꾸지 않고 계속해서 수확만 하려고 하면 안 된다. 물론 자연에서 저절로 자라나는 동물이나 식물을 사람들이 이용하는 경우가 없는 것은 아니지만 그것은 한계가 있다. 인간이 아주 원시적인 단계에 있었을 때는 그러했겠지만 점점 순수한 자연으로부터 벗어나면서 그것이 차지하는 비중은 줄어들게 되었다. 그런데 이미 그런 시대가 지났는데도 아직까지 그런 시대에나 통했던 자연관을 가지고 있다면 문제가 아닐 수 없다. 지금 동남아와 아마존 지역 그리고 시베리아에서 행해지고 있는 대규모의 벌채는 바로 원시시대의 자연관이 그대로 적용되고 있는 좋은 사례이다.

10. 즐기는 대상으로서의 자연

맹자가 양나라 혜왕을 만나니, 왕이 연못가에 서 있다가 크고 작은 기러기와 사슴을 돌아보며 말하였다. "현자도 이런 것을 즐깁니까?" 맹자가 대답했다. "현자가 된 다음에야 이런 것을 즐깁니다. 어질지 아니한 사람은 비록 이런 것을 가지고 있어도 즐기지 못합니다. 『시경』에 이르기를 '영대(靈臺)의 공사를 시작하여 자로 재고 둘레를 표시해 놓았네. 백성들이 그것을 건축하여 며칠 안 가서 이루어 놓았네. 터를 재며 서둘 것 없다 하나, 백성들이 자식처럼 모여 왔네. 왕이 정원에 있으면 암사슴은 엎드려 있네. 암사슴은 윤기 있고, 백조는 희고 희네. 왕이 연못에 있으면, 아! 가득히 물고기가 뛰어 오르네'라고 하였으니 문왕이 백성의 힘으로 대를 만들고 연못을 만들었으나, 백성들이 즐거워하여 그 대를 일러 영대라 하고 그 연못을 일러 영소(靈沼)라 하였습니다. 사슴과 물고기와 자라가 있는 것을 즐겼으니, 옛 사람은 백성과 함께 즐겼기 때문에 정말 즐길 수 있었던 것입니다."[22]

양나라의 혜왕이 정원의 연못가에서 기러기와 사슴을 보면서 "현자도 이런 것을 즐깁니까?" 하고 질문하자 맹자가 이와 같이 대답하였다. 왕이 아주 검소해서 사치스럽게 정원을 꾸미지 않는다고 무조건 좋은 일은 아니다. 왕이 정원을 만들어서 즐기는 취미생활은 좋지만 그것을 백성과 함께 하느냐 하지 않느냐가 더욱 중요하다고 맹자는 생각했다. 정원을 만들어서 아름다운 화초를 심고 진기한 동물들을 기르며 그것을 즐기는 취미생활은 많은 사람들도 원하는 바이다. 그렇기 때문에 그것을 무조건 막아 버린다면 사람들의 본성을 무시하는 처사가 된다. 묵가는 인간의 본성을 무시하고 무조건 근검만을 강조하였지만 맹자는 그것에 동의하지 않았다. 여기서 우리의 관심을 끄는 내용은 사람들은 본래 자연의 아름다움을 즐기고자 하는 경향이 있다는 점을 맹자가 지적한 부분이다.

사람들은 자연을 이용할 뿐만 아니라 자연의 아름다움을 즐기기도 한다. 자연의 아름다움은 인간을 감동시킨다. 그리고 자연의 웅장함은 사람들을 놀라게 하고 두려워하게 한다. 자연은 여러 가지 모습으로 사람들을 즐겁게 하고 또 감동시킨다. 옛날부터 아름다운 자연을 보고 싶어 했고 그런 곳을 찾아다니기도 했다. 아마 자연의 아름다움을 즐기고 감상할 수 있는 존재도 인간뿐이리라.

그리고 자연은 아름다움을 창조하는 위대한 힘을 가지고 있음에 틀림없다. 바다는 바다대로 산은 산대로 강은 강대로 아름다움을 가지고 있다. 자

---

22) 『孟子』「梁惠王」상2, "孟子見梁惠王, 王立於沼上, 顧鴻鴈麋鹿, 曰: 賢者亦樂此乎? 孟子對曰: 賢者而後樂此; 不賢者, 雖有此不樂也. 詩云: 經始靈臺, 經之營之, 庶民攻之, 不日成之, 經始勿亟, 庶民自來. 王在靈囿, 麀鹿攸伏; 麀鹿濯濯, 白鳥鶴鶴. 王在靈沼, 於牣魚躍. 文王以民力爲臺爲沼, 而民歡樂之, 謂其臺曰靈臺, 謂其沼曰靈沼, 樂其有麀鹿魚鼈. 古之人與民偕樂, 故能樂也."

연의 있는 그대로의 아름다움을 즐길 뿐 아니라 인위적으로 그 아름다움을 만들어 보려고 한다. 인공적으로 자연의 아름다움을 재현하고자 하였다. 정원을 만든다든지 연못을 만들고 좋은 나무를 심는 일이 곧 그런 경우이다. 거기에다가 물고기, 새, 그리고 다른 동물들을 인위적으로 키울 수도 있다. 이렇게 인위적으로 만든 정원을 자연이라고 할 수 있는가라고 질문하는 사람도 있을 수 있다. 앞에서 말했듯이 이미 엄밀한 의미의 자연이란 존재하지 않기 때문에 우리는 정원을 자연이라고 보아도 될 것 같다. 그것이 엄밀한 의미의 자연이 아니라고 하더라도 자연의 아름다움을 재현하고 있다는 사실은 분명하니 자연과 그리 멀지 않다고 하겠다.

맺음말

『맹자』에 나타나는 자연이란 인간에 의해서 통제를 받아야 하는 존재 그리고 이미 통제를 받아서 본래의 모습이 변형된 존재를 의미한다. 자연의 본래 모습은 인간에게 결코 우호적이지 못하기 때문에 자연에 대한 통제와 간섭은 정당화될 수 있다. 만일에 본래의 자연이 인간에게 좋은 것이었다면 자연을 통제하고 변형시킬 필요가 있겠는가? 그래서 우리가 말하고 또 경험할 수 있는 자연은 인간이 변형시키지 않은 본래의 모습이 아니라 이미 변형된 모습이다. 인간에 의해서 영향을 받지 않은 순수한 자연이란 이미 존재하지 않는다고 할 수 있다. 물론 아직도 인간의 힘이 닿지 않는 곳도 있고 본래의 모습을 지니고 있는 곳도 있을 수 있다. 그러나 그런 곳은 갈수록 줄어들고 있고 또 그곳조차도 간접적으로 인간의 영향을 받는다.

이러한 맹자의 자연관을 받아들인다면 오늘날 크게 문제가 되고 있는 자연파괴도 순수한 본래의 자연을 파괴했다는 말이 아니라 인간에 의해서 이미 변형된 자연의 파괴라고 볼 수 있다. 자연이라고 하면 우리는 흔히 인간의 손길이 닿지 않은 땅과 거기서 살아가는 동식물을 생각하기가 쉽다. 그래서 인간이 오랫동안 살기 좋도록 계속해서 바꾸고 가꾼 결과라는 사실은 잊어버리고 만다. 사실 자연은 사람들이 만든 논밭과 같아서 자연의 파괴는 우리의 논밭을 못 쓰게 만드는 행위와 다르지 않다. 맹자도 이미 호수와 못에서 사는 물고기를 마구 잡지 말아야 하고, 산의 나무를 함부로 베어 내지 말라고 경고하였다. 이것을 미루어서 생각하면 다른 경우에도 어떻게 자연을 보호해야 하는가를 짐작할 수 있다.

그리고 맹자는 동물의 사랑을 강조하고 있지만 사람을 사랑하는 仁과 동물을 사랑하는 愛를 구별하였다. 사람을 사랑하는 마음을 가지고 있는 사람은 그 마음을 가지고 동물도 사랑할 수 있다. 그러나 사람이 동물을 해치지 않을 수는 없다. 인간이 먹고사는 문제가 달려 있으므로 동물을 절대로 죽이지 말고 사랑하라는 불교식의 가르침을 그대로 실천하기는 힘이 든다. 그래서 맹자는 동물에 대한 사랑을 愛라는 말로 표현했던 것 같다. 동물에 대한 사랑은 물론 그 자체로서도 의미가 있지만 궁극적으로는 인간을 위한 행위라고 할 수 있다.

맹자의 자연관을 전체적으로 보면 인간 중심적인 생각이 강하게 나타난다. 인간을 자연에 순응하면서 살아가는 존재로 이미 파악하고 있지 않다. 자연을 변화시켜야 한다는 생각, 자연을 보호하고 이용해야 한다는 주장, 자연의 원리를 알면 미래의 일을 알 수 있다는 생각, 동물에 대한 사랑 등은 자연의 거대한 힘에 수동적으로 적응하고 순응하려는 태도에서는 나올 수 없다. 맹자의 이러한 자연관이 중국인들의 자연관 전체는 아니라 할지라도 대표적인 것들 가운데 하나임은 틀림없다. 이러한 자연관은 보지 않고 자연에 순응할 생각만을 중국인들이 했다고 주장한다면 소극적인 태도를 너무 강조한 견해라 할 수 있고 또 서양을 너무 의식한 판단이라 하겠다.

Ⅶ

순자(荀子)의 자연관

Ⅶ. 순자(荀子)의 자연관

자연파괴와 환경오염의 문제가 현대에 와서 더욱 심각해지자 많은 사람들은 서양의 과학기술 문명을 비판하고 또 서양인의 자연관에 대해서도 다시 생각하게 되었다. 그와 함께 동양의 전통적인 자연관에 대해서 새롭게 관심을 갖기 시작했다. 그래서 어떤 학자들은 기독교의 자연관과 서양 근세의 자연관을 자연을 파괴할 수 있는 위험한 것으로 간주하고,[1] 자연과 조화롭게 살고 자연에 순종해야 한다고 가르치는 동양의 전통적인 자연관을 바람직한 것으로 평가하기도 하였다.[2]

동양의 자연관을 바람직한 대안으로 생각하는 건 좋지만 동양의 자연관을 단순화하여 자연에 대한 소극적인 태도만을 강조하는 견해는 옳지 않다. 이렇게 자연에 대한 소극적인 태도만을 강조하게 되면 동양에는 자연에 순종

---

1) 구니야 쥰이치로, 『환경과 자연인식의 흐름』, 심귀득 외 역, (서울: 고려원, 1992); 구승회, 『에코필로소피』 (서울: 새길, 1995); 이윤재, 『환경 휴머니즘과 새로운 사회』 (서울: 소나무, 1994); 데이비드 페퍼, 『현대환경론』, 이명우 외 역, (서울: 한길사, 1995) 참조.

2) 송상용, 「환경 위기의 뿌리」, 『철학과 현실』(1990, 여름호), pp. 28~35; 심재룡, 「동양철학의 관점에서 본 환경문제」, 『철학과 현실』(1990, 여름호), pp. 55~64; 린 화이트, 『생태계 위기의 역사적 기원』, 이유선 역, 『과학 사상』(1992, 봄호), pp. 283~295; White, Lynn Jr., The Historical Roots of Our Ecologic Crisis", in: Science, vol.155, 1967, pp. 1203~1207 참조.

하는 원시적인 사유와 생활 방식만이 존재했을 뿐이라는 오해를 낳을 위험이 있다. 이미 헤겔이 동양의 정신을 아직 자연으로부터 자신을 분리하지 못하는 미숙한 단계로 봄으로써 이후 많은 유럽인들에게 잘못된 동양관을 심은 적이 있지만 그것이 계속되어서는 안 된다.

동양인의 자연관에도 다양함이 있었고, 서로 전혀 다른 주장을 하는 철학자들도 있었다. 荀子(B.C. 289~239)의 자연관도 일반적으로 알려진 중국인의 자연관과는 전혀 다르다. 그가 무엇보다도 강조한 점은 바로 자연을 적극적으로 이용하고 개발하는 일이었다. 그에 의하면 자연을 적극적으로 이용하는 데 방해가 되는 생각은 자연을 의지를 가진 존재로 여기거나 자연과 인간을 나누어서 볼 수 없는 것이다. 예를 들어 하늘이 의지를 가져서 인간을 도울 수도 있고 방해하거나 벌을 줄 수도 있다고 생각한다면 사람들의 생활이 적극적일 수 없다. 번개가 치거나 천둥소리만 나도 사람들은 하늘이 노여워한다고 생각하거나 인간을 하늘이 벌주려 한다고 겁을 내게 될 것이다. 그리고 홍수가 나거나 가뭄이 있어도 사람들은 하늘이 인간에게 벌을 준다고 생각해서 두려워하고 적극적으로 대처할 수 없지 않겠는가?

그래서 순자는 하늘은 의지를 가지고 있지 않다고 가르쳤다. 의지가 없기 때문에 비가 오지 않을 때 하늘에 비를 빌어도 비를 내려줄 수가 없다. 비가 오기를 하늘에 기원하지 말고 가뭄에 대비해서 저수지를 만들거나 강물을 이용해서 농사를 짓는 방법을 강구하는 것이 옳다. 마찬가지로 풍년을 하늘에 빌 생각만 하지 말고 농사를 잘 짓는 방법을 모색해야만 풍년이 가능하다고 가르쳤다.

순자는 자연을 적극적으로 이용할 것을 강조했을 뿐만 아니라 또한 자연을 보호해야 한다고 말했다. 그에 의하면 자연을 보호해야만 사람들이 풍요로운 생활을 지속적으로 할 수 있다. 그가 말한 철저한 자연의 보호는 요즘에 와서도 제대로 실행되지 못하고 있는 실정이다. 예를 들면 물고기를 산란기에는 잡지 말아야 하는데 아직도 이것이 제대로 이루어지지 못하고 있다. 여기서는 순자가 말한 자연의 이용과 보호 그리고 자연에 대한 그의 여러 가지 견해들을 몇 가지로 나누어서 살폈다.

1. 하늘과 땅은 만물의 근원이다

하늘과 땅이란 생물의 근원이며, 예의(禮義)란 다스림의 근원이고, 군자란 예의의 근원이다.[3)]

禮에는 세 가지 근본이 있으니, 하늘과 땅이란 생명의 근본이고, 조상이란 종족의 근본이며, 임금이란 다스림의 근본이다.[4)]

그러기에 말하기를, 하늘과 땅이 합하여서 만물이 생기고, 陰과 陽이 접촉하여 변화가 일어나고, 본성과 인위가 합하여 천하가 다스려진다고 했다.[5)]

『장자(莊子)』「달생(達生)」에 이미 "하늘과 땅은 만물의 부모이다."[6)]라는 말이 나오고, 『서경』「태서(泰誓)」에도 "하늘과 땅은 만물의 부모이다."라는 말이 나온다. 그리고 『주역』「계사전(繫辭傳)」에는 "하늘과 땅의 큰 德을 일러서 生이라고 한다."는 말이 있다. 이것은 만물을 생성하는 능력을 하늘과 땅이 가지고 있음을 말한다. 옛날 사람들은 끊임없이 생겨나는 생명체들을 보고서 매우 신기하게 여겼고 이것을 설명하려고 노력도 하였다. 그들은 그 모든 것들을 암컷과 수컷이 만나서 새끼를 낳는 것처럼, 하늘과 땅의 자식으로 생각하였던 것 같다. 하늘과 땅을 그들은 다시 陰陽이라고 말하기도 하였다.

순자도 이러한 기존의 생각을 이어받아서 하늘과 땅이 모든 생명체들의

---

3) 『荀子』「王制篇」, "天地者, 生之始也; 禮義者, 治之始也; 君子者, 禮義之始也."
4) 『荀子』「禮論篇」, "禮有三本: 天地者, 生之本也; 先祖者, 類之本也; 君師者, 治之本也."
5) 『荀子』「禮論篇」, "故曰: 天地合而萬物生, 陰陽接而變化起, 性僞合而天下治."
6) 『莊子』「達生篇」, "天地者, 萬物之父母也."

근원이라고 말했다. 그런데 하늘과 땅이 생명의 근원이라는 말을 우리는 보다 구체적으로 살펴볼 필요가 있다. 이 말은 두 가지 의미로 해석될 수 있다. 하나는 하늘과 땅이 적극적으로 생명체를 생산했다는 의미이고, 또 하나는 하늘과 땅에서 생명체가 저절로 생겨났다는 의미이다.

하늘과 땅이 적극적으로 생명체를 생산했다고 해석하면, 순자가 하늘과 땅을 의지를 지닌 존재로 생각했다는 말이 된다. 그러나 순자의 사상 전체를 보면, 그는 하늘과 땅을 의지를 가진 어떤 존재로 생각하지 않았다.[7] 오히려 하늘과 땅은 의지가 없는 자연일 뿐임을 강조하고 있다. 그렇기 때문에 하늘과 땅이 생명의 근원이란 말을 하늘과 땅이 적극적으로 생명체를 생산했다고 해석할 수 없다. 마찬가지로 순자는 하늘과 땅을 생명을 생산할 수 있는 또 하나의 생명체로 보지도 않았다. 그는 생명이 있는 존재와 생명이 없는 존재를 엄격히 구별하고 있다.[8]

그래서 하늘과 땅에서 생명체들이 저절로 생겨났다고 하는 해석이 순자의 생각과 가장 가깝다. 생명체가 저절로 생겨났다거나, 하늘과 땅이 적극적으로 생산하지 않았다는 말이 생명체와 하늘과 땅은 전혀 관계가 없다는 의미는 아니다. 그 둘 사이에 아주 밀접한 관계가 있다 하더라도 적극적으로 생산되지 않고 저절로 생겨날 수는 있다. 저절로 생명체가 생겨난다는 생각은 조금 특이하지만 당시의 생물학적 지식에 의하면 가능한 일이다. 실제로 순자도 고기가 썩으면 벌레가 생기고 생선이 마르면 좀이 생긴다고 말하기도 했다.[9]

그러나 하늘과 땅이 생명의 근원이라는 생각과 마른 생선에서 좀이 저절로 생겨난다는 주장을 연결하는 데는 주의가 필요하다. 세 번째 인용문에서 "하늘과 땅이 합하여서 만물이 생긴다."고 한 순자의 말을 통해서 그가 하늘과

7) 다른 견해를 가진 학자들도 물론 있다. 이러한 논의에 대해서는 廖名春, 『荀子新探』, (臺北: 文津出版社, 1994), pp. 182~186에 잘 나온다.

8) 『荀子』 「王制篇」 참조.

9) 『荀子』 「勸學篇」.

땅의 상호작용을 통해서 만물이 생긴다고 믿었음을 우리는 알 수 있다. 이렇게 상호작용을 말하고서 또 저절로 만물이 생긴다고 주장했기 때문에 모순인 것 같지만 꼭 그렇지만은 않다. 예컨대 찬 구름과 더운 구름이 만나면 비가 생기는데, 이 경우에 찬 구름과 더운 구름이 비를 만들기 위해서 의도적으로 만나는 건 아니다. 여기에는 상호작용은 있지만 의지가 개입될 필요는 없다. 말하자면 순자는 모든 자연현상을 기계론적으로 설명하려고 했던 것이다.

순자는 하늘과 땅을 만물의 근원으로 보고 또 다른 초월자의 존재를 인정하지 않았다. 이러한 그의 생각은 노자나 장자의 생각과 가깝다고 할 수 있다. 순자가 공자와 맹자의 사상을 잇는 철학자일 뿐만 아니라 노자와 장자의 사상까지도 흡수하여 종합한 철학자임은 그의 자연관에 잘 나타난다.

2. 만물이 공유하는 기(氣)

> 물과 불은 氣가 있으나 생명이 없고, 풀과 나무는 생명은 있으나 지각이 없고, 금수는 지각은 있으나 의리가 없다. 사람은 氣가 있고, 생명이 있으며, 지각이 있고 또한 의리가 있다. 그런 까닭에 천하에서 귀중한 것이 되었다.[10]

> 하늘과 땅이 합하여 만물이 생기고, 陰과 陽이 교접하여 변화가 일어난다.[11]

> 별들이 따라서 돌고, 해와 달이 번갈아 비추며, 사계절이 차례로 바뀌고, 陰과 陽이 크게 변화하며, 바람과 비가 널리 운행한다. 만물은 각기 그 조화를 얻어서 생겨나고, 각기 길러줌을 얻어서 이루어진다.[12]

---

10) 『荀子』「王制篇」, "水火有氣而無生, 草木有生而無知, 禽獸有知而無義; 人有氣有生有知亦且有義, 故最爲天下貴也."

11) 『荀子』「禮論篇」, "天地合而萬物生, 陰陽接而變化起."

12) 『荀子』「天論篇」, "列星隨旋, 日月遞炤, 四時代御, 陰陽大化, 風雨博施, 萬物各得其和以生, 各得其養以成, 不見其事而見其功, 夫是之謂神."

> 별이 떨어지거나 수목이 소리를 내거나 하는 일이 있다. 나라 사람들은 모두 두려워하여 '이것이 도대체 무슨 전조일 것인가?'라고 말한다. 이에 대답하건대, 아무 전조도 아니다. 이것은 하늘과 땅의 움직임이고 陰과 陽의 바뀜인데, 드물게 일어나는 현상이다.[13]

중국에서 氣는 이미 춘추전국시대에 나타나는데, 대체로 구름을 나타내는 글자였다. 허신(許愼)의 『설문해자』에서도 요즘의 氣에 해당하는 기(气)를 운기(雲氣)라고 하고, 상형문자라고 설명하였다. 『논어』에는 혈기(血氣)라는 말이 나오고, 병기(屛氣)라는 단어도 보인다. 혈기란 요즘도 우리가 쓰는 말로 그 의미가 별로 달라진 것 같지 않고, 병기란 숨을 죽인다는 의미이다. 『맹자』에는 호연지기(浩然之氣)란 말이 나오는데, 그 의미는 도덕적인 큰 용기와 통한다고 할 수 있다. 『노자』에는 충기(沖氣)・氣라는 단어들이 나오는데, 충기란 천지 사이의 조화된 기를 말한다. 임계유 같은 학자는 텅 빈 기라고 설명하기도 하였다.[14] 『장자』에는 기자가 매우 많이 나오는데, 특히 눈에 띄는 내용은 「지북유(知北遊)」에 나오는 다음과 같은 설명이다.

> 사람의 삶은 氣가 모이는 것이니 기가 모이면 삶이 되고, 기가 흩어지면 죽음이 되는 것이네. 만약에 죽음과 삶이 같은 종류라면 내가 또 어찌 근심하겠는가? 그러므로 만물은 하나인 것이네. 그런데 사람들은 만물의 아름다운 것을 신기하다 하고, 추한 것을 썩어서 냄새가 난다고 하네. 썩어서 냄새가 나는 것이 다시 변화해서 신기한 것이 되고, 신기한 것이 다시 변해서 썩어서 냄새가 나게 되네. 그러므로 천하는 하나의 氣로 통한다고 하는 것이네. 성인은 그러기에 하나를 귀하게 여기네.[15]

---

13) 『荀子』「天論篇」, "星隊木鳴, 國人皆恐, 曰, 是何也. 曰無何也. 是天地之變, 陰陽之化, 物之罕至者也."

14) 任繼愈, 『老子新譯』, (香港: 中華書局, 1987), p.152.

15) 『莊子』「知北遊篇」, "人之生, 氣之聚也; 聚則爲生, 散則爲死. 若死生爲徒, 吾又何患? 故萬物一也. 是其所美者爲神奇, 其所惡者爲臭腐. 臭腐復化爲神奇, 神奇復化爲臭腐. 故曰, 通天下一氣耳. 聖人故貴一."

이 인용문에는 기가 모이면 만물이 생성되고 기가 흩어지면 만물이 소멸한다는 장자의 생각이 잘 나타나 있다. 여기서 장자가 말하고자 하는 바는 결국 모든 사물들은 동일한 기의 작용으로 생성되었다는 사실이다. 이러한 장자의 영향을 받아서 순자도 기를 만물을 이루는 근본적인 요소로 생각했다고 볼 수 있다. 그러나 순자가 앞의 첫 번째 인용문에서 말하고자 하는 바는 인간과 여러 가지 다른 사물들이 서로 다르다는 점이다. 그런데 순자의 말은 장자의 말만큼 명확하지 않다. 氣가 모든 사물들을 이루는 근본요소라는 말인지 아니면 근본요소 외에 물과 불도 가지고 있는 어떤 힘인지가 분명하지 않다.

그래서 니덤(Needham)은 순자가 말한 氣를 영어로 subtle spirits(정령 혹은 영혼)로 옮기면서 그리스어로 pneuma(정신 혹은 靈)와 같다고 했다.[16] 니덤은 순자의 이론을 아리스토텔레스의 영혼이론과 비교하면서 상당히 유사하다고 주장하였다. 아리스토텔레스는 영혼을 세 가지 종류로 나누었는데, 식물적인 영혼과 감각적인 영혼 그리고 이성적인 영혼이 그것들이다. 식물이 가지고 있는 영혼이 식물적인 영혼이고, 동물들이 가지고 있는 것은 식물적인 영혼과 동물적인 영혼 두 가지이고, 인간이 가지고 있는 것은 세 가지 종류의 영혼들이다.

앞에서 보았듯이, 순자는 물과 불은 기만 가지고 있고, 식물은 기와 생명을 가지고 있고, 동물들은 기와 생명 그리고 지각을 가지고 있고, 인간은 기·생명·지각·의리를 모두 가지고 있다고 했다. 그래서 순자는 인간이 가장 소중한 존재라는 결론을 내리게 된다. 그런데 여기서 기를 영혼이라고 보는 것이 타당할지 아니면 물질적인 근본요소로 보아야 할지는 논쟁의 여지가 있다.[17] 기를 정신적인 존재냐 물질적인 존재냐 하고 이원론적인 입장에서 따지게 되면 대답하기 곤란하다. 기는 그 두 가지를 이미 겸하고 있

16) Needham, Joseph, Science and Civilisation in China, vol. 2, (Cambridge: University Press, 1956) p. 23.
17) 廖名春, 『荀子新探』, (臺北: 文津出版社, 1994), p. 179 참조.

는 개념이기 때문이다. 그래서 서양의 개념으로 기를 나타내거나 분류하려고 하면 오류를 범하게 된다.

『순자』에 기와 함께 나오는 개념으로 음과 양이 있다. 음과 양이 기이므로 음양은 결국 기를 보다 구체적으로 나타낸 개념이라고 할 수 있다. 그러므로 앞의 첫 번째 인용문에서 물과 불이 기를 가지고 있다는 말을 물은 음의 기를 가지고 있고, 불은 양의 기를 가지고 있다는 뜻으로 봐야 한다.

『주역』에서 물을 상징하는 괘는 감괘(坎卦)이고 불을 상징하는 것은 리괘(離卦)인데, 이 괘들이 실제로 음과 양을 대표하고 있다. 그래서 주염계(周濂溪)의 「태극도」를 보면 태극 다음에 음양이 나오는데 거기에 감괘와 리괘를 그려놓았다. 두 번째 인용문과 네 번째 인용문에서는 천지와 음양이 함께 나오고 있는데, 여기서도 천지를 하늘의 기운과 땅의 기운으로, 다시 말해서 음과 양으로 볼 수 있다.

순자는 음양의 상호작용으로 자연의 모든 운동과 변화를 설명하고 있다. 자연현상이란 결국 다른 게 아니라 음양이 상호작용일 뿐이고 또 다른 인격자가 일으키는 현상이 아니라는 주장이다. 음양의 변화는 그 자체가 가지고 있는 고유한 원리에 따라서 일어날 뿐이고 그것을 조종하는 존재는 없다.

3. 자연의 일정한 법칙

> 하늘의 운행에는 일정한 법칙이 있고, 그것은 요임금을 위해서 존재하거나 걸(桀)임금을 위해서 없어지지 않는다. 안정된 다스림으로 그것을 대하면 길하고, 혼란함으로 대하면 흉하다.[18]

> 하늘에는 일정한 법칙이 있고, 땅에는 일정한 이치가 있으며, 군자에게는 일정한 실행이 있다.[19]

---

18) 『荀子』「天論篇」, "天行有常, 不爲堯存, 不爲桀亡. 應之以治則吉, 應之以亂則凶."

옛날 사람들도 자연에는 일정한 길이 있음을 알았고 그것을 이용했으며 또 그 정확함에 감탄했다. '天行有常'을 여기서는 "하늘의 운행에는 일정한 법칙이 있다."로 번역했는데, '常'을 상도(常道) 혹은 일정한 법칙으로 번역할 수도 있다. 常이란 변함없이 늘 그러함을 말한다. 예를 들어 태양의 운동, 달의 변화 그리고 별들의 운동이 항상 일정함을 그렇게 표현했다. 뿐만 아니라 계절의 변화에도 일정함 혹은 법칙성을 볼 수 있다.

여기서 우리는 자연의 일정함을 두 가지로 나누어서 생각할 수 있다. 그 가운데 하나는 언제나 똑같음을 의미하고, 또 하나의 의미는 규칙성이다. 후자의 경우는 불변한다는 의미가 아니라 일정한 규칙 또는 법칙을 자연의 변화는 가지고 있다는 의미이다. 다시 말해서 자연은 변하지만 그 변화가 규칙적이라는 점에서 일정하다는 것이다. 변화가 규칙적이라는 것은 결국 변화가 일정한 주기를 가지고 반복됨을 말한다. 해가 뜨는 장소는 매일 조금씩 변하지만 일 년을 주기로 반복되고, 낮의 길이와 밤의 길이도 매일 조금씩 변해서 일 년을 주기로 반복된다. 이러한 사실을 옛날 사람들도 경험을 통해서 알았기 때문에 하늘의 일정한 법칙을 말하였다.

만일에 자연의 운행에 이러한 일정함이나 법칙성이 없다면 살기가 얼마나 불편할까? 예컨대 하루가 길었다 짧아졌다 한다든가 일 년이 길었다 짧아졌다 한다면 사는 데도 불편할 뿐만 아니라 법칙이라는 관념을 우리가 가질 수도 없을 것이다. 다시 말해 자연에 일정함이 없다면 인간도 또한 법칙에 대한 생각을 할 수 없다. 이러한 자연의 불변성과 일정함을 보고서 옛날 사람들은 매우 경탄했다. 나아가서 사람들은 자연의 정확함과 성실함을 따르고자 했다. 그래서 두 번째 인용문에 나오듯이 순자는 "군자에게는 일정한 실행이 있다."고 말했다.

그리고 순자가 자연의 일정한 법칙을 말하면서 덧붙여서 말하고자 했던 바는, 첫 번째 인용문에 언급되어 있듯이, 그 법칙은 인간의 의지와는 무관

19) 『荀子』「天論篇」, "天有常道矣, 地有常數矣, 君子有常體矣."

하다는 점이다. 자연의 운행은 법칙을 가지고서 그냥 그렇게 움직일 뿐이고 인간의 원하거나 원하지 않는 마음과는 무관하다. 그래서 그는 자연을 인간과 완전히 분리해서 생각해야 한다는 점을 강조했다. 인간이 원한다고 하루가 길어지거나 짧아질 수도 없고 해가 서쪽에서 뜨거나 남쪽에서 뜰 수도 없다. 또 반대로 자연이 인간에게 요구하는 것도 없고 또 그럴 수도 없다는 게 그의 생각이다. 이러한 순자의 견해는 자연과 인간 사이에 특별한 연관이 있다고 믿어서 인간을 자연에 철저히 종속시키려는 사상에 대한 반발이라고 할 수 있다.

4. 자연의 일과 사람의 일

> 높은 땅에 가뭄이 없게 하고, 낮은 땅에 홍수가 없게 하며, 추위와 더위가 적당해서 오곡이 때에 맞게 잘 익도록 하는 것은 하늘의 일이다. 그러나 백성을 널리 보호하고 어루만지고 통제해서 흉년이 들고 한해와 수해가 있어도 굶고 얼지 않게 하는 것은 어진 임금과 어진 재상의 일이다.[20]

> 별이 떨어지고 나무가 우는 것은 천지의 변화와 음양의 조화로 사물들 사이에 드물게 일어나는 일이다. 이것을 이상하게 여기는 것은 좋지만 무서워하는 것은 잘못이다. 빈번히 일어나는 것으로 사람이 일으키는 재앙이야말로 가장 무서운 것이다. 함부로 논과 밭을 갈아서 농작물을 잘 심지 못하고, 김매기를 함부로 해서 수확을 망치고 정치가 험악해서 민심을 잃고, 밭은 황폐해져 농사는 안 되고, 곡물의 값은 비싸서 백성은 기근에 빠지고, 거리에 시체가 흩어져 있으면 이것을 사람이 일으키는 재앙이라고 하는 것이다.[21]

---

20) 『荀子』「富國篇」, "高者不旱, 下者不水, 寒暑和節而五穀以時孰, 是天下之事也. 若夫兼而覆之, 兼而愛之, 兼而制之, 歲雖凶敗水旱, 使百姓無凍餒之患, 則是聖君賢相之事也."

21) 『荀子』「天論篇」, "夫星之隊, 木之鳴, 是天地之變, 陰陽之化, 物之罕至者也, 怪之可也, 而畏之非也. 物之已至者, 人祆則可畏也. 楛耕傷稼, 耘耨失藏, 政險失民, 田薉稼惡, 糴貴民飢, 道路有死人, 夫是謂之人祆."

순자는 자연을 의인화하거나 의지를 가진 존재로 보는 자연관을 비판했다. 자연은 자연이고 사람은 사람이라는 생각이 철저하였다. 자연과 인간을 하나로 보는 견해를 부정하고 인간과 자연을 분리해서 생각했다. 예를 들어 자연의 이상한 현상을 하늘이 인간에게 전하는 어떤 뜻으로 해석하는 전통을 그는 비판하였다. 마찬가지로 자연현상을 인간사회에서 장차 일어날 일의 전조(前兆)로 해석하는 것도 반대했다. 그가 두 번째 인용문에서 예를 들고 있는 별이 떨어지는 현상과 토지신을 모시는 사당이나 궁전에 있는 신목(神木)이 소리를 내는 현상을 당시 사람들은 전란이 일어나는 전조로 보고 두려워했기 때문에 그럴 필요가 없다고 가르쳤다.

자연은 의지가 없기 때문에 자연의 일정한 법칙에 따라서 운행될 뿐이고 인간의 의지와는 무관하다. 그래서 자연현상의 배후에 신경을 쓰기보다는 사람이 해야 할 일을 충실히 하는 게 더욱 중요하다. 예컨대 비가 많이 오는 것은 하늘이 사람들을 미워해서 벌을 주려고 그러는 것이 아니라 그냥 비가 올 수밖에 없어서 온다고 순자는 생각했다. 인간이 미워서 비가 많이 오거나 가무는 것도 아니고 인간이 좋아서 날씨가 좋은 것도 아니다. 날씨가 좋거나 나쁘거나 하는 기상의 변화는 자연이 그냥 그런 것일 뿐이다. 날씨가 나쁘다고 하늘이 사람을 싫어하기 때문이 아니니 힘써 그러한 날씨에 대처해서 적극적으로 살아가야 한다.

그래서 하늘은 인간을 가난하게 할 수도 없고 부유하게 할 수도 없으며 병들게 할 수도 없고 병이 낫게 할 수도 없다. 열심히 일하고 낭비하지 않으면 부자가 될 수 있고 일하지 않고 낭비하면 가난하게 되고, 건강에 유념해서 운동도 하고 몸을 돌보면 병이 나지 않게 되고 몸을 돌보지 않고 위생에 유념하지 않으면 병이 쉽게 나게 된다. 마찬가지로 비가 많이 오는 해도 있고 비가 적게 오는 해도 있겠지만 비가 많이 올 경우에 대비해서 배수로를 잘 관리하고 강에는 둑을 만들어서 홍수를 예방하고 비가 적게 올 경우에 대비해서 저수지를 만들고 보를 막아두면 수해와 한해를 피할 수 있다.

그리고 비상시를 생각해서 식량을 비축해 둔다든지 국가적인 차원에서 수해와 한해에 대처해서 굶주림이 없도록 하는 대비는 사람이 할 수 있는 일이고 또 해야 하는 일이다. 자연의 변덕스러움을 탓하기만 하고 아무런 대책도 세우지 않는다면 인간으로서 할 일을 다하지 못하는 거다. 자연의 재앙보다도 더 무서운 것은 바로 통치자들이 제대로 대비하지 못하고 잘 다스리지 못해서 생기는 재앙이다. 그의 이러한 주장은 백성들의 굶주림을 하늘의 탓으로 돌리고 자기들은 조금도 책임을 지지 않으려는 당시의 통치자들에 대한 신랄한 비판이기도 하다.

5. 하늘을 알려고 하지 마라

하늘에 죽 늘어선 별들은 일주운동을 되풀이하고, 해와 달은 교대로 지상을 비추고, 네 계절은 순차로 지상을 통치하며, 陰과 陽은 만물을 크게 변화시키고, 바람과 비는 널리 혜택을 주고 있다. 만물은 저마다 그 조화를 얻어 생기며, 저마다 그 양육을 받고 성장한다. 그 일은 보이지 않아도 그 功은 보이니 이것을 일러 神이라고 한다. 사람들은 모두 그 완성된 바를 알지만 그 무형의 작용은 알지 못하니 이것을 일러 하늘(天)이라고 한다. 오직 성인만이 이러한 하늘을 알려고 하지 않는다.22)

성인은 그 天君을 깨끗하게 하고, 天官을 올바르게 가지며, 天養을 고루 갖추고, 天政에 순응하며, 天情을 기름으로써 天功을 완전하게 하는 것이니, 이 같이 되면 자기가 해야 할 일과 하지 말아야 할 일을 알게 된다. 그리하면 곧 天地를 주재할 수 있고 만물을 부릴 수 있다. 그 소행이 두루 잘 다스려지고 양생하는 바가 두루 적당하며 그 삶이 상처 입는 일이 없다면, 이것을 가리켜 하늘을 안다고 한다.23)

---

22) 『荀子』「天論篇」, "列星隨旋, 日月遞炤, 四時代御, 陰陽大化, 風雨博施, 萬物各得其和以生, 各得其養以成, 不見其事而見其功, 夫是之謂神. 皆知其所成以成, 莫知其無形, 夫是之謂天, 唯聖人爲不求知天."

두 번째 인용문에서 天君은 사람의 마음을 말하고, 天官은 다섯 가지 감각기관이고, 天養은 사람들이 먹을 수 있는 자연의 산물을 말하며, 天政은 자연의 명령을 의미하고, 天情은 사람의 감정이고, 天功은 자연계의 공적을 말한다. 그러므로 여기에 나오는 天이란 대체로 타고난 능력이나 자연을 의미한다고 할 수 있다. 결국 성인이란 그에게 주어진 능력이나 자연을 잘 이용하고 잘 다스리는 사람이다.

그런데 앞의 인용문에서 순자는 하늘을 알려고 하지 않는 성인을 말하고, 뒤의 인용문에서 다시 하늘을 아는 것이 무엇인지를 말했다. 그러면 그는 하늘을 알아야 한다고 생각하는가, 그렇지 않으면 하늘을 알려고 해서는 안 된다고 생각하는가? 그가 한 번은 하늘을 알려고 하지 않는 성인을 옹호하고, 한 번은 하늘을 아는 것에 대해서 말했지만 그 앎의 대상을 보면 각기 서로 다름을 알 수 있다.

순자의 이러한 주장을 진대제(陳大齊)는 당연히 알아야 할 것은 과학적인 지식이고, 알 필요가 없는 것은 형이상학적인 지식이라고 설명하기도 하였다.[24] 곧 과학의 대상이 될 수 있는 天은 우리가 마땅히 알아야만 하고, 과학의 대상이 아니라 형이상학의 대상으로서의 天에 대해서는 알 필요가 없다는 것이다.

이 문제에 대해 주군진(周群振)은 그의 저서 『순자사상연구』에서 귀로 듣고 눈으로 볼 수 있는 자연현상과 눈으로 볼 수 없고, 귀로 들을 수 없는 자연현상 배후의 所以然之理로 나누어서 설명하였다.[25] 순자가 당연히 알아야 한다고 한 대상은 감각으로 인식할 수 있는 자연현상이고, 그 현상 배후에 있을 것으로 추정되는 원리나 법칙 나아가서 인격적인 존재의 의도는 알 필요가 없다는 해석이다. 전체적으로 주군진의 설명도 진대제의 설명과

---

23) 『荀子』「天論篇」, "聖人淸其天君, 正其天官, 備其天養, 順其天政, 養其天情, 以全其天功; 如是則知其所爲, 知其所不爲矣; 則天地官而萬物役矣. 其行曲治, 其養曲適, 其生不傷, 夫是之謂知天."

24) 周群振, 『荀子思想硏究』, (臺北: 文津出版社, 1987), p. 149 참조.

25) 같은 곳.

같다고 할 수 있다.

순자가 하늘을 이렇게 두 가지로 나누어서 하나는 알아야 하고 다른 하나는 알 필요가 없다고 주장한 이유는 현실생활을 하는 데 필요한 지식은 귀로 들을 수 있고 눈으로 볼 수 있는 자연현상에서 얻는 지식이지 눈으로 볼 수 없고 귀로 들을 수 없는 이론은 도움이 되지 않는다고 생각했기 때문이다. 그래서 그는 "그러므로 군자는…… 천지만물에 대해서는 그 所以然(까닭)을 말하는 데 힘쓰지 않고, 그 산물을 잘 사용한다."[26]고 말하기도 했다.

이러한 그의 사상은 결국 하늘의 일과 인간의 일을 엄격히 구분하여서 인간의 일에 최선을 다할 것을 강조하는 그의 생각과 서로 통한다고 할 수 있다. 예를 들어 비가 오는 자연현상에 대해서 비를 잘 이용해서 농사를 짓거나 홍수를 방지하기 위해서 제방을 튼튼히 하는 일은 옳지만, 왜 지금 비가 오는지를 묻거나 비가 오지 않아야 할 지금 비가 온다고 하늘을 원망하는 행위는 아무런 의미가 없다. 마찬가지로 산에서 자라는 나무를 우리가 잘 이용해서 집을 짓거나 땔감으로 이용하면 그만이지 어떻게 해서 나무가 산에서 자라나는지 또는 누가 나무를 생기게 하였는지를 묻는 행위는 도움이 되지 않는다.

6. 자연에 대한 적극적인 태도

> 제방과 다리를 건설하거나 보수하고, 전답 사이의 용수로를 깊이 쳐내서, 빗물이 잘 빠지게 하고, 저수의 안전을 기하고 적당한 때에 수문을 열고 닫아서 비록 기후가 괴이하여 홍수나 한발이 있더라도 농민의 경작지를 보호하는 것은 사공(司空)의 일이다.[27]

---

26) 『荀子』「君道篇」, "故, 君子……其於天地萬物也, 不務說其所以然, 而致善用其材."
27) 『荀子』「王制篇」, "修隄梁, 通溝澮, 行水潦, 安水臧, 以時決塞, 歲雖凶敗水旱, 使民有所耘艾, 司空之事也."

> 하늘을 위대하게 여기고 사모만 하는 것이 어찌 만물을 축적하여 그것을 제재하는 것과 같으랴. 하늘에 순종하여 찬양하는 것이 어찌 천명을 제어하여 이용하는 것과 같으랴. 때를 바라보고 기다리기만 하는 것이 어찌 때에 적응하여 그것을 이용하는 것과 같으랴.[28)]

이 두 개의 인용문에는 자연에 대한 순자의 적극적인 태도가 잘 나타나 있다. 어떤 학자들은 농업을 주로 하는 사람들은 자연에 소극적인 태도를 보인다고 주장한다.[29)] 농업이 자연에 많은 영향을 받는 것은 사실이지만 농사를 짓는 데도 자연에 도전하고 자연을 이용하려는 적극적인 자세가 필요하다. 우선 자연을 변형시키지 않고서 농업은 가능하지 않다. 자연 그대로의 땅에서 농사를 짓는 일은 거의 불가능하다. 풀과 나무를 제거하고 돌들을 치우고 땅을 부드럽게 만들어야 곡식을 심을 수 있고 적당하게 땅이 수분을 품도록 배수로를 만들거나 물을 대주어야만 한다. 그리고 끊임없이 잡초를 제거해야 하고 햇볕이 잘 들도록 논과 밭의 주변에 있는 큰 나무들을 없애야 한다. 농작물에 피해를 주는 해충을 막아야 하고 날짐승과 길짐승들을 없애거나 쫓아야만 한다. 비가 오지 않을 때를 대비해서 저수지를 만들고 수로를 만들어야 하며, 비가 많이 올 때를 생각해서 강이나 물이 흘러가는 주위에는 높은 둑을 쌓아야 한다.

그리고 농업은 자연현상에 대한 정밀한 관찰과 앞으로 무슨 일이 일어날 것인가에 대한 정확한 예측이 필요하다. 계절의 변화를 정확히 모르고는 농업이 불가능하기 때문에 태양의 움직임과 달의 움직임 그리고 별의 움직임을 끊임없이 관찰하고 계산해야만 한다. 기상의 변화에 농사가 영향을 많이 받기 때문에 기상의 변화를 관찰해야 하고 또한 예상을 하는 일도 중요하다. 식물의 특성을 알아야 하고 해충들을 막기 위해서는 해충의 성질도 파악해

---

28) 『荀子』「天論篇」"大天而思之, 孰與物畜而制之? 從天而頌之, 孰與制天命而用之? 望時而待之, 孰與應時而使之?"

29) Fung, Yu-Lan, A Short History of Chinese Philosophy, ed. by Derk Bodde (New York: The Free Press, 1966), p.26.

야 한다. 이밖에도 농업을 위해서 필요한 것들과 지식은 수없이 많다.

나아가서 엄청난 자연의 파괴가 이루어지지 않고서는 농업이 불가능하다. 높은 곳은 낮게 만들어야 하고 낮은 곳은 높게 해야 하며, 나쁜 땅은 좋은 땅으로 만들어야 하고 늪지대는 흙으로 메워야 한다. 오늘날의 세계적인 농경지도 옛날에는 아프리카의 초원이나 늪지대와 같았다. 그런 자연 그대로의 땅을 변화시켜서 비옥한 땅으로 만드는 것은 자연을 엄청나게 변화시키는 일이고 자연을 파괴하는 행위이다. 인간의 생활은 기본적으로 자연의 변형과 파괴를 전제하고 있다.

우리는 이러한 자연의 변형과 파괴도 아무런 반대 없이 이루어지지 않았음을 잘 알고 있다. 얼마 전까지만 하더라도 시골의 어른들은 산을 깎아서 도로를 건설하는 공사를 지맥을 끊는다는 이유로 반대했었다. 이 어른들의 생각을 긍정적인 면에서도 볼 수 있고 부정적인 측면에서 볼 수도 있다. 무리한 자연의 파괴는 인간의 삶에 부정적인 영향을 끼칠 수 있기 때문에 그것을 조금이나마 방지해야 한다는 측면에서 보면 그들의 주장은 긍정적이다. 그러나 자연에 대한 지나친 두려움에 빠져서 적극적인 개발을 하지 못하는 것도 발전을 위축시키는 중요한 원인으로 작용할 수 있다. 도로의 건설이나 철도의 건설은 산업을 발전시키는 데 없어서는 안 될 기본인데 자연에 대한 두려움 때문에 그것을 하지 못한다면 엄청난 손실이 아닐 수 없다.

순자가 인간과 자연을 엄격히 분리한 것은 이러한 측면에서 굉장한 의미를 갖는다. 인간을 자연과 분리함으로써 자연에 순응만 하는 소극적인 태도를 벗어나서 적극적으로 자연을 이용하고 제어할 수 있는 길을 제시했다. 자연은 의지를 가지지 못한 비인격적인 존재임을 강조함으로써 사람들이 자연에 가질 수 있는 두려움을 감소시켜 주었다. 인간은 본능적으로 자연에 대한 두려움을 가지고 있기 때문에 자연을 거스르는 일을 하지 않으려 한다.

예컨대 우리는 천둥과 번개를 겁내고 깊은 물을 두려워하며 높은 산을 경외하고 큰 나무만 보아도 감히 함부로 대하지 못하는 경향이 있다. 어느 정도로 이러한 경외심은 긍정적인 면을 가지고 있지만 그것이 지나치면 발전에 지장이 되어 인간이 보다 나은 삶을 성취하는 데 방해가 될 수 있다. 순자는 바로 이러한 점을 알았기 때문에 자연의 일을 두려워할 필요가 없음을 강조했을 것이다.

7. 자연이 주는 것은 넉넉하다

> 오늘날 이 땅에서 오곡이 생산되는 것은, 사람들이 잘 가꾸기만 하면 한 무(畝)에서 몇 분(盆)의 곡식이 나오고 한 해에 두 번 수확할 수도 있다. 그리고 오이·복숭아·대추·자두 등도 한 나무에 분(盆)으로 헤아릴 정도요, 파나 마늘 등 백 가지 채소도 연못으로 헤아릴 정도며, 소·양·말·개·돼지·닭 등의 가축과 날짐승 및 길짐승은 한 마리가 수레에 가득차고, 큰 자라와 악어 등의 물고기도 또한 때에 따라 번식하여 종류마다 떼를 이루고, 오리·기러기 등도 바다를 뒤덮은 연기와 같이 많고, 또한 곤충이나 만물들이 그 사이에서 생겨나는데 식용으로 양식할 수 있는 것이 수도 없이 많다. 대개 하늘과 땅이 만물을 낼 때는 본래 사람을 먹이고도 남음이 있고, 삼·칡·명주실·새털·짐승의 털·상아·가죽 따위도 본래 여유가 있어서 사람을 입히고도 남는다.[30]

무(畝)란 땅의 넓이를 계산하는 단위로서 백 보(百步)에 해당하는데, 일 보는 사방 여섯 자(尺)를 말한다. 그러니까 일보는 대략 요즘의 한 평에 해당하고, 일 무(一畝)란 100평의 땅에 해당한다. 그리고 분(盆)은 열두 말 여덟 되의 양이라고 한다. 이 인용문은 묵자의 주장을 반박하는 순자의 말이다. 묵자는 물자의 부족함을 걱정해서 검소함과 절약을 주장했는데 순자는 그것을 비판하고 지나친 검소함과 절약은 모든 백성들을 오히려 가난하

---

30) 『荀子』「富國篇」, "今是土之生五穀也, 人善治之則畝數盆, 一歲而再獲之. 然後瓜桃棗李一本數以盆鼓, 然後葷菜百疏以澤量, 然後六畜禽獸一以剸車, 黿鼉魚鱉鰌鱣以時別, 一而成群, 然後飛鳥鳧雁若煙海, 然後昆蟲萬物生其間, 可以相食養者不可勝數也. 夫天地之生物也, 固有餘足以食人矣; 麻葛繭絲鳥獸之羽毛齒革也, 固有餘足以衣人矣."

게 만든다고 생각했다. 그 근거로 먼저 자연이 인간에게 주는 산물이 아주 넉넉하다는 사실을 여기서 강조하고 있다. 자연의 풍요로움을 아주 기분 좋게 잘 서술하고 있는 설명이 인상적이다. 순자는 아주 낙천적인 사람이었던 모양이다. 그리고 순자는 그 자연의 풍요로움을 직접 경험했고 어려운 경험을 별로 하지 않았던 사람인 것 같다.

그러나 순자는 자연의 풍요로움도 중요하지만 그 풍요로움이 저절로 보장되는 것은 아니고 사람들의 노력이 있어야만 가능하다는 사실을 강조하였다. 또한 자연이 사람을 먹이고 입히는 물질을 넉넉하게 준다는 긍정적인 생각을 가지고 있었기 때문에 어느 정도 먹을 만큼 먹고 입을 만큼 입어야 백성들의 생활이 풍요롭게 된다고 보았다. 묵자처럼 음악을 사치라고 못하게 하거나 통치자가 지나치게 절약하면 오히려 나라 전체가 가난하게 된다고 생각했다. 통치자는 먼저 백성들의 기본적인 욕망을 충족시켜 줄 의무가 있고 또 그렇게 하여야만 백성들은 기뻐하고 따르며 열심히 일한다. 그렇지 않고 절약과 검소만을 강조하게 되면 기본적인 욕망을 충족할 수 없게 되어 힘써 일하지 않고 통치자를 따르지도 않는다.

그리고 업적이 있는 신하나 백성은 후한 상을 주고 잘못한 사람에게는 엄한 처벌을 하여야 하는데 절검(節儉)을 핑계로 후한 상을 내리지 못하면 누가 공을 세우려 하며 누가 좋은 일을 하려고 하겠는가. 통치자가 풍부한 재력을 가지고서 신하들에게 베풀지 못한다면 신하들이나 백성들이 잘 따르지 않게 되고, 통치자가 화려하고 웅장한 의식과 장식으로 꾸미지 않는다면 백성들이나 신하들을 위엄으로 통치할 수가 없기 때문에 결국 묵자의 절용설은 잘못되었다. 그의 생각에 의하면 나라를 다스리는 일도 집안의 일꾼들을 다스리듯이 넉넉히 베풀어서 그들을 즐겁게 해 주어야만 좋은 결과를 거둘 수 있다.

이러한 순자의 묵자에 대한 비판은 오늘날 공산주의 국가와 자본주의 국가를 비교하게 만든다. 묵자의 생각은 공산주의 이론에 가깝고 순자의 생각은 자본주의 이론에 가깝다는 느낌이 든다. 아무리 이론이 좋다고 하더라도 그것이 인간의 본성과 맞지 않는다면 효과를 거둘 수 없다. 인간은 천사가 아니기 때문에 눈과 귀 입과 배의 기본적인 욕망이 있고 그것이 제대로 충족되지 않으면 아무리 좋은 이론이라도 인간에게는 무용지물이 된다. 성인들만 사는 나라는 결코 보통 사람들이 원하는 나라가 아니다. 순자는 사람들의 기본적인 욕망을 알았고 또 그것을 무시하지 않았기 때문에 묵자의 이론이 잘못되었다고 과감하게 비판했다. 이런 면에서 순자의 견해는 탁월하다 하겠다.

8. 자연의 보호

> 풀과 나무의 개화기와 성장기에 도끼를 가지고 산림에 들어가지 못하게 하는 것은 풀과 나무를 일찍 죽게 하거나 성장을 멈추게 하지 않게 하기 위함이다. 자라·악어·미꾸라지·상어 등 모든 물고기가 알을 가졌을 때나 어린 물고기가 다 자라기 전에는 어망이나 독약을 가지고 못에 들어가지 못하게 하는 것은 물고기를 일찍 죽게 하거나 그 성장을 끊어버리지 않게 하기 위함이다.[31]

> 산과 늪지대를 태우는 법령문을 바로잡고, 산림과 늪에 있는 초목·물고기·여러 가지 채소들을 기르고, 때에 따라 금지하고 개방하여서 국가의 재용을 넉넉히 하여 재물이 떨어지지 않게 하는 것은 우사(虞師)의 일이다.[32]

첫 번째 인용문은 성왕(聖王)이 나라를 다스리는 방법 가운데서 풀이나 나무 그리고 물고기를 어떻게 보호하는지에 대한 순자의 말이고, 두 번째 인용문은 국가의 관직에는 어떤 종류가 있는가를 논한 순자의 말 가운데 나온다. 첫 번째 인용문에는 풀이나 나무 그리고 물고기를 보호하기 위해서 시기를 정해서 풀과 나무를 베게 하고 물고기를 잡게 해야 한다는 내용이

31) 『荀子』「王制篇」, "草木榮華滋碩之時則斧斤不入山林, 不夭其生, 不絶其長也; 黿鼉魚鱉鰌鱣孕別之時, 罔罟毒藥不入澤, 不夭其生, 不絶其長也."

32) 『荀子』「王制篇」, "修火憲, 養山林藪澤草木魚鼈百索, 以時禁發, 使國家足用而財物不屈, 虞師之事也."

나오고, 두 번째 인용문에는 산과 늪지대를 태우는 법령에 대한 문제가 하나 더 나온다. 여기서 우리가 알 수 있는 사실은 순자의 자연의 보호와 이용에 대한 관심이다. 그리고 자연을 보호하는 목적이 다른 데 있지 않고 백성들이 경제적으로 넉넉한 생활을 하기 위해서라는 것도 알 수 있다. 순자의 이러한 생각은 물론 독창적인 것은 아니고 이미 당시에 시행되고 있는 제도를 어느 정도 반영하고 있다.[33)]

순자는 자연이 주는 산물은 사람들이 먹고 입고도 남을 만큼 넉넉하다고 주장했지만 그 넉넉함은 저절로 보장되는 게 아니라 사람들의 노력이 있어야만 가능하다는 사실을 이 글에서 볼 수 있다. 자연이 아무리 좋은 생산력을 가지고 있다 하더라도 그것을 효율적으로 관리하고 이용하지 않는다면 사람들이 풍족하게 생활할 수 없다. 그냥 자연 그대로 방임하지 말고 사람들이 세심하게 보호하고 관리해야만 자연은 그 풍부한 생산력을 발휘할 수 있고 사람들은 풍족한 생활을 할 수 있다.

자연에 인간이 될 수 있으면 간섭하지 말라고 도가(道家)들이 가르쳤다면, 순자는 자연 그대로 가만히 두는 방임이 아니라 인간이 적극적으로 간섭해야만 바람직한 결과를 얻을 수 있다고 가르쳤다. 자연의 보호도 이러한 적극적인 간섭과 관계가 있다. 자연을 보호하는 목적도 보다 효율적으로 이용하기 위해서 그리고 보다 더 풍족하게 이용하기 위해서다.

자연보호에 대한 이러한 순자의 생각은 현대에도 중요한 의미를 지닌다. 지금 우리들은 자연을 일방적으로 착취하기만 하지 그것을 제대로 보호하고 관리하지 못한다. 자연의 모든 존재를 주인이 없는 물건으로 생각해서 될 수 있으면 서로가 많이 차지하려고 경쟁만 하고 있다. 그리고 이러한 일방적인 착취와 이용은 결국 자연의 파괴로 이어지고 있다. 너무나 많은 사람들이 자연을 이용하기만 했기 때문에 자원은 고갈되고 자연의 회복력은 한계에 부딪히고 말았다. 이것은 농민의 생존이 걸려 있는 논과 밭을 돌보지

33) 『禮記』 「月令篇」 참조.

않고 황폐화하여서 더 이상 농사를 지을 수 없게 만든 것과 비슷하다. 우리는 우리의 논과 밭은 정성껏 가꾸지만 자연 전체를 이와 같이 돌보지는 않는다. 모두들 나와는 상관이 없는 남의 것으로 생각하기 때문이다. 순자가 역설한 자연보호는 오늘날도 여전히 유효하다.

우리는 자연보호와 환경문제에 대한 관심의 역사를 서양중심적으로 생각하는 경우를 자주 보게 된다. 그래서 자연과 환경의 파괴는 서양의 과학기술 문명의 소산이고 동양은 그런 문제와는 무관하다고 주장하기도 한다. 그러나 순자의 말을 보면 자연의 파괴와 보호 그리고 환경 파괴 등은 서양에서만 관심을 가졌던 문제가 아니라 이미 동양에도 고대시대부터 중요하게 생각했던 문제였음을 알 수 있다. 또한 설령 동양에서 자연이 비교적 덜 파괴되었다는 주장이 진실이라 하더라도 그것은 자연을 파괴하는 원인이 근본적으로 없어서가 아니라 제도적으로 파괴하는 행위를 막았기 때문이었다는 사실도 알 수 있다.

9. 음악은 자연을 본떴다

> 그러므로 그 노랫소리의 청명함은 하늘을 본뜬 것이요, 종소리, 북소리의 광대함은 땅을 본뜬 것이요, 몸을 구부렸다 펴고, 빙글빙글 도는 춤의 모양은 네 계절과 유사하다.34)

> 그러므로 북은 하늘을 닮고, 종은 땅을 닮고, 경쇠는 물을 닮았고, 생황·쌍피리·피리는 별·해·달을 닮았으며, 작은북·부격·축어는 만물을 닮았다.35)

묵자는 음악을 천하의 이익을 증진시키는 데 도움이 되지 않는다는 이유

34) 『荀子』「樂論篇」, "故其淸明象天, 其廣大象地, 其俯仰周旋有似於四時."
35) 『荀子』「樂論篇」, "故鼓似天, 鐘似地, 磬似水, 竽笙簫和筦籥似星辰日月, 鞉柷拊鞷椌楬似萬物."

로 배척하였다. 음악이 사람의 귀와 마음을 즐겁게 하기는 하지만 그것은 백성의 재물을 축내기 때문에 어진 사람은 음악을 즐기지 않는다. 음악을 즐기려면 우선 악기가 있어야 하는데 그 악기는 저절로 생기지 않으니 결국 백성에게 많은 세금을 거둘 수밖에 없다. 그런데 그렇게 세금을 거두어 만든 악기가 백성에게 아무런 이익이 되지 않는다. 백성들에게 절실하게 필요한 것은 먹을 음식과 입을 옷과 편하게 살 집인데, 음악을 연주한다고 해서 그것들이 해결되는 게 아니다. 마찬가지로 큰 종을 두드리고 북을 치며 도끼를 들고 춤을 춘다고 해서 천하의 혼란이 해결되지도 않는다.[36)]

그리고 인간은 동물과는 달라서 노동을 해야만 살 수 있는 존재이기 때문에 임금이나 관리 그리고 백성들은 한가하게 즐길 수 있는 여유가 없다. 그런데 만일에 임금과 관리 그리고 백성들이 자기의 직책을 다하지 않고 음악을 즐긴다면 국가는 혼란에 빠지게 되고 생산은 줄어들어서 모두가 가난하게 된다. 그렇기 때문에 음악은 도움이 되지 않는다.[37)]

이러한 묵자의 견해에 대해서 순자는 찬성하지 않는다. 순자는 인간이 음악을 좋아하는 감정은 자연적인 욕구이므로 그것을 막으면 오히려 부작용이 일어날 수 있다고 보았다. 인간의 이러한 자연적인 감정을 좋은 방향으로 잘 유도하는 방법은 바람직하지만 그것을 완전히 막아 버릴 수는 없다. 그리고 음악은 묵자가 생각하듯이 부작용만 가진 게 아니라 분명히 좋은 점도 가지고 있다.

그의 견해를 요약하면, 사람은 모두 즐거운 감정을 가졌고 그것이 밖으로 드러난 모습이 노래와 춤이다. 그래서 이것을 잘 인도할 필요가 있는데, 옛날의 성인은 그것을 잘 인도했다. 그렇게 하면 음악은 사람들의 착한 마음을 감동시킬 수 있고 악한 마음을 막을 수 있다. 그리고 음악을 들으면 아랫사람과 윗사람은 서로 화합하고 공경하는 마음을 가지게 되고, 사람들로 하여금 서로 사랑하는 마음을 가지게 하기 때문에 사람들을 화합시킬 수 있

36) 『墨子』「非樂篇」 참조.
37) 같은 곳.

다. 순자는 이외에도 음악의 좋은 점을 많이 열거하고 있으며 음악이 반드시 필요하다는 사실을 강조하였다. 물론 모든 음악이 다 좋은 건 아니고 인간을 선하게 만들 수 있어야 함을 전제하고 있다.

앞에서 인용한 글은 모두 『순자』의 악론편(樂論篇)에 나오는 구절인데 첫 번째 인용문과 비슷한 내용은 『예기』의 악기편(樂記篇)에도 나온다. 그 내용은 사람들의 노랫소리는 청명한데 그것은 하늘의 청명함을 본떴고, 종소리와 북소리는 광대한데 그것은 땅의 광대함을 본떴으며, 춤을 추는 모습은 네 계절이 순환하는 현상을 본떴다고 하였다. 음악과 자연을 서로 대응시켜서 생각한 점이 돋보인다. 그리고 하늘을 청명하다고 하거나 땅을 광대하다고 한 표현은 사람들이 가지고 있는 하늘과 땅에 대한 일상적인 경험이고, 자연에 대한 사람들의 경험이다. 다시 말해서 하늘과 땅을 의지를 가진 특별한 존재로 보려고 하지 않았음을 보여준다.

춤을 표현하면서 부앙주선(俯仰周旋)이란 말을 사용했는데, 俯는 고개를 숙이는 동작이고 仰은 고개를 드는 동작이며 周와 旋은 빙빙 도는 모습이다. 이 네 가지를 사계절과 연결시켜서 춤이 사계절을 본떴다고 말했다. 이것은 결국 인간의 예술활동을 자연과 대응시킨 이론이라고 할 수 있다. 다시 말해서 인간의 예술활동이란 다른 게 아니라 바로 자연을 모방했다는 이론이다.

두 번째 나오는 인용문은 모든 악기들의 소리가 자연과 닮았음을 말하고 있다. 이 인용문에는 나오지 않았지만 순자는 먼저 여러 가지 악기들의 소리가 어떠한지를 서술하고 그것이 자연과 닮았다고 하였다. "먼저 북소리는 크고 떠들썩하고, 종소리는 충실하고, 경쇠는 딱딱 끊어져 소리마디가 분명하고, 생황소리는 엄숙하고 부드럽고, 쌍피리와 피리소리는 세차고"[38]라 표현하였다.

이런 것들이 바로 자연을 닮았다는 생각이다. 전체적으로 악기들이 닮은

---

38) 『荀子』「樂論篇」.

대상은 자연 전체임을 말하고 있다. 하늘과 땅·물·별·해·달 나아가서 만물까지 모두 거론되었다. 이것은 음악이 바로 축소된 자연이라는 말과 다르지 않다. 이러한 순자의 견해는 결국 음악이 인간에게는 아주 자연스러운 감정의 발로라는 사실을 말하기 위한 서론이다. 그래서 음악은 막아서는 안 되고 잘 다스리기만 한다면 인간의 생활에 커다란 도움이 된다는 결론을 내렸다.

맺음말

자연에 순종함을 강조하고 자연과 조화롭게 사는 태도를 가장 바람직하게 생각한 철학자들과는 다르게 순자는 자연을 적극적으로 이용해야 한다고 가르쳤다. 그것을 위해서 그는 먼저 자연을 의인화하거나 신비화하지 말고 자연 그대로 보라고 하였다. 자연은 의지를 가지고 있지 않은 존재이다. 그러므로 인간은 자연을 인격적인 존재로 생각해서 두려워할 필요도 없고 자연에 무엇을 기원할 필요도 없다. 자연은 스스로의 원리에 의해서 움직일 뿐이고 인간의 의지와는 무관하기 때문에 자연의 일에 간섭할 수 없고 또 자연도 인간의 일에 간섭할 수 없다. 드디어 인간은 자연을 의식하지 않고서 마음 놓고 행동할 수 있게 되었다. 뿐만 아니라 자연을 죄의식 없이 개발하고 이용할 수도 있게 되었다.

자연과 인간을 나누어서 보아야 한다는 순자의 이러한 생각은 자연의 거대한 힘 앞에서 무력할 수밖에 없었던 당시로서는 나오기 힘든 자연관이다. 그러나 이미 그 당시에도 사람들은 자연을 엄청나게 변화시킬 수 있는 능력을 가지고 있었기 때문에 자연에 완전히 무력한 존재가 아님을 의식하기 시작했음을 보여주기도 한다. 한편으로 아직 자연의 거대한 힘 앞에서 무력하면서도 또 한편으로는 저수지를 만들고 강물의 흐름을 바꾸고 황무지를 개간하여 엄청난 농지를 만들 수 있는 능력을 사람들은 가지고 있어서 자연을 어느 정도 제어할 수 있었다.

인간의 능력이 엄청나게 커졌음에도 불구하고 또 한편으로는 그 힘을 믿지 못하고 자연을 의인화하거나 신비화하려는 사람들도 여전히 존재하였다. 순자의 주장은 진보를 방해하는 이러한 사람들에 대한 비판이고 경고라 할 수 있다. 순자의 노력에도 불구하고 한대(漢代)에는 동중서(董仲舒, B.C. 179~104) 같은 사람이 나와서 시대에 역행하는 주장을 함으로써 진보를 방해하기도 했다.

이제 시대는 바뀌어서 인간의 힘은 더욱 엄청나게 늘어나서 자연을 제압하고 파괴하는 지경에 이르렀다. 자연의 파괴는 인간의 생존마저도 위협하는 재앙이기 때문에 자연을 살리자는 목소리가 높은 시대가 되었다. 지나친 발전이 오히려 인류에게 해를 끼치는 이런 시대에 순자의 자연에 대한 견해는 어떤 의미를 지닐까? 그는 자연을 합리적으로 이용하라고 가르쳤을 뿐만 아니라 철저한 보호도 역설했다. 자연의 철저한 보호가 바로 합리적인 자연의 이용이라는 사실을 누구보다도 잘 안 사람이 순자다. 자연보호에 대한 그의 주장은 자연은 키우고 보살핀 만큼만 되돌려 준다는 진리를 그가 잘 알았음을 말해 준다.

노자(老子)의 자연관

Ⅷ. 노자(老子)의 자연관

자연(自然)이라는 말은 『도덕경』에 처음으로 나오지만 이것은 오늘날 우리가 말하는 자연(nature)과 같은 의미를 가지고 있지 않다. 또한 『도덕경』에 자연을 보호해야 한다든가 환경을 생각해야 한다는 말도 나오지 않는다. 하지만 우리는 동양의 자연관을 서양의 자연관과 비교할 때, 곧바로 노자와 도가의 자연관을 떠올리게 된다. 그리고 노자의 자연관은 서양의 자연관과는 달리 자연에 순응하면서 살아가야 한다는 내용이 핵심을 이룬다고 생각한다.

사실 이러한 노자의 자연관은 그가 직접 말한 게 아니라 그의 사상에 입각해서 새롭게 해석한 결과이다. 『도덕경』에서 제일 중요한 개념은 역시 도(道)라고 할 수 있다. 도에 대한 그의 설명을 들으면 그의 자연관도 바로 알 수 있다. 도는 만물의 근원이기 때문에 현실세계의 사물들과는 달라서 우리가 알 수도 없고 무엇이라 규정할 수도 없다. 아마 노자는 현실세계를 초월한 근원적인 존재를 생각한 모양이다. 그 근원적인 존재의 성격을 먼저 알게 되면 현실세계에서 우리가 어떻게 살아야 하는지에 대한 해답도 나온다고 믿었던 것 같다.

도의 성격을 가장 잘 표현하는 말은 무위(無爲)와 자연(自然)이다. 무위란 인위적으로 어떤 일을 하지 않는다는 뜻이다. 그리고 자연이라는 말은 '스스로 그러하다'라는 의미이다. 다시 말하면 세상의 모든 사물들은 누가 특별히 어떻게 하지 않아도 스스로 생성하고 변화한다는 것이다. 이것을 종합해 보면, 도는 만물들을 생성하는 데 의지를 가지고 억지로 하지 않고, 모든 일이 저절로 이루어지도록 한다.

이러한 도의 성격으로부터 우리는 다음과 같은 내용을 생각할 수 있다. 첫째 자연은 스스로 생성·변화하고 그것에 의도적으로 간섭하는 초월자는 없다. 둘째 이러한 자연의 흐름에 간섭하거나 그것에 역행하는 일은 바람직하지 않다. 셋째 인간과 자연을 가르는 본질적인 차이는 없다.

여기서 우리는 우리가 일반적으로 알고 있었던 노자의 자연관이 어디서 나온 것인지를 확실하게 볼 수 있다. 자연과 인간은 본질적으로 다른 존재가 아니기 때문에 자연의 일부를 이루는 인간에게는 자연의 흐름을 따르는 생활이 가장 본성에 잘 맞는다. 이러한 생각은 자연과 인간을 엄격히 갈라서 생각하는 서양의 기독교적인 세계관과는 확실히 다르다.

1. 노자의 철학

노자(老子)는 도가(道家)의 시조로 알려져 있지만 이 사람을 구체적으로 알 수 있는 자료는 거의 없고, 그가 썼다는 『도덕경』(道德經)이라는 책 한 권만 남아 있다. 우리는 그의 사상을 이 책을 통해서 짐작할 수 있을 뿐이다. 대부분의 학자들은 이 책도 또한 한 사람의 작품이 아니고 여러 사람들의 사상이 모인 것이라 보고 있다. 그렇다면 우리가 말하는 노자는 『도덕경』의 저자라는 가상의 인물인 셈이다.

노자는 이미 당시에 인간이 만든 문명과 문화에 대해 부정적이었기 때문에 그것을 적극 비판하였다. 그는 가장 자연스러운 인간의 삶을 이상적이라 생각했는데 아마 그 본보기는 동물의 삶이었던 것 같다. 산과 들에서 자연에 순응하면서 살아가고 자연의 순환을 거스르지 않는 동물들은 이 세상에 왔다가 가지만 흔적을 남기지 않는다. 거기에 비해서 인간의 생활은 자연의 흐름에 역행하는 면들이 너무나 많다. 인간이 사는 곳의 자연은 파괴되고, 자연의 흐름은 단절되며 더러운 흔적이 그대로 남는다. 거대한 집들을 짓고 마을을 만들며 도시를 만들고 성곽을 쌓기도 한다. 길을 닦고 수로를 만들며 농토를 개간하기도 하는데 아름다운 산림은 파괴되고 풍경은 삭막하게 된다.

그것뿐만 아니라 동물들은 온갖 제도와 도덕이 없어도 잘만 사는데, 인간은 끊임없이 제도를 만들고 도덕을 내세우지만 그 사는 모습은 항상 복잡하고 싸움은 그치지 않으며 문제는 나날이 많아질 뿐이다. 그래서 노자는 인간이 만들어 놓은 제도와 가치체계들을 비판하고, 그것들이 오히려 모든 문제를 불러일으킨다고 주장하였다.

원래 자연에는 인위적인 가치가 없었는데 인간이 임의로 그것을 만들어서 그것을 기준으로 모든 것을 판단하고, 또 좋은 것은 추구하고 좋지 않다고 생각하는 것은 천시함으로써 자연 상태는 깨어지고 온갖 혼란이 생기게 되었다. 자연은 의지가 없는 비인격적인 존재이기에 무엇을 좋아하거나 싫어하지 않으니 가치와는 무관하다. 자연은 다만 일정한 법칙에 따라서 한결같이 움직일 뿐이다. 자연의 일부를 이루고 있는 인간의 바람직한 삶도 자연의 법칙에 따라 사는 방식이 가장 좋고 그렇지 않으면 불행해질 수 있다.

우리는 사람들이 임의로 만들어 놓은 가치가 실재(實在)하는 것으로 착각하고 거기에 얽매여서 자유롭지 못하게 살고 있다. 그의 이러한 생각은 어떤 면에서 타당하고 우리의 좁은 식견을 타파하여 준다. 완전한 자유를 누리려면 이러한 인위적인 가치체계에서 과감하게 벗어나야 한다. 그리고 사람들의 싸움과 갈등도 모두 이러한 가치들 때문이니 그 가치들이 실재하지 않음을 깨닫게 해줌으로써 문제를 해결할 수 있다.

예컨대 아름다운 미인을 두고 다투는 사람들에게 미인의 아름다움이란 인간이 만들어 낸 허상에 불과하고 실제로 그런 존재가 없음을 보여줌으로써 그 싸움을 해결할 수 있다. 실재하지도 않는 가치의 체계를 만들었기 때문에 사람들은 거기에 현혹되어 욕심을 갖게 되고 욕심에 눈이 어두워서 악(惡)한 행위를 할 수가 있다. 그러므로 인위적인 가치들에 현혹되지 않고 우리의 본성 그대로 살아가는 방식이 가장 바람직한 삶이다.

노자의 학설 가운데 가장 중요한 개념은 바로 도(道)이다. 그는 이것을 무(無)라 하였고 만물의 근원이라 하였다. 그러나 도는 이 만물의 근원에 붙인 임시적인 이름에 불과하다. 만물의 근원은 언어를 초월하기 때문에 그것에 이름을 붙이는 일은 큰 의미가 없다. 그래서 "말할 수 있는 道는 항상 변하지 않는 道가 아니요, 부를 수 있는 이름은 항상 변하지 않는 이름이 아니다. 이름이 없는 것이 천지의 시작이요, 이름이 있는 것이 만물의 어머니가 된다."[1]고 하였다.

도는 한정이 되지 않는 실재이기 때문에 이름으로 나타낼 수 없다. 그럼에도 노자는 이 실재를 여러 가지 다른 이름으로 불렀다. 대(大)·허(虛)·무(無)·무극(無極)·곡신(谷神)·현빈(玄牝) 따위가 곧 그것들이다. 이렇게 여러 가지 이름을 붙였지만 그것들은 모두 우리의 감각이나 사고로 알 수 없는 만물의 근원을 나타내기 위한 방편일 뿐이다.

여기서 특히 주목해야 할 곳은 노자가 道를 없음, 즉 무(無)라고 말한 부분이다. 여러 곳에서 그는 도를 무·허로 표현하면서 만물의 근원은 아무것도 없다는 점을 강조하였다. 하지만 노자가 말하는 무는 단순히 없다는 의미가 아니라 보이는 세계의 뿌리가 되고, 또 보이는 세계의 참된 모습이라고 할 수 있다. 그리고 그 무는 상대적인 존재가 아니라 유와 무의 구별을 초월하는 절대적인 존재이다. 노자가 그것을 무라고 말한 이유는 그것이 인간의 인식을 초월하는 존재이기 때문이리라. 그래서 이것을 말 그대로 완전히 존재하지 않는 무로 오해하면 안 된다.

아마 노자도 서양의 플라톤처럼 세계를 현실의 세계와 참된 세계로 나누

---

1) 『道德經』1장, "道可道非常道, 名可名非常名. 無名天地之始. 有名萬物之母."

어서 생각한 것 같다. 우리가 경험하는 세계는 참된 세계가 아니고 참된 세계가 따로 존재한다고 믿었다. 그것이 바로 노자가 말하는 도의 세계이다. 현실의 세계는 변화하고 허무하지만 참된 세계는 영원하고 참되다. 그래서 허무한 현실세계에서의 모든 가치나 지식은 실제로 아무런 의미도 갖지 못한다.

노자는 도를 만물의 근원이라 하였지만 의지가 있는 존재로는 보지 않았다. 말하자면 이 세계는 저절로 운동하고 변화하며, 그것의 배후에 의지를 가진 초월자는 없다. 도는 세계의 일에 간섭하지 않고 의지를 가지지도 않았다. 이러한 노자의 생각은 유가(儒家)의 가르침과 다르고, 신(神)이 세계를 창조하고 계속하여 돌본다는 기독교의 교리와도 다르다. 노자가 생각한 세계는 현대 과학자들이 말하는 세계와 유사한 면이 있다. 이것을 그는 "천지는 어질지 않아서 만물을 추구(芻狗)와 같이 생각한다."[2]고 설명하였다. 추구란 짚으로 만든 개로 제사 때 쓰고는 그냥 버리기 때문에 사람들이 애정 없이 대하는 물건이다.

유가는 하늘을 의지의 존재로 생각하는데, 그들이 보기에 하늘은 사람을 미워할 수도 있고 좋아할 수도 있다. 그러면 자연 사람들은 하늘의 눈치를 보지 않을 수 없고, 하늘의 사랑을 받기 위하여 노력하지 않을 수 없다. 결국 하늘의 사랑을 받고 벌을 받지 않기 위해서 착하게 살아가야만 한다. 노자는 이러한 유가의 믿음에 반대하였다. 인격적인 하늘이 존재하지 않으니, 하늘의 눈치를 볼 필요도 없다.

그는 또한 유가의 윤리적인 덕목들에 대해서도 강한 불만을 나타내었다. 그래서 말하기를 "그러므로 道를 잃어버린 후에야 德이 있고, 덕을 잃어버린 후에야 仁이 있으며, 인을 잃어버린 후에야 義가 있고, 의를 잃어버린 후에야 禮가 있으니, 무릇 예라는 것은 忠信이 희박해져서 나타난 것이니 어지러움의 시작이다."[3]라 하였다. 노자가 볼 때, 여러 가지 덕목들을 내세

---

2) 『道德經』5장, "天地不仁, 以萬物爲芻狗."

3) 『道德經』38장, "故失道而後德, 失德而後仁, 失仁而後義, 失義而後禮. 夫禮者, 忠

우는 유가의 노력이 이미 사람들이 순수함을 상실했음을 보여주는 증거가 된다. 만일에 모든 사람들이 순수하고 사회에 아무런 문제가 없다면 구태여 그러한 덕목들을 내세워서 세상을 교화하려고 할 필요가 없다. 예를 들어 정직의 미덕을 요란하게 강조하는 사회는 대체로 정직하지 못한 사회라고 보면 틀림이 없다. 이미 정직한 사회라면 그러한 덕목을 굳이 강조할 이유가 없기 때문이다.

그런데 노자가 말하고자 하는 속뜻은 여기서 끝나지 않는다. 어떤 사람들은 이러한 덕목들을 이용하여 자신의 지위를 확고히 하고 다른 사람들을 억압한다. 말하자면 지배계층의 기득권을 이러한 덕목으로 더욱 확고히 하고 피지배계층을 억압한다. 이러한 일은 현대사회에서도 비일비재하게 일어나고 있다. 사회적으로 지도급에 있는 사람들은 엄청난 부정을 저질러도 법망을 교묘하게 빠져나가지만 힘이 없는 사람들은 조금만 잘못해도 엄한 처벌을 받아야 하는 게 현실이다. 이것은 윤리적인 방면에서도 마찬가지이다. 힘이 있는 사람들이 비윤리적인 행동을 했을 때 힘이 없는 사람들은 그것을 비난할 수 있는 힘이 없기 때문에 아무런 제재도 가할 수 없다. 하지만 힘이 없는 사람이 조금이라도 잘못을 저지르는 날에는 엄청난 대가를 지불해야만 한다.

문제는 이것으로 끝나지 않는데, 새로운 덕목들이 생기면 위선자들의 줄서기가 요란하게 된다. 한 사람의 충신이 나타나면 너도나도 충신이라는 명성을 얻기 위하여 수단과 방법을 가리지 않고 덤빈다. 노자가 볼 때 윤리적인 덕목들이 생긴 것 자체가 이미 잘못되었는데 이제 그러한 덕목을 가지고 서로들 자기가 훌륭하다고 다투니 한심한 일이다. 이것은 도적들이 앉아서 서로 자신이 더 도덕적임을 자랑하는 짓거리나 마찬가지라 하겠다.

노자가 말하는 道는 의도적이지 않기 때문에 윤리적인 덕목들을 초월하고, 의지를 가지고 만물들을 지배하지 않고 가만히 저절로 생성·변화하도록 그

信之薄而亂之首."

냥 둔다. 이것을 노자는 무위(無爲)라고 표현하고 있는데, 의도적으로 무엇을 하지 않는다는 의미이다. 그래서 그는 "道는 언제나 아무 일도 함이 없으면서 하지 못하는 일이 없다."[4]고 설명하였다. 의지를 가진 존재가 없어도 이 세계는 스스로 잘 운행될 수 있다는 낙관적인 견해를 노자는 가지고 있었다.

2. 무위의 정치

도에 대한 이러한 그의 견해는 바로 인간의 일을 설명하는 데도 그대로 적용된다. 통치자가 나서서 백성들의 일에 간섭하지 않아도 백성들은 스스로 잘살아 갈 수 있다는 게 노자의 확고한 믿음이다. 성인의 정치란 바로 도의 무위를 그대로 본받는 정치라고 할 수 있다. 이것을 그는 이렇게 설명하였다.

> 그러므로 성인이 말하기를, "내가 무위(無爲)하니 백성들이 스스로 화육하고, 내가 허정(虛靜)을 좋아하니, 백성들은 스스로 바르게 되고, 내가 일을 만들지 않으니, 백성들이 스스로 부유해지고, 내가 욕심이 없으니, 백성들이 스스로 소박하게 되었다."라고 하였다.[5]

통치자들은 자신들이 백성들을 위하여 대단한 일을 한다고 착각하는 경우가 많다. 그래서 스스로 백성들의 부모로 자처하고 나서면서 자신들이 없으면 당장 백성들이 어떻게 될지 모른다고 큰소리를 친다. 과연 통치자들은 백성들의 부모와 같이 백성들을 위하여 많은 일을 하는가? 노자는 그러한 위정자들의 생각을 과감하게 부정하였다. 오히려 통치자들이 가만히 두면

---

4) 『道德經』37장, "道常無爲而無不爲"

5) 『道德經』57장, "故聖人云: 我無爲而民自化, 我好靜而民自正, 我無事而民自富, 我無欲而民自樸."

백성들의 삶은 더욱 편하고 윤택해질 수 있다고 장담하였다.

역사적으로 보면 훌륭한 통치자들도 간혹 있었지만 대부분은 오히려 백성들의 짐이었을 뿐이다. 스스로는 아주 현명하다고 생각하지만 그 정도의 현명함은 사실 누구나 다 가지고 있다. 그들이 생각하는 정도는 누구도 할 수 있기 때문에 사실 그 자리에 누가 앉아 있어도 결과는 마찬가지이다. 그런데 문제는 통치자들의 착각인데, 이들은 스스로 대단히 유능하다고 생각해서 오히려 백성들을 엉뚱한 곳으로 끌고 간다. 그래서 백성들은 괜히 쓸데없는 고생을 엄청나게 하는 경우가 대부분이었다.

그래서 노자는 솔직하게 통치자들에게 제발 가만히 있으라고 조언하고 있다. 성인도 가만히 있는데 성인도 아닌 지도자들이 함부로 나서서 백성들의 삶에 부담을 주지 말라고 충고하였다. 그렇게 하면 백성들은 각자 다들 알아서 잘산다고 노자는 확신하고 있다.

통치자들은 또한 욕심을 버려야 하는데, 공적인 욕심과 사적인 욕심을 다 버려야 한다. 국가와 민족을 위해서 무엇을 해 보겠다는 욕심도 백성들을 힘들게 하니 버려야 한다. 그리고 사적으로 호화로운 생활을 하려는 생각도 백성들에게 피해를 주니 피해야 한다. 통치자가 욕심을 가지고 있으면 그것이 백성들에게 영향을 주어서 백성들은 그 순박함을 상실하고 만다. 위에 있는 사람들이 욕심을 가지고 백성들을 속이면 백성들은 순박함을 잃게 되어 영악해지고 인심은 사나워지지 않을 수 없다.

노자는 강한 자보다는 약한 자를 옹호하였고, 남성적인 것보다 여성적인 것을 선호하였다. 그는 부드러운 물이 바위를 뚫는다든지 연약한 새싹이 굳은 땅을 뚫고 올라오는 자연현상을 잘 알고 있었던 모양이다. 그리고 새로운 생명을 생산할 수 있는 암컷이 수컷보다 더 우월하다고 보았다. 그래서 그는 도(道)를 남성적인 존재가 아니라 여성적인 존재라고 생각하였다. 이것을 노자는 이렇게 표현하고 있다.

곡신(谷神)은 죽지 않으니, 이것을 현빈(玄牝)이라고 한다. 현빈의 문이 바로

천지의 근원이니, 면면히 있는 듯 없는 듯 오직 작용만은 무궁무진하구나.[6)]

끊임없이 생겨나는 이 세상의 온갖 생명체들은 道의 왕성한 생산력을 잘 보여준다. 겨울이 되면 대부분의 식물들은 죽게 되지만 다시 봄이 오면 온갖 종류의 식물들이 왕성하게 땅속에서 올라온다. 마찬가지로 봄과 여름에는 수많은 종류의 벌레들도 번성하여 세상이 온통 생명들로 가득차게 된다. 노자는 아마 이러한 자연현상을 보고서 그 근원에 道가 있다고 생각하지 않았을까? 여기서 결국 도는 암컷과 같은 종류로 여겨지게 된다.

『도덕경』은 또한 부드러움의 덕을 특히 강조하고 있다. 노자는 부드러움을 대표하는 것으로 물을 자주 예로 들고 있는데, 부드러운 물이 단단한 바위도 이길 수 있다고 말하였다. 그래서 "천하에서 가장 유약한 것은 천하에서 가장 견고한 것도 마음대로 부릴 수 있다."[7)]라 말하기도 하고, "천하에 물보다도 더 부드럽고 약한 것은 없다. 그런데 굳고 강한 자를 공격하는 데는 아무도 그를 이길 수가 없다."[8)]고도 하였다.

강한 사물은 부서지거나 부러지기 쉽지만 부드러운 사물은 쉽게 부서지거나 부러지지 않는다. 물은 부드러운 사물을 대표하는 존재로서 모든 것을 포용하고 항상 낮은 곳에 처하는 겸손의 미덕을 가지고 있다. 물의 미덕을 노자는 "최고의 善은 물과 같다. 물은 만물을 아주 이롭게 해 주면서도 다투지 않고 여러 사람들이 싫어하는 곳에 머문다."[9)]고 칭송하였다. 물의 좋은 점은 부드럽고 겸손한 데 있다. 겸손을 강조하는 노자는 인생의 이치를 깊이 들여다본 사람임에 틀림이 없다. 그의 여러 가지 말들은 세상을 오래 산 노인들의 지혜처럼 깊이가 있는데, 실제로 중국인들이나 동양인들의 삶의 태도와 경험을 잘 보여주고 있다.

---

6) 『道德經』6장, "谷神不死, 是謂玄牝. 玄牝之門, 是謂天地之根. 綿綿若存, 用之不勤."
7) 『道德經』43장, "天下之至柔, 馳騁天下之至堅"
8) 『道德經』78장, "天下莫柔弱於水, 而攻堅强者莫之能勝"
9) 『道德經』8장, "上善若水, 水善利萬物而不爭, 處衆人之所惡"

예컨대 "두들겨 뾰족하게 하면 오래 보존할 수 없다"[10]는 말이나 "폭풍은 아침을 넘기지 못하고, 소나기는 하루를 다하지 못한다."[11]는 말은 일상생활의 구체적인 경험에서 나왔기 때문에 세상의 이치를 잘 보여주고 있다. 날카로운 칼날은 오래가지 못하듯이 성격이 너무 예민하면 건강을 해치기 쉽다. 그리고 긴장한 상태를 유지하기도 쉽지가 않다. 기계도 너무 정밀하고 복잡하면 쉽게 고장이 나기 때문에 관리하기가 어렵다.

우리는 바닷가나 강가에서 둥글둥글한 돌들을 발견하게 되는데 그것들이 이 세상을 살아가는 이치를 잘 보여준다. 그리고 인생에서 좋은 일만 계속되지도 않지만 나쁜 일만 계속되지도 않는다. 어려운 일이 있으면 좋은 일이 있고, 행복한 때가 있으면 불행한 때도 있게 마련이다. 어려운 경우가 생기더라도 그것이 언제까지나 계속되지는 않으니 조금만 참고 기다리면 좋은 때가 다시 온다는 사실도 세상을 오래 산 사람들이라면 알 수 있다.

이렇게 좋은 말들을 노자는 많이 하면서도 백성들이 많이 알면 좋지 않다고 생각하였다. 많은 앎이 도리어 그들을 영악하게 만들고 더 많은 욕심을 가지도록 하기 때문이다. 욕심이 많아지면 자연 불만이 많아지게 되고 결국은 스스로를 불행하게 만든다. 그래서 노자는 "옛날의 도를 지키고 나라를 다스린 사람은 백성들을 영악하게 만들지 않고 도리어 우둔 소박하게 만들었다. 백성들을 다스리기 어려운 까닭은 그들이 지나치게 영악하기 때문이다. 그러므로 지모(智謀)로 나라를 다스리는 것은 나라를 해치는 것이요, 지모로 나라를 다스리지 않는 것은 복이다."[12]고 말해서 어설픈 지식의 위험을 경고했다.

자본주의 사회는 이러한 노자의 생각과는 정반대로 나가고 있으니 그 결과가 두렵다. 사람의 욕망을 끊임없이 자극해서 상품을 팔려고 하기 때문에

---

10) 『道德經』9장, "揣而銳之, 不可長存"

11) 『道德經』23장, "飄風不終朝, 驟雨不終日"

12) 『道德經』65장, "古之善爲道者, 非以明民, 將以愚之. 民之難治, 以其智多. 故以智治國, 國之賊, 不以智治國, 國之福."

현대사회에서는 광고가 중요하다. 광고의 홍수 속에서 감각을 자극하는 온갖 유혹에 현대인들은 그대로 노출되어 있다. 그러한 자극들로부터 우리를 보호하는 방법은 감각을 무디게 하는 수밖에 없다. 그렇게 하지 않으면 우리는 살아가기가 어렵다. 감각이 이미 무디게 되었기 때문에 날이 갈수록 더욱 자극적인 선전이나 광고를 해야만 약간의 효과라도 있다. 그래서 계속해서 강한 자극을 주기 위하여 광고와 선전은 더욱 자극적이고 충격적인 방법을 사용하고 있다.

노자는 통치자가 무위로 정치하는 나라와 백성들이 소박하고 욕심이 없는 나라를 이상적인 곳이라 생각하였다. 이러한 정치가 실현되려면 나라의 규모가 커서는 곤란하다. 그리고 문명이 발달해서도 안 되고 백성들이 많이 알아서도 안 된다. 문명의 발달이 문제를 해결하는 것이 아니라 오히려 문제를 더욱 복잡하게 만들기 때문에 그것을 포기해야 한다. 이상적인 나라를 그는 다음과 같이 묘사하고 있다.

> 나라는 작고 백성은 적으니, 편리한 기계가 많아도 사용하지 않게 하고, 백성들로 하여금 죽음을 중히 여겨, 멀리 옮겨 다니지 않도록 한다. 배와 수레가 있지만 그것을 탈 일이 없고, 병장기가 있지만 그것을 쓸 일이 없다. 사람들로 하여금 다시 새끼를 엮어 쓰게 하고, 그 음식을 달게 여기고, 그 옷을 아름답게 여기며, 그 사는 곳을 편안히 여기고, 그 풍속을 즐거워하게 하니, 이웃나라가 서로 바라보이고, 닭 울고 개 짖는 소리가 서로 들릴 정도로 가까워도 백성들은 늙어 죽을 때까지 서로 왔다 갔다 하지 않는다.[13]

이 글을 읽으면 한가롭고 평화롭게 사람들이 살아가는 모습이 떠오른다. 지금 이렇게 문명이 발달하였지만 아직도 지구 곳곳의 오지에는 자급자족하면서 살고 있는 사람들이 있다고 한다. 현재도 그런 부족이 있으니 옛날로

---

13) 『道德經』80장, "小國寡民, 使有什佰之器而不用, 使民重死而不遠徙. 雖有舟輿, 無所乘之. 雖有甲兵, 無所陳之. 使人復結繩而用之. 甘其食, 美其服, 安其居, 樂其俗. 隣國相望, 鷄犬之聲相聞, 民至老死不相往來."

갈수록 이런 사람들의 수는 훨씬 더 많지 않았겠는가. 그러나 전세계가 문명화되면서 이렇게 원시적인 삶을 사는 사람들의 수는 점점 줄어들어서 이제는 아주 희귀하게 되어버렸다.

아마 노자는 이렇게 한가롭고 평화롭게 살고 있는 어떤 부족들의 삶을 직접 경험하고 이런 말을 하였으리라. 그는 외부와의 접촉이 단절된 상태이지만 그런대로 잘살아 가고 있는 사람들을 방문했을 수도 있다. 지금도 중국의 오지에는 실제로 이렇게 살고 있는 소수민족들이 있다고 하니 말이다. 노자는 그러한 사람들의 삶을 모델로 해서 이상국가의 모습을 생각했을 것 같다.

눈에 띄는 부분은 문명의 이기가 있지만 그것을 사용해야 할 필요성을 느끼지 못하여 사용하지 않는다는 말이다. 문명의 이기들을 만들지 못해서 사용하지 못한다는 말은 쉽게 납득이 가지만 그러한 이기들이 있지만 필요가 없어서 사용하지 않는다는 설명은 이해하기가 쉽지 않다.

노자가 생각한 이상국가는 원래부터 원시적인 형태로 살고 있는 사람들을 위한 국가가 아니라 지금 문명의 혜택을 충분히 누리고 있는 사람들을 위한 국가이다. 사람들이 그들이 이용하고 있는 문명의 이기들을 포기하고 다시 순박한 생활로 돌아갔을 때 이상사회가 가능하다는 가르침이다.

하지만 노자의 이상사회는 현실성이 별로 없다는 약점을 가지고 있다. 사람들의 사회생활은 개인 사이의 경쟁, 집단 사이의 경쟁, 국가 사이의 경쟁을 피할 수가 없다. 그런데 이제 어떤 집단이 경쟁을 포기하면 그들은 금방 다른 집단에 의해 무너져 버리고 말기 때문이다. 아무리 좋은 의도를 가진 사회가 있다 하더라도 생존경쟁에서 지게 되면 아무런 결과를 가져올 수 없다. 사람들의 생존경쟁은 치열하고, 그러한 생존경쟁은 나날이 새로운 경쟁의 도구들을 만들게 하고 보다 조직적인 집단을 만들게 한다. 이러한 경쟁은 인류의 생존이 계속되는 한 끝나지 않을 듯하다.

인간이 다른 동물들과는 다르게 도구를 만들게 됨으로써 경쟁의 정도는 더욱 치열하게 되었고, 싸움은 더욱 잔인하게 되어버렸다. 다른 어떤 동물들도 총이나 폭탄을 만들지 않는다. 그들은 그들의 몸에 자연적으로 붙어 있는 무기만을 사용한다. 그런데 인간은 싸우는 방법을 엄청나게 많이 개발해서 적뿐만 아니라 자신의 생활환경 전체를 파괴할 수 있는 무기들을 만들어 놓고 있다.

만일 인류가 이러한 방식을 포기하지 않는다면 이러한 문명의 이기로 말미암아 결국 스스로 파멸할 확률이 가장 높다. 어쩌면 자연은 인간에게 이러한 능력을 주어서 스스로 파멸하도록 만들었는지도 모른다. 그래서 자연은 영원한 강자도 없고 영원한 약자도 없다는 자연의 이치를 실현하려고 하는가?

3. 노자의 자연

자연(自然)이란 말은 『도덕경』에 처음으로 나온다. 이것으로 서양의 개념 Nature를 번역하고 나서 이 말은 천지와 만물을 가리키는 명사가 되었다. 물론 여기서 만물들 가운데 사람이 만든 물건은 자연에 들어가지 않는다. 누가 처음으로 서양의 개념 Nature를 자연으로 번역하였는지는 밝혀져 있지 않다. 『도덕경』에는 자연이라는 말이 모두 다섯 번 나온다.

먼저 17장에는 “功成事遂, 百姓皆謂我自然”(공이 이루어지고 일이 이루어져도 백성들은 모두 내가 스스로 그러한 것이라고 말한다)라는 문장이 나온다. 앞의 문장과 연결시켜서 보면 이 글의 내용은 최상의 정치는 백성들에게 도움을 주지만 백성들은 누구의 도움을 받았다고 생각하지도 않고 자기가 스스로 이루었다고 여긴다는 말이다.

이것은 자식들이 성공하면 모두 자기가 잘나서 성공하였다고 생각한다는 말과 비슷하다. 자식의 성공은 대부분 그를 낳아서 기르고 교육시킨 부모의 정성이 만들어 낸 결과일 뿐인데도 자식은 그렇게 생각하지 못한다. 그렇지만 훌륭한 부모는 자식을 원망하지 않는다. 자식이 성장하는 데 필요한 거름이 된 것으로 만족한다. 최상의 통치자도 이와 같이 자신의 업적을 드러내려 하지 않는다. 그래서 백성들은 잘 먹고 잘살면서 그것이 모두 훌륭한 통치자의 은덕이라는 진실을 깨닫지 못한다.

여기에 나오는 자연(自然)이라는 표현은 우리가 사용하고 있는 자연이라는 말과는 그 뜻이 완전히 다르다. 여기서 我自然이라는 표현은 '나는 스스로(원래) 그렇다'라고 해석할 수 있다. 누구의 도움도 받지 않았고 특별한 노력을 하지도 않았지만 뛰어난 능력을 발휘할 때 우리가 흔히 하는 표현이다. 반대로 나쁜 짓을 하는 사람을 보고서도 우리는 이런 식으로 말한다. 그 사람은 원래 그렇다. 이 말을 명사화하면 원래 그런 것, 스스로 그런 것, 저절로 그런 것 등이 된다. 그러면 이것이 왜 서양의 개념 Nature에 대응하는 개념이 되는지를 짐작할 수 있다. 다른 존재의 도움이나 힘을 빌리지 않고서도 저절로 그렇게 되는 상태를 바로 자연이라는 말이 가리킨다.

『도덕경』23장에는 希言自然(말이 적은 것이 본래 그런 것이다)는 문장이 있다. 이어지는 글을 보면 말은 자연적이지 않고 인위적이라는 의미로 해석할 수 있다. 노자는 인위적인 상태는 오래갈 수 없고 자연적인 상태가 오래갈 수 있다고 주장하였다. 여기에 나오는 自然도 명사로 사용되지 않았고, 형용사로 쓰였다. '스스로 그렇다 혹은 저절로 그렇다 또는 본래 그렇다'라는 뜻으로 쓰였다. 노자는 말이 자연스럽지 못하다고 생각했음을 잘 보여주는 문장이다.

25장에는 아주 잘 알려진 문구 道法自然(도는 저절로 그런 것을 본받는다)이 나온다. 사람은 땅을 본받고, 땅은 하늘을 본받고, 하늘은 道를 본받는다는 내용이 이 문구 앞에 나온다. 道는 궁극자이기 때문에 본받을 대상이 있을 수 없다. 궁극자는 스스로 그러할 뿐이다. 이 문장을 '도는 자연을 본받는다'고 해석한다면 오해를 일으킬 수 있다. 道는 궁극자이기 때문에 스스로 판단하고 행동한다는 뜻을 이 문장은 가지고 있다. 누가 시킬 수도 없고 누가 도와줄 수도 없으며 누가 영향을 끼치는 일도 있을 수 없다. 서양철학에 등장하는 신(神)이나 실체(實體)에 해당하는 개념이 바로 도이다.

네 번째로 자연이라는 말이 나오는 곳은 51장이다. 道之尊, 德之貴, 夫莫之命而常自然(도가 높고 덕이 귀한 것은 명하지 않아도 언제나 스스로 그러한 것이다). 도와 덕의 존귀함은 누구로부터 주어진 것이 아니라 저절로 그렇다는 말이다. 여기서 자연이라는 말의 원래 의미가 분명하게 나타나고 있다.

끝으로 제64장에도 자연이 나온다. 是以聖人欲不欲, 不貴難得之貨, 學不學, 復衆人之所過, 以輔萬物之自然, 而不敢爲(그래서 성인은 욕심내지 않고 얻기 어려운 재화를 귀하게 여기지 않고, 배우지 않는 것을 배워서 뭇사람들의 지나친 잘못을 되돌려 주고 만물이 스스로 그러하도록 돕되 감히 작위하지 않는다). 말하자면 만물에 인위적인 작용을 가하지 않고 모두 저절로 되어 가도록 버려둘 뿐이다. 여기서 돕는다는 말을 사용하였지만 이것은 어디까지나 소극적인 도움을 말한다. 적극적인 도움은 바로 인위적인 작용이 되기 때문이다.

그렇다면 노자는 왜 인위를 싫어하고 자연을 좋아했을까? 노자는 이미 인간의 능력에 대해서 감탄하기보다는 염려했던 것 같다. 이미 당시에도 노자가 보기에 인간은 지나치게 많은 지식을 가지고 있었고, 지나치게 많은 일을 할 수 있는, 걱정되는 존재였다. 할 수 없는 일이 많아서 문제가 되는 게 아니라 너무 많은 일을 할 수 있는 능력이 오히려 문제이다. 모르는 게 걱정거리가 아니라 너무 많이 아는 게 걱정거리가 되었다. 이것은 노자의 탁월한 발견이다. 인간의 창조성이 결국 인간을 불행하게 만들 수 있다고 노자는 예언하였다.

다른 모든 동물들을 보면 그들의 능력은 분명한 한계를 가지고 있다. 그런데 인간의 능력은 거의 한계가 없다. 지식은 나날이 늘어 가고 그것은 후대에게 전수되어 다음 세대에서는 더욱 많은 지식을 축적하게 된다. 인간은 나날이 새로운 생각을 하고 새로운 물건들을 만들 수 있는 능력을 가지고 있다. 우리는 지금도 이것을 조금도 잘못되었다고 생각하지 않는다. 오히려 내가 남보다 더 많은 지식을 가지고 있지 못함을 걱정하고 나날이 새로운 생각을 하지 못한다고 자책하고 있다. 새로운 물건을 생각하고 만드는 사람들을 우리는 존경하고 그들에게 부와 명예를 부여해서 모든 사람들이 부러워하게 한다. 발명왕을 뽑기도 하고, 노벨상을 주기도 하고, 올림픽에서는 금메달과 상금을 주기도 하면서 능력의 진전을 권장하고 있다.

과연 이것이 정말로 옳은가? 이것이 정상적인 행동인가에 대해서 우리는 크게 의심하지 않는다. 우리는 그것을 너무도 당연하게 생각하고 있다. 노자는 이미 2000년 전에 여기에 문제가 있음을 간파하고 사람들의 반성을 촉구하였다. 이것은 예수가 사랑을 가르친 것만큼이나 값지다. 노자가 보았을 때 인간의 대부분 문제는 능력이 너무 지나치기 때문에 발생하게 된다.

그렇다면 능력을 키우려고 노력할 게 아니라 오히려 능력이 지나치게 되지 않도록 힘을 써야 한다. 이것을 노자는 무위(無爲)라는 말로 표현하였다. 무위란 인위적인 일을 하지 말고 자연스러운 행동만 하라는 가르침이다. 자연스럽게 행동하려는 마음가짐은 인간의 지나친 능력을 억제하려는 노력과 통한다. 너무 많이 알면 그것을 줄이고, 할 줄 아는 능력이 너무 많으면 그것을 줄이는 일이 바로 무위라고 할 수 있다. 인간의 능력을 최소로 줄이게 되면 자연은 저절로 이루어지게 된다.

4. 노자의 자연관과 현대

『도덕경』에 자연이라는 말은 나오지만 그것은 오늘날 우리가 말하는 자연과는 분명히 다르다. 현대의 자연에 해당하는 개념을 굳이 찾는다면 천지(天地)나 만물(萬物)이 오히려 더 가깝다. 그러나 『도덕경』에 나오는 만물이라는 말은 인간도 포함하고 있어서 현대적인 의미의 자연과는 또 다르다. 인간과 자연을 분리해서 생각하게 된 것은 동양에서는 사실 최근의 일이다. 아마 이것도 서양사상이 들어오고 나서 생겨난 일 같다. 동양의 전통에서는 만물이라는 개념에 인간과 자연의 모든 생명체들이 다 포함된다.

『도덕경』은 천지가 먼저 존재하고 거기서 만물들이 저절로 생성되었다고 설명한다. 물론 천지와 만물의 궁극적인 근원은 도(道)이지만 순서로 볼 때 만물은 천지에서 나중에 생겨난다. 천지는 만물의 부모와 같아서 거기서부터 태어난다고 할 수 있다. 노자는 이 만물들 사이에 등급이 있거나 근본적인 차이가 존재한다고 생각하지는 않은 것 같다. 인간이 다른 만물들과 질적으로 다른 존재라고 말한 적이 없다. 또한 만물들이 어떤 특별한 가치를 지니고 있지도 않다고 생각하였다.

이러한 그의 생각은 인간과 다른 생명체들을 질적으로 다른 존재로 보는 유학이나 기독교적인 세계관과는 분명히 다르다. 유학에는 인간에게 특별한 의미를 부여하는 전통이 있는데 이것은 기독교의 경우도 마찬가지이다. 이러한 세계관은 자칫 인간 이외의 생명체들을 인간을 위한 존재, 인간이 마음대로 해도 좋은 존재라고 생각할 위험이 있다. 실제로 서양에서는 한때 이러한 사상이 매우 널리 퍼져 있었던 적이 있었다. 이러한 세계관은 곧바로 엄청난 환경 파괴와 동식물들의 대학살이라는 결과를 낳기도 했다. 인간과 동식물들이 근본적으로 다르지 않다는 세계관을 가지고 있었다면 과연 그러한 일이 일어났을까?

자연과 인간을 분리하지 않는 자연관에서 볼 때 인간은 자연의 일부이고 인간의 길과 자연의 길이 다르지 않다. 인간은 자연과 하나이고 자연의 일부이기에 자연의 섭리에 역행해서는 안 된다는 결론에 이르게 된다. 여기서 우리는 일반적으로 동양의 자연관으로 알려진 사상의 근원을 볼 수 있다. 자연은 스스로의 원리를 가지고 생성·변화하고 그것을 주재하는 인격적인 초월자는 존재하지 않는다. 말하자면 자연은 스스로 생명력을 가진 자립적인 존재이다. 어디에 의존하지 않아도 존재할 수 있는 실체라고 할 수 있다.

자연의 일부인 인간은 전체 자연의 흐름에 순응하는 게 가장 바람직하고 그렇지 않으면 좋지 않다. 말하자면 가장 자연스러운 삶이 최선의 방법이라는 결론에 도달하게 된다. 그럼 가장 자연스러운 삶이 어떤 모습인지에 대한 의문이 생긴다. 쉽게 우리가 생각할 수 있는 본보기는 야생동물들이 살아가는 모습이다. 거기에는 비자연적인 요소가 전혀 보이지 않는다. 그럼 사람들도 그러한 상태로 살아가는 게 이상적인 상태인가? 그 정도는 아니더라도 그런 상태에 가까울수록 보다 자연적이라 할 수 있지 않을까?

노자의 무위는 자연에 대해서도 적용이 가능하다. 노자가 말한 무위는 주로 인간사에 대한 가르침이었지만 이 정신을 자연에 적용한다면 자연파괴와 환경오염 등의 문제를 해결하는 데 도움이 될 수 있다. 자연파괴와 환경오염의 문제는 결국 인간이 자연에 지나치게 간섭함으로써 발생한 결과이다. 그러한 간섭을 최소한으로 줄인다면 그러한 문제들은 상당히 해결될 수 있다.

자연에 대한 인간의 간섭은 사실 단순한 간섭이 아니라 파괴를 말한다. 산을 없애거나 바다를 메우는 간척사업, 강의 흐름을 바꾸는 일들은 간섭이라고 볼 수도 있지만 사실은 자연의 파괴이다. 산이나 바다나 강을 그대로 두고 사람들이 거기에 맞추어서 살아가는 게 노자의 방식이라면, 그것들을 완전히 없애 버리거나 완전히 변형시켜 버리는 것은 바로 현대인들의 방식이다.

이러한 현대인들의 방식은 짧은 안목에서 볼 때 좋은 것 같지만 장기적으로 볼 때 결코 그렇지 못하다. 이것을 이제야 점차 깨달아가고 있으니 그나마 다행이다. 지금에 와서 도시의 하천을 되살리자는 운동이 서서히 활발해지고 있다. 사람들에게 무엇이 소중하고 무엇이 필요한지를 점차 깨닫고 있다는 증거이다. 사람만 살라고 하지 말고 다른 많은 생명체들과 함께 살아가려고 하는 마음이 중요하다. 그리고 인위적인 환경보다는 자연적인 환경이 정서적으로도 좋고 건강에도 좋다는 사실도 깨닫고 있다.

또한 산이 없는 도시보다는 산이 있는 도시가 더 살기 좋다는 사실을 사람들은 잘 알고 있다. 대부분의 도시들은 사람들이 휴식할 수 있는 공원들을 가지고 있는데, 좋은 산이 도시 안에 있다면 그보다 더 좋은 휴식처는 없다. 편리한 교통을 생각해서 도시 가운데 있던 산을 없앤다면 당장은 편리할지 몰라도 장기적으로 봐서 결코 바람직하지 않다.

한때 습지를 메워 땅을 만드는 일을 많이 한 적이 있었다. 그래서 지금은 습지가 거의 사라져 버리고 말았는데, 이제야 사람들은 습지의 가치를 깨달아서 다시 보호해야 한다는 목소리를 높이고 있다. 지금은 후회해도 소용이 없게 되었지만 습지는 생태계의 보고(寶庫)일 뿐만 아니라 홍수를 막아주는 역할도 한다. 가능하다면 없애 버린 습지를 다시 몇 군데라도 다시 만든다면 여러 가지로 좋지 않겠는가?

생태계를 많이 파괴한 일 가운데 한 가지는 강이나 개천의 바닥이나 둑을 콘크리트로 만들고 그것을 직선화하는 공사가 있다. 이런 일은 아마 서양에서 먼저 시작했는데 이것을 아무런 생각 없이 그대로 받아들여 시행함으로써 엄청난 착오를 되풀이하고 말았다. 이러한 일은 그야말로 인간 중심주의적인 발상에서만 나올 수 있는 착오이다. 강이나 하천은 단순히 물만 흘러가는 곳이 아니다. 그곳은 수많은 생명체들이 살아가는 곳이기도 하다. 그것을 인간의 편리를 위해서 마음대로 변형시키는 행위는 죄악이다.

노자의 무위는 바로 이러한 잘못을 저지르는 현대인들에게 가르치는 바가 크다. 제발 너희들 마음대로 생각하고 너희들 마음대로 함부로 하지 마라. 될 수 있으면 더 이상 일하지 말고 가만히 내버려 두어라.

하지만 노자가 말한 무위가 언제나 만병통치약이 되는 건 아니다. 무위로 해야 할 일이 있고 또 그렇게 해서는 안 되는 경우도 있음을 알아야 한다. 현재의 자연파괴와 환경오염 같은 문제는 그냥 가만히 두어서는 해결되지 않는다. 적극적으로 사람들이 나서서 파괴된 자연과 환경을 복구해야만 어느 정도 원래의 모습을 찾을 수 있는 경우가 대부분이다. 이런 때에는 계획적인 사람들의 간섭이 오히려 문제를 보다 잘 해결할 수 있을 것 같다.

예를 들어 산불이 발생하여 숲이 완전히 불타 버렸을 때 어떻게 대처할지를 두고 두 가지 입장을 생각할 수 있다. 그냥 가만히 두어서 다시 숲이 만들어지도록 해야 한다는 주장과 빨리 나무를 많이 심어서 숲이 형성되도록 해야 한다는 주장을 생각할 수 있다. 앞의 입장이 어떻게 보면 노자의 입장과 비슷하다 하겠다. 이러한 방법도 가능하지만 요즘은 대부분 후자의 입장에 따르고 있다. 정말 경제적으로 능력이 안 된다면 어쩔 수 없지만 국가나 사회에 능력이 있다면 숲을 복구하기 위하여 식목을 하게 된다.

이미 파괴되거나 변형된 자연 상태를 원상 복구하는 데는 인위적인 노력이 필요하다. 그리고 자연스러운 상태로 복구하는 데는 상당한 기술도 요구된다. 이러한 노력 없이는 자연을 회복하는 일이 가능하지 않을 뿐더러 오히려 자연을 왜곡하게 된다. 노자의 무위정신도 유용하지만 그것에만 매달리다 보면 다른 것을 놓칠 수 있으니 주의해야 한다.

맺음말

이상에서 노자의 철학과 그의 자연관을 전체적으로 정리하여 보았다. 노자의 자연관은 동양의 자연관을 대표하기 때문에 이에 대한 연구도 상당히 많으리라 짐작하였지만 예상외로 자료가 없었다. 사실 자연관에 관심을 가지기 시작한 것이 그렇게 오래되지 않아서 아직 그 결과물이 축적되지 않은 모양이다. 앞으로 점차 동양의 자연관에 관심을 갖는 연구자들이 많아지면 노자의 자연관에 대한 연구도 보다 활발해지리라 기대가 된다.

노자의 자연관은 동양의 자연관을 대표하는데, 자연과의 대립을 피하고 자연에 순응하는 삶이 가장 바람직하다고 가르쳤다. 이러한 노자의 자연관은 서양의 자연관과는 뚜렷하게 차이가 난다. 서양의 자연관에서는 자연과 인간을 분명하게 가르고 자연을 극복의 대상으로, 이용의 대상으로 생각한다. 이러한 서양의 자연관이 결국 현대의 환경문제와 자연파괴의 결과를 가져왔다고 보는 사람들이 많다.

실제로 서양의 과학과 기술이 심각한 자연파괴와 환경오염의 주범임은 틀림없다. 인류는 지금 과학기술의 부작용인 환경오염과 자연파괴와 전쟁을 하고 있다. 보다 잘살기 위해서는 과학기술이 필요한데, 그것을 발전시키면 시킬수록 그만큼 더 심한 환경오염과 자연파괴가 발생해서 인간에게 피해를 준다. 지금까지는 물론 이익이 손해보다 많았기 때문에 과학기술을 포기할 수가 없었다. 그러나 문제는 지금은 이득이 많을지 모르지만 다음 세대에게는 손해가 더 많다는 점이다. 아버지는 돈을 빌려서 잘 먹고 잘살았지만 자식은 엄청난 부채를 유산으로 물려받은 경우와 똑같다.

지금 인류는 땅속에 묻힌 석탄과 석유를 아무런 죄의식 없이 마구 쓰고 있다. 그것을 다 쓰고 나면 그 다음에는 어떻게 할지에 대해서는 별로 생각하지 않는다. 다음 세대는 다음 세대가 알아서 하라는 식이다. 후손을 위해서 석유를 만들어 땅속에 묻어도 후손들이 잘살 수 있을지 모르는데 그것을 다 써버리고 있으니 안타까운 일이다. 현재의 과학기술이란 결국 인류가 가지고 있는 자원을 빨리 써버리는 방법일 뿐이다. 그래서 과학기술의 발전은 지구의 자원을 갈수록 빠른 속도로 소비하도록 만들고 있다.

이러한 상황에서 자연에 순응하라고 가르치는 노자의 가르침은 하나의 유력한 대안이 될 수 있다. 여기 두 사람이 있다고 가정해 보자. 한 사람은 빚을 얻어서 흥청망청 돈을 쓰면서 살고, 또 한 사람은 자기가 번 돈으로 근검절약하면서 살고 있다. 지금 당장에는 빚을 얻어 화려하게 사는 사람의 모습이 좋게 보일지 모르지만 인생의 끝은 결코 좋을 수가 없다. 근검절약하면서 사는 사람은 현재는 조금 힘들지 모르지만 나중에 여유 있게 살 가능성이 더 많다. 노자의 가르침은 근검절약하면서 인생을 사는 사람의 인생관과 비슷하다.

IX

장자(莊子)의 자연관

Ⅸ. 장자(莊子)의 자연관

도가의 자연관이 현대에 와서 특히 주목을 받게 된 이유는 자연에 순응해야 한다는 간단한 가르침이 무엇보다도 중요하기 때문이다. 자연을 인간과 대립하는 대상으로 간주하고 이용하고 파괴하게 되면 그 피해가 결국에는 인간에게 돌아오게 된다는 사실을 많은 사람들이 알게 되었다. 이것은 자연을 인간과 다른 존재로 생각해서는 안 된다는 것을 잘 보여준다. 실제로 오늘날의 환경오염과 자연파괴는 바로 사람들의 생활에 손해를 주고 건강에도 피해를 입히고 있다.

장자는 이미 2000년 전에 자연과 인간이 둘이 아니라 하나라는 사실을 가르쳤고, 자연의 완전성을 말했으며, 기계사용의 문제점을 지적하였다. 이러한 장자의 자연관은 현대의 환경문제와 자연파괴 등의 문제를 해결하는데 많은 도움을 줄 수 있다. 모두들 단기적인 발전만 생각하지 말고 인류의 미래와 지구 전체를 염려해야 한다.

노자와 장자의 자연관은 인간이 자연에 너무 간섭을 하지 말아야 한다고 가르쳤다. 이 자연관에 따르면 자연의 형태를 훼손하지 말고, 개발을 최소화하며, 잘 보존해야 한다. 사실 장자는 간섭하지 말라는 의미로 무위(無爲)를 말했지만 무위(無爲)를 위한 유위(有爲)는 필요하다 하겠다. 다시 말해서 간섭하지 않으려면 상당한 노력이 필요하다.

예컨대 특정한 지역을 정해서 그곳을 보호하기 위하여 사람들의 출입을 막는다면 그곳의 자연은 원래 상태로 회복이 되겠지만 그 보호구역에 들어가지 않는 데는 사람들의 상당한 노력이 필요하다. 그곳에 나무들이 많아지고 귀한 약초들이 생기고 동물들도 많이 나타난다면 사람들은 그곳에 들어가고 싶은 마음이 생기게 된다. 이 유혹을 물리치는 데는 상당한 노력이 필요하고 정부에서 처벌을 하지 않는다면 잘 시행되지 않는다.

결국 장자의 무위는 유위를 전제하지 않을 수가 없다. 그래야만 우리는 장자의 사상을 현대의 심각한 자연문제와 환경문제를 해결하기 위한 좋은 방법으로 활용할 수 있다. 장자의 무위를 말 그대로의 무위로 생각하게 되면 자연파괴와 환경오염 등의 문제를 해결하는 데 도움을 줄 수 없다.

1. 만물의 발생

노자는 만물의 근원에 대하여 "천하의 만물은 有에서 생겨나고, 유는 無에서 생겨난다."[1]고 말했고, 또한 "道는 일(一)을 낳고, 일은 이(二)를 낳으며, 이는 삼(三)을 낳고, 삼은 만물을 낳는다."[2]라 말하기도 했다. 여기서 無는 바로 道를 말하니, 만물의 근원은 곧 道이다. 그러나 여기서 도는 개별적인 사물이 아니고 인식이 되는 존재도 아니기 때문에 무(無)라고 표현하였다. 道가 일(一)을 낳는다고 했는데, 이 일(一)이 무엇을 말하느냐에 관해서는 여러 가지 해석들이 있다.

풍우란(馮友蘭)은 그의 『중국철학사신편』에서 일(一)을 기(氣)로 해석하고, 이(二)를 음양(陰陽)으로, 삼(三)을 음기와 양기가 화합한 기(和氣)로 해석하였다.[3] 이것은 그가 『중국철학사』에서 해석한 내용과는 상당히 달라

1) 『道德經』40장, "天地萬物生於有, 有生於無"
2) 『道德經』42장, "道生一, 一生二, 二生三, 三生萬物."

서 우리의 관심을 끈다. 『중국철학사』에서는 일(一)을 태일(太一)로, 이(二)를 천지(天地)로, 삼(三)을 음기(陰氣)·양기(陽氣)·화기(和氣)로 해석했었다.[4] 이 두 가지 해석 사이에는 차이가 많지만 나중에 나온 『중국철학사신편』의 해석이 그의 결론이 되겠다.

만물의 근원에 대한 장자의 설명을 보면 대체로 풍우란이 『중국철학사신편』에서 해석한 노자의 사상과 같다. 먼저 『장자』 「천지편」에는 "태초에는 무(無)만 있었고 유(有)가 없었기 때문에 이름도 없었다. 이 무에서 일(一)이 생겨났다. 이 일이 나타나 있지만 아직 형태는 나타나 있지 않았고 만물은 그 일(一)을 얻어 생겨났으니 이것을 덕(德)이라 한다."[5]는 설명이 나온다. 여기서도 풍우란은 무(無)를 도(道)로, 일(一)을 정기(精氣)로 해석하였다.[6]

도(道)가 보이지 않는 세계라면 기(氣)는 보이는 세계라고 할 수 있다. 그래서 도는 현실세계의 배후를 설명할 때 사용하는 개념이고, 기는 현실세계를 설명할 때 사용하는 개념이다. 중국인들이 기(氣)라는 개념으로 세계를 설명한 역사가 매우 오래되었음을 우리는 여기서도 볼 수가 있다. 기(氣)가 나오면 음양(陰陽)이 나오지 않을 수 없다. 그래서 『도덕경』의 이(二)를 음양(陰陽)으로 해석하는 데는 별로 다른 의견이 없는 것 같다.

『장자』에서는 세계의 생성과 변화를 설명할 때는 기와 음양이라는 개념을 주로 사용하고 있다. 이것을 보면 당시에 이미 기와 음양으로 세계를 설명하는 방식이 일반화되었음을 알 수 있다. 『장자』 「전자방편」에 나오는 노자의 말에 이것이 잘 나타나 있다.

> 대체로 지극한 음기(陰氣)는 고요하고 차며, 지극한 양기(陽氣)는 밝고 더운 것이오. 고요하고 찬 음기는 땅에서 나오고, 밝고 더운 양기는 하늘에서 생기는 것이오. 이 두 가지 기(氣)가 서로 섞이고 서로 왕래하여 화합하면 거기

3) 馮友蘭, 『中國哲學史新編』 第二冊, (北京: 人民出版社, 1992), p. 50.
4) 풍우란, 『중국철학사』상, 박성규 옮김, (서울: 까치, 1999), pp. 285~286 참조.
5) 『莊子』 「天地篇」, "泰初有無, 無有無名, 一之所起, 有一而未形. 物得爲生謂之德."
6) 馮友蘭, 『中國哲學史新編』 第二冊, p. 128 참조.

에서 만물이 생기오. 이러한 현상(現象)은 무엇인가가 있어서 주관(主管)하는 듯하지만 그 모습은 눈으로 볼 수가 없소. 천지의 사계절에는 소멸(消滅)과 소생(蘇生)이 있고, 만물에는 무성함과 공허(空虛)함이 있으며, 어둠과 밝음이 있으며, 해와 달의 교체(交替)가 있어서 하루도 쉬지 않고 진행되지만, 그 조화(造化)의 공을 알아볼 수가 없는 것이오. 만물의 발생은 아무것도 없는 상태에서 싹트고 그 종말은 다 흩어져 아무것도 없는 상태로 돌아가는 것이오. 이리하여 사물의 시작과 끝이 한없이 되풀이되어 다하는 일이 없는 것이오. 이러한 道를 제외하고 달리 무엇이 만물의 근원이 될 수 있겠소?[7]

이 내용은 노자와 장자의 세계관을 잘 보여주고 있다. 만물의 근원인 도는 인식이 불가능하고 말로 나타낼 수도 없다. 음과 양의 두 가지 기가 생겨나고 이것들의 화합에 의하여 만물들은 생성된다. 계절의 변화와 우주의 변화도 모두 이 두 가지 기의 작용일 뿐이다. 음양의 조화와 화합에 의하여 생성된 만물들은 다시 소멸하여 무의 상태로 되고 이것은 다시 새로운 생성을 반복하게 된다.

여기에는 도(道)에서 음양의 기가 어떻게 나오는지에 대해서는 자세한 설명이 없고 바로 하늘과 땅에서 양기와 음기가 나온다고 해서 하늘과 땅이 생기는 과정에 대한 내용은 생략이 되어 있다. 하늘은 양기를 대표하고 땅은 음기를 대표하고 있기 때문에 사실은 하늘과 땅이 바로 양기이고 음기이라고 할 수 있다. 그러나 하늘과 땅 사이에 존재하는 만물의 발생을 설명하려고 하면 하늘과 땅의 작용을 언급하지 않을 수 없다. 하늘은 양이니 아버지라고 할 수 있고, 땅은 음이니 어머니라고 할 수 있다. 그 사이에 있는 만물은 모두 이 아버지와 어머니의 자식과 같은 존재이다. 하늘과 땅 사이에 존재하는 만물은 생성과 소멸을 반복하지만 하늘과 땅은 금방 사라지는

7) 『莊子』「田子方篇」, "至陰肅肅, 至陽赫赫, 肅肅出乎天, 赫赫發乎地. 兩者交通成和, 而物生焉. 或爲之紀, 而莫見其形. 消息滿虛, 一晦一明, 日改月化, 日有所爲, 而莫見其功. 生有所乎萌, 死有所乎歸, 始終相反乎無端, 而莫知乎其所窮. 非是也, 且孰爲之宗."

만물들과는 다르게 오래간다.

사람도 만물 가운데 하나로서 이러한 자연의 거대한 흐름에 동참하고 있다. 만물이 음기와 양기의 화합에 의해서 생겨났듯이 사람도 마찬가지로 생겨났다. 여기에 대한 설명은『장자』「지락편」에 잘 정리되어 있다. 장자의 아내가 죽었을 때 혜자(惠子)가 문상을 갔는데 장자는 두 다리를 뻗고 앉아서 물동이를 두드리면서 노래를 부르고 있었다. 그래서 혜자가 너무 지나치지 않느냐고 따지자 장자는 이렇게 대답을 한다.

> 그렇지 않다네. 아내가 처음 죽었을 때 내가 어찌 슬퍼하지 않았겠는가? 그러나 아내가 태어나기 이전의 처음을 살펴본다면 원래 생명이 없었네. 생명이 없었을 뿐만 아니라 본래는 형체도 없었네. 형체가 없었을 뿐만 아니라 본래는 氣도 없었네. 흐릿하고 아득한 사이에 섞여 있다가 변해서 기가 생기고 기가 변해서 형체가 생기고, 형체가 변해서 생명이 갖추어진 것이네. 그것이 지금 또 바뀌어 죽음으로 간 것일 뿐이네. 이것은 춘하추동의 네 계절이 번갈아 운행하는 것과 같네. 그 사람은 바야흐로 천지라는 거대한 방에서 편안히 자고 있을 뿐이네. 그런데 내가 큰소리로 따라서 운다면 나 스스로가 天命에 통하지 못한 것 같아서 우는 것을 그쳤네.[8)]

깨달은 사람이 볼 때 삶과 죽음은 기의 모임과 흩어짐에 불과하다. 그러니 삶을 좋아하고 죽음을 슬퍼할 이유가 없다. 이것은 구름이 생겼다가 바람이 불어서 구름이 흩어지는 현상과 같고, 안개가 생겼다가 사라지는 현상과 마찬가지일 뿐이다. 인간의 좁은 눈으로 생사를 보지 말고 우주 전체의 관점에서 생사를 보라는 말이다. 자연의 흐름에 완전히 자신을 맡기고 유유자적하는 장자의 모습을 상상할 수 있다.

우리는 장자의 이 이야기를 통해서 사랑하는 아내의 죽음에 대한 슬픔과

---

8)『莊子』「至樂篇」, "不然. 是其始死也, 我獨何能無槩然. 察其始, 而本無生. 非徒無生也, 而本無形. 非徒無形也, 而本無氣. 雜乎芒芴之間, 變而有氣, 氣變而有形, 形變而有生. 今又變而之死. 是相與爲春秋冬夏四時行也. 人且偃然寢於巨室. 而我噭噭然隨而哭之, 自以爲不通乎命. 故止也."

그 죽음을 어쩔 수 없이 받아들여야 하는 인간의 한계를 생각하게 된다. 장자는 이러한 인간의 한계와 슬픔을 극복하고 초월하는 방법을 나름대로 발견한 사람이다. 인간의 삶과 죽음도 결국은 자연의 거대한 흐름의 한 종류일 뿐이다. 이 거대한 자연의 흐름에는 인간만이 느끼는 감정이 존재하지 않는다. 인간의 사유와 감정은 어쩌면 실재하지 않는 허상에 불과한지도 모른다. 역시 장자도 노자와 마찬가지로 참된 세계와 현실세계를 나누고 현실세계에 일어나는 모든 일은 허망하고 또한 일시적인 현상일 뿐이라고 생각했다.

여기서 우리는 장자가 인간과 자연을 구별하는 이원론적인 사유를 거부하였다는 사실을 잘 볼 수 있다. 자연과 인간을 갈라서 인간 중심으로 세계를 바라보는 그런 관점을 장자는 반대하였다. 인간은 거대한 자연의 일부를 이루고 있는 아주 작은 존재에 불과하다. 인간이 중심이 아니라는 사실을 사람들은 직시해야 한다.

> 사해(四海)가 천지 사이에 있는 것을 헤아려 본다면 마치 개미구멍이 큰 못 속에 있는 것과 같지 않은가. 중국이 사해 안에 있는 것을 헤아려 본다면 마치 싸라기가 큰 창고 안에 있는 것과 같지 않은가? 모든 물건의 수를 만물이라고 부르는데 사람은 그중의 하나로 살고 있는 것이네. 그러나 사람도 중국 안의 곡식이 나는 곳이나 배나 수레가 다니는 곳에는 어디에나 있지만, 각 개인은 곧 그중의 하나이네. 이것을 만물에 비하면 마치 가느다란 털끝이 말의 몸에 붙어 있는 것과 같지 않은가.[9)]

실제로 인간은 거대한 자연에 비하면 먼지에 불과한 존재이다. 이러한 존재가 스스로 만물의 영장(靈長)이라고 생각한다면 가소로운 일이다. 인간이 얼마나 자신의 주제를 모르는가? 인간이 생겨난다고 해서 세상이 변하지도

---

9) 『莊子』 「秋水篇」, "計四海之在天地之間也, 不似礨空之在大澤乎. 計中國之在海內, 不似稊米之在太倉乎. 號物之數謂之萬. 人處一焉. 人卒九州穀食之所生, 舟車之所通, 人處一焉. 此其比萬物也, 不似豪末之在於馬體乎."

않고 인간이 사라진다고 해서 또한 세상이 어떻게 되지도 않는다.

장자는 모든 것은 상대적이라고 생각해서 크고 작음에 절대적인 기준이 없다고 말했지만 「추수편」에서 북해의 신 약(若)의 입을 빌려 이 세계 속에서 인간의 위치가 어떠한지를 분명하게 밝히고 있다. 당시에 이와 같이 이 세계의 규모를 크게 생각하고 있었다는 사실이 놀랍다. 이러한 거대한 세계에 비하여 인간의 크기는 너무 작다. 거대한 바다 속에 있는 한 장의 나뭇잎이라고나 할까? 여기서 나올 수 있는 결론은 자신을 내세우지 말고 자연의 질서에 순응하면서 살아야 한다는 자연관이다.

2. 만물일체

장자는 무아(無我)와 무기(無己)를 강조하였다. 그는 개별적인 인간의 유한성과 허무함에 대해서 깊이 생각하였음에 틀림없다. 그런데 사람들은 그러한 유한함과 허망함을 깨닫지 못하고 자신을 내세우고 그것에 집착한다. 그 집착은 결국 고통과 슬픔으로 끝날 수밖에 없다. 개별적인 삶의 유한함과 허망함을 극복하는 방법은 스스로의 위치를 정확히 파악하는 데 있다. 그래서 자신을 고집하지 않고 거기에 집착하지 않아야 한다. 여기서 나온 방법이 바로 장자의 무아(無我)와 무기(無己)의 가르침이다. 유한한 자신에 집착하지 말고 무한한 세계와 자연에 자신을 맡겨라.

이렇게 하면 나는 거대한 자연과 하나가 되어서 무한한 삶을 누릴 수가 있게 된다. 장자는 개별적인 존재들의 차이를 넘어서서 전체를 보라고 가르친다. 개별적인 존재들의 차이는 현상일 뿐이고 도의 관점에서 보면 모든 구분과 차이는 사라지고 만다. 말하자면 개별적인 존재자들의 차이는 실재가 아니라 허상에 불과하다는 생각이다. 진정한 인식은 바로 이러한 무차별적인 세계의 참된 모습을 파악하는 데 있다.

> 사람이 살고 있는 것은 기(氣)가 모여 있는 것으로, 기가 모이면 살고, 기가 흩어지면 죽네. 만약 삶과 죽음이 같은 종류라면 내 또한 어찌 근심하겠는가? 그러므로 만물은 하나인 것이네. 그런데 사람들은 사물의 아름다운 것을 신기하다 하고, 추한 것은 썩어서 냄새가 난다고 하고 있소. 실은 썩어 냄새가 나는 것이 다시 변화해서 신기한 것이 되고, 신기한 것이 다시 변해서 썩어서 냄새가 나게 되는 것이오. 그러므로 천하는 하나의 기로 통한다고 하는 것이오. 성인은 그러기에 하나를 귀하게 여기는 것이오.[10]

삶과 죽음은 엄청나게 서로 다르다고 생각하지만 사실은 기가 모이고 흩어지는 현상에 불과하기 때문에 별로 다르지 않다. 그래서 장자는 삶과 죽음이 같은 종류라고 말하였다. 이것은 삶과 죽음에만 해당되지 않고 이 세상의 모든 것에 적용이 될 수 있다. 그래서 장자는 만물은 하나라고 분명하게 말하였다. 모든 대립과 한계와 차별은 원래 존재하지 않고 모든 것이 하나로 통일되어 있다. 아름다움과 추함의 차이도 절대적이지 않다. 아름다움이 추함이 되고, 추함이 다시 아름다움이 된다. 그런데 어느 것을 아름답다 하고 어느 것을 추하다고 말할 수 있겠는가? 모든 것은 결국 하나라고 장자는 과감하게 주장하였다.

여기서 장자는 기에 대해서 말한다. 실제로 만물은 하나의 기에서 만들어진 개별자들일 뿐이다. 하나의 기가 온갖 서로 다른 사물들을 만들었으니 그 참모습은 동일할 수밖에 없다. 만물이 기로 만들어졌다는 사상은 중국에서 고대부터 이어져 왔다. 모든 것은 동일한 기의 변형에 불과하다는 생각이다. 그러므로 허상에 불과한 차이에 집착하지 말고 참된 통일에 눈을 돌리라고 장자는 가르쳤다. 보통 사람들은 모두 자신만을 주장하고 자신의 이익에 연연한다. 그래서 인간사회에는 갈등과 싸움이 그칠 날이 없다. 장자는 이러한 문제를 해결하기 위해서 자신의 해결책을 내놓았다고 하겠다.

---

10) 『莊子』「知北遊篇」, “人之生, 氣之聚也. 聚則爲生, 散則爲死. 若死生爲徒, 吾又何患. 故萬物一也. 是其所美者爲神奇, 其所惡者爲臭腐. 臭腐復化爲神奇, 神奇復化爲臭腐. 故曰, 通天下一氣耳, 聖人故貴一.”

자연과 인간의 관계도 이와 다르지 않다. 자연과 인간도 원래는 동일한 기에서 나왔으니 서로 다른 존재가 아니다. 동양의 자연관을 대표하는 장자의 자연관은 인간과 자연이 하나라는 관점에서 출발하고 있다. 그러나 처음부터 인간과 자연이 하나라는 사실을 아는 사람은 없다. 최고의 경지가 아니고서는 만물일체를 알 수도 없고 체험할 수도 없다. 이러한 경지에 도달하기 위해서는 자신을 완전히 무화(無化)할 수 있어야 한다. 자신을 완전히 무화하게 되면 모든 상대적인 인식의 차원을 넘어설 수 있다. 이것을 장자는 이렇게 설명하였다.

> 이 세상에 가을 짐승의 터럭 끝보다 더 큰 것이 없고, 태산을 작다고 여길 수도 있다. 어려서 죽은 아이보다 더 장수한 사람이 없고, 팽조를 일찍 죽었다고 여길 수도 있다. 하늘과 땅은 우리와 함께 존재하고 있고, 만물은 우리와 더불어 하나가 되어 있다. 이미 하나인 이상 또 달리 말이 있을 수 있겠는가?[11]

가장 작은 사물을 말할 때 흔히 사용하는 말이 바로 추호(秋毫)이다. 가을에는 겨울을 준비하기 위해서 짐승들의 털이 가늘어지니 그 끝은 더욱 작을 수밖에 없다. 그런데 이제 이 세상에서 추호보다 더 큰 존재는 없다고 말한다면 황당할 뿐이다. 그리고 태산을 작다고 말하는 것도 황당하기는 마찬가지이다. 또한 일찍 죽은 아이가 누구보다도 장수하였다 말하고, 장수하기로 이름난 팽조를 요절했다고 말한다면 전혀 상식적이지 않다.

장자가 이런 말을 한 이유는 단순히 인식의 상대성을 가르치기 위해서가 아니다. 만물일체를 이룬 차원에서는 이미 언어가 필요 없다. 그래서 무엇을 크다고 하거나 작다고 하거나 상관이 없다. 크다고 하는 말도 옳고 작다고 하는 말도 옳다. 이미 하나가 되었기 때문에 비교의 대상도 없다. 인용문의 마지막 문장을 통해서 우리는 장자가 말하고자 하는 뜻을 정확하게 이해할

---

11) 『莊子』「齊物論篇」, "天下莫大於秋毫之末, 而大山爲小. 莫壽乎殤子, 而彭祖爲夭. 天地與我並存, 而萬物與我爲一. 旣已爲一矣. 且得有言乎. 旣已謂之一矣, 且得無言乎."

수 있다. 만물일체의 경지에서는 언어가 필요 없는 차원이다.

언어는 말하는 사람이 있어야 하고, 또한 대상이 있어야 하기 때문에 적어도 둘은 있어야 한다. 만물일체의 차원에서는 전체가 통일되어 오로지 하나만 존재하니 언어가 필요 없다. 그런데 하나라고 말하면 이미 둘이 되어버리고 만다. 그래서 장자는 "그러나 이미 하나라고 말하였으니 말한 바가 없다고 하겠는가? 하나라는 사실과 말이 합쳐 둘이 되고, 이 둘은 나누기 이전의 하나와 합쳐 셋이 된다."[12] 고 말하였다.

만물일체의 경지에서는 언어가 필요 없을 뿐만 아니라 사물 사이의 경계도 사라지고 만다. 여기서는 나와 너의 경계, 인간과 동물의 경계, 인간과 식물의 경계 등이 없어진다. 내가 다른 사람이 될 수도 있고, 인간이 동물이 될 수도 있으며, 인간이 식물이 될 수도 있는 경지이다.

> 옛날에 장주(莊周)가 꿈에 나비가 되었는데, 훨훨 나는 나비는 유쾌하여 장주라는 것을 알지 못했다. 문득 깨어나 보니 분명히 장주였다. 장주의 꿈에 나비가 된 것인지 나비의 꿈에 장주가 된 것인지를 알지 못했다. 장주와 나비는 반드시 구분이 있을 것인데, 이를 물화(物化)라고 한다.[13]

만물일체에 도달한 사람의 경지를 이 우화는 잘 보여주고 있다. 보통 사람들은 꿈과 현실, 나와 나비를 구분하지만 도를 터득한 장자에게는 나와 너의 구별이 없고 만물이 하나로 보인다. 보통 사람은 자신을 고집하고 자신의 육체에 구속이 되지만 만물일체의 경지에 이른 사람은 자신을 고집하지도 않고 자신의 육체에 구속되지도 않는다. 그래서 인간이 되어도 좋고 나비가 되어도 좋다고 여긴다. 장자는 나와 사물들 사이의 경계를 없애고 만물과 융화되어 하나가 되는 경지에 도달해야 한다고 가르쳤다.

---

12) 『莊子』「齊物論篇」, " 既已謂之一矣, 且得無言乎. 一與言爲二, 二與一爲三."

13) 『莊子』「齊物論篇」, "昔者莊周夢爲蝴蝶, 栩栩然蝴蝶也. 自喻適志與. 不知周也. 俄然覺, 則蘧蘧然周也. 不知周之夢爲蝴蝶與. 蝴蝶之夢爲周與. 周與蝴蝶, 則必有分矣. 此之謂物化."

3. 자연의 완전성

보통 사람이 현실세계를 보면 여기에는 모든 사물들이 서로 다르다. 어떤 것은 아름답고 또 어떤 것은 추하다. 어떤 것은 크고 또 어떤 것은 작다. 어떤 것은 깨끗하고 어떤 것은 더럽다. 그래서 사람들은 아름다운 사물을 추구하고 추한 사물을 피하고 싫어한다. 얼굴이 못생긴 사람은 얼굴을 고쳐서라도 아름답게 보이려고 노력을 한다. 키가 작은 사람은 수술을 해서라도 키가 큰 사람이 되려고 한다.

장자는 이러한 현실세계에서 우리가 경험하고 생각하는 차이가 실재하는 게 아니라고 가르쳤다. 도를 터득한 사람이 볼 때 만물들은 모두 동등하여 차별이 존재하지 않는다. 모든 사물들은 각기 고유한 가치를 가진 독립적인 존재로 스스로 이미 완전하다. 그 완전성은 다른 어떤 것과도 비교될 수 없고 또한 바뀔 수도 없다. 소는 소로서 이미 완전하기 때문에 말과 비교될 수 없다. 마찬가지로 철수는 철수로서 이미 완전한 존재여서 그 누구도 대신할 수가 없다. 모든 존재자들은 동등한 자격을 가진 고유한 존재들이다.

> 저 지극히 올바른 사람은 본성(本性)과 천명(天命)의 참모습을 잃지 않는다. 그러므로 발가락이 붙어 있어도 네 발가락이라 생각하지 않고, 손가락이 더 있어도 육손이라 생각하지 않으며 길다고 여분으로 생각하지 않고, 짧다고 부족하게 생각하지 않는다. 그러므로 물오리의 다리가 비록 짧지만 그것을 이어주면 걱정할 것이고, 학의 다리가 비록 길지만 그것을 잘라주면 슬퍼할 것이다. 그러니 본성이 긴 것을 잘라서는 아니 되며, 본성이 짧은 것을 이어주어서도 아니 되며, 근심하고 두려워할 것이 없는 것이다. 생각해 보면 인의란 사람의 참된 모습이 아니다. 저 인덕을 갖춘 사람들이란 얼마나 근심이 많은가![14]

---

14) 『莊子』「駢拇篇」, "彼至正者, 不失其性命之情. 故合者不爲駢, 而枝者不爲跂, 長者不爲有餘, 短者不爲不足. 是故鳧脛雖短, 續之則憂, 鶴脛雖長, 斷之則悲. 故性長非所斷, 性短非所續, 無所去憂也. 意仁義其非仁情乎. 彼仁人何其多憂也."

여기서 장자는 엄지발가락이 둘째 발가락과 붙어 있는 사람과 손가락이 여섯 개인 사람 그리고 오리와 학의 다리를 예로 들어서 만물의 완전성을 설명하였다. 이 세상에 존재하는 모든 사물들은 다 이유가 있고 그렇기 때문에 각기 그 본성에 충실하다고 할 수 있다. 그런데 그것을 어떤 다른 기준에 입각해서 변형하는 일은 그 본성을 손상하고 그 완전성을 파괴하는 행위이다. 발가락이 붙어서 네 개인 사람을 발가락이 다섯 개인 사람과 다르다 하여 그것을 갈라서 다섯 개로 만드는 성형은 본성을 해치는 행위이다. 손가락이 여섯 개인 육손이의 경우도 마찬가지이다. 장자가 볼 때 정상과 기형(畸形)의 구분은 무의미하다.

이것은 오리의 다리와 학의 다리를 비교해서 오리의 다리가 기형이라고 말하는 것과 똑같다. 오리의 다리가 짧은 데에는 다 이유가 있고, 그 자체로 완전하다. 학의 다리도 역시 그러하다. 이제 어떤 사람이 잘못 생각하여 오리의 다리를 좀더 길게 만들어 주고 학의 다리를 조금 짧게 만들어 준다면 그 오리와 학은 살지 못하고 죽게 된다. 그 이유는 오리의 긴 다리와 학의 짧은 다리가 그들의 본성과 맞지 않기 때문이다.

> 남해의 임금을 숙이라 하고, 북해의 임금을 홀이라 하며, 중앙의 임금을 혼돈이라 하였다. 숙과 홀이 어느 날 혼돈의 땅에서 만났을 때 혼돈이 그들을 잘 대접했다. 그래서 숙과 홀이 서로 상의하여 혼돈의 덕을 갚으려 했다. "사람들은 모두 일곱 구멍이 있어 그것으로 보고 듣고 먹고 숨 쉬는데 이 분만 홀로 없으니 시험삼아 뚫어주자." 하고 하루 한 구멍씩 뚫어 7일이 되니 혼돈이 죽고 말았다.[15)]

이 혼돈의 우화는 자연의 완전함을 잘 보여준다. 만물은 그 나름대로 각기 완전하기 때문에 더 보태거나 뺄 필요가 없다. 그런데 그것을 주관적으로 판단하여 부족한 부분을 보태고 남는 부분을 덜어낸다면 오히려 그 완전성

---

15) 『莊子』 「應帝王篇」, "南海之帝爲儵, 北海之帝爲忽, 中央之帝爲渾沌。儵與忽時相與遇於渾沌之地, 渾沌待之甚善。儵與忽謀報渾沌之德, 曰: 人皆有七竅以視聽食息, 此獨無有, 嘗試鑿之. 日鑿一竅, 七日而渾沌死."

이 파괴되고 만다. 그래서 이미 존재하는 어떤 것을 변형하는 일은 모두 잘못되었다고 장자는 주장하였다. 장자의 이 우화는 자연에만 적용되는 게 아니라 존재하는 모든 개별자들에도 적용이 될 수 있다.

이것은 사람의 경우에도 마찬가지이다. 나의 생각이 절대적으로 옳기 때문에 다른 모든 사람들도 나와 같이 생각하고 나와 같이 행동해야 한다고 믿는 사람이 있다. 이러한 사람은 자신만이 옳다고 생각하는 잘못을 저지르고 있으며 남을 자신이 원하는 방향으로 끌고 가려 하는 잘못을 또한 범하고 있다. 어떻게 나와 다른 사람이 나와 같이 생각할 수 있고 나와 같이 행동할 수 있겠는가?

이런 사람들은 자식의 교육에 있어서도 자신의 고집을 관철하려고 애를 쓰게 된다. 아이의 적성이나 능력은 생각하지도 않고 자신이 원하는 방향으로 끌고 가려 한다. 이럴 경우 대부분의 자식들은 자신이 원하지 않는 길을 가게 되어 평생을 불행하게 살거나 부모의 뜻을 거역하여 비뚤어진 길을 가기도 한다.

장자는 제발 모든 것을 가만히 버려두고 간섭하지 말라고 가르친다. 그의 이러한 생각은 무위자연의 사상과 곧바로 연결이 된다. 인위는 지금의 상태를 그대로 두지 않고 변형하려고 하기 때문에 잘못이다. 그리고 무위자연이란 바로 있는 그대로의 상태를 완전하다고 생각하고 가만히 그냥 두려는 태도이다. 장자는 자연과 인위를 이렇게 정의하였다.

> 소나 말에게 네 발이 있는 것을 자연이라 하고, 말의 목에 굴레를 씌우거나 소의 코를 뚫는 것을 인위라고 하는 것일세. 까닭에 인위로써 자연을 없애지 말고, 고의(故意)로 천성을 멸하지 말며, 명리(名利)를 위해서 천성(天性)의 덕을 잃지 말라고 하는 것이네. 삼가고 지켜서 잃지 않는 것을 가리켜 천진(天眞)으로 돌아가는 것이라고 하네.16)

---

16) 『莊子』「秋水篇」, "何謂天, 何謂人. 北海若曰, 牛馬四足, 是爲天. 落馬首, 穿牛鼻, 是謂人. 故曰, 無以人滅天, 無以故滅命. 無以得殉名, 謹守而勿失, 是謂反其眞."

이 인용문에서는 천(天)을 자연으로 번역하였다. 장자가 말한 천(天)은 인위와 반대되는 개념이다. 천은 자연적인 존재를 의미하고 인위적인 작용이 개입되지 않은 상태를 의미한다. 소나 말이 생긴 대로 살아가는 상태를 자연이라 말하고 소에다가 사람들이 굴레를 씌우거나 코를 뚫어 코뚜레를 꿰는 일을 인위라 한다. 소는 이미 그 자체로 완전한 존재인데 거기다가 인간의 목적을 위해서 무엇을 떼어내거나 첨가하는 행위는 본성과 아무런 관계가 없다. 소의 코를 뚫는 일은 소의 본성에 맞지 않기 때문에 소의 본성을 실현하는 데 아무런 도움이 되지 않는다. 장자의 말은 확실히 노자의 생각을 보다 구체적으로 설명하였다.

그럼 사람의 경우는 어떤가? 옷을 입고 수레를 타고 수많은 기계를 사용하면서 살아가고 있다. 장자가 볼 때 인간이야말로 자연 상태로부터 너무나 멀리 벗어나고 말았다. 말하자면 인간은 본성에 맞지 않게 사는 정도가 아니라 아예 그것에 역행하는 삶을 살고 있다. 인간의 문명과 문화가 사실은 모두 본성과는 맞지 않는다. 이것이 바로 인간의 문제이다. 많은 사람들은 이러한 인간의 모습에서 인간의 위대함을 찾고 그것을 찬양하기도 한다. 그러나 과연 그럴까? 장자는 그렇게 생각하지 않았다.

현대의 과학기술도 사실은 인간의 본성을 심각하게 왜곡하는 방향으로 나아가고 있다. 특히 의학기술의 발달은 사람의 질병을 치료하는 단계를 넘어서서 장기를 이식하는 데까지 이르렀다. 질병에 걸려 장기가 고장이 난 사람은 좀더 살고 싶은 마음에 장기이식을 하려고 한다. 그리고 의사들은 장기이식을 통해서 돈을 벌 수 있기 때문에 적극 나설 수밖에 없다. 그런데 장자의 관점에서 보면 이것은 인간의 본성을 심각하게 해치는 일이 된다.

병이 나거나 장기를 쓸 수 없게 되는 것도 어떻게 생각하면 자연스러운 일이다. 그리고 그렇게 된 데에는 다 이유가 있다. 자연 전체의 흐름으로 볼 때 그런 병에 걸릴 만한 이유가 있고 특정한 장기가 손상된 데에도 그 이유가 있다는 말이다. 그런데 이제 장기이식을 통해서 병을 고치는 의료행위는 자연 전체의 흐름을 거스르는 일이 아니겠는가?

4. 기계사용에 대한 경계

자연을 완전한 상태로 보는 장자의 생각은 확실히 맹자의 자연관과는 다르다. 사람들이 인위적으로 자연을 변형하는 이유는 좀더 살기 좋은 환경을 만들기 위해서다. 이것은 곧 원래 자연의 상태가 사람들이 살아가기에 항상 알맞은 곳은 아니라는 말이다. 그래서 살기에 편하도록 하기 위해서 고대부터 사람들은 끊임없이 자연을 변형하여 왔다.

그런데 장자에 의하면 이러한 자연의 변형은 결국 파멸을 몰고 올 뿐이다. 실제로 자연은 수억 년의 시간을 두고서 서서히 변화했고 또 수많은 생물들은 이 자연의 변화에 적응하면서 아주 느리게 진화를 거듭해서 환경에 가장 잘 적응할 수 있는 상태로 변화하여 왔다. 그런데 이러한 진화와 적응을 무시하고 갑자기 환경을 바꾸면 생물들은 심한 충격을 받게 된다. 오늘날의 자연 파괴와 환경오염도 인간은 물론 다른 모든 생물들에게도 심한 충격이 될 가능성이 크다. 장자의 생각은 확실히 오늘을 사는 우리에게 가르치는 바가 분명히 있다.

완전한 자연 상태를 동경하는 그가 생각하는 이상적인 사회란 어쩌면 가장 원시적이거나 거의 동물적인 생활일지 모른다. 인간이 동물적인 생활을 벗어나자마자 인간은 자신들의 종말을 더욱 재촉하고 다른 생물들의 종말도 역시 재촉하고 있다. 인간이 편리를 위해서 기계를 만들면 만들수록 자원의 고갈은 가속화되고 자연의 파괴와 환경오염도 더욱 가속화되기 때문에 결국은 종말을 재촉하고 마는 꼴이다. 이것은 마치 밀폐된 공간의 산소는 한정되어있는데 그것을 빨리 소모하면 할수록 질식을 앞당기는 원리와 같다.

그러므로 우리는 결코 지금의 문명을 좋은 것으로만 여길 수 없다. 무위자연을 강조하는 장자의 생각은 오늘을 사는 우리에게 더욱 가슴에 와 닿는다. 장자가 기계사용을 반대한 이유는 기계가 인간의 본성을 손상할 수 있기 때문이다. 인간이 주어진 본성에 충실하지 않으면 자신의 완전성을 해치게 되고 나아가서 다른 사람과 다른 존재의 완전성까지도 해치게 된다. 각자가 주어진 본성에 충실하게 살아간다면 자연 전체는 그 완전성을 완벽하게 실현할 수 있다.

> 자공(子貢)이 남쪽으로 초(楚)나라를 유람하고 진(晉)나라로 돌아오다가 한수(漢水) 남쪽을 지나며, 한 노인이 마침 밭일하는 것을 보았다. 굴(隧道)을 뚫고 우물에 들어가 항아리를 안고 나와서는 밭에 물을 주고 있었다. 애를 쓰며 힘을 들이고는 있었으나 그 효과는 적었다. 자공이 말하였다.
>
> "여기에 기계가 있으면 하루에 백 휴(畦)의 밭에 물을 줄 수가 있습니다. 힘은 매우 적게 들이고도 그 효과는 큰 것입니다. 선생께서는 그렇게 해 보고 싶지 않으십니까?"
>
> 밭일하던 노인은 고개를 들어 그를 보며 말하였다.
>
> "어떻게 하는 것이오?"
>
> "나무를 뚫어 기계를 만드는데 뒤쪽은 무겁고 앞쪽은 가볍습니다. 뽑아내듯 물을 퍼내는데 그 빠르기가 물이 끓어 넘치는 것 같습니다. 그 기계 이름을 용두레라 합니다."
>
> 밭 갈던 노인은 노여워 얼굴빛이 변하더니 웃으며 말하였다.
>
> "내가 우리 선생님에게서 들은 얘기지만, 기계를 갖고 있으면 반드시 기계를 쓸 일이 생기고, 기계를 쓸 일이 있으면 반드시 기계에 사로잡히는 마음이 생겨나오. 기계에 사로잡히는 마음이 가슴속에 있게 되면 순백(純白)함이 갖추어지지 않게 되고, 순백함이 갖추어져 있지 않게 되면 정신과 본성(本性)이 안정되지 않게 되오. 정신과 본성이 불안정한 자에게는 도(道)가 깃들지 않소. 내가 알지 못하여서가 아니라 부끄러워서 쓰지 않는 것이오."
>
> 자공은 부끄러움에 고개를 숙인 채 잠자코 있었다.[17]

편리함에 취하여 기계를 사용하게 되면 어느 사이에 사람들은 기계의 노예

---

17) 『莊子』「天地篇」, "子貢南遊於楚, 反於晉, 過漢陰. 見一丈人, 方將爲圃畦. 鑿遂而入井, 抱甕而出灌. 搰搰然, 用力甚多, 而見功寡. 子貢曰, 有械於此, 一日浸百畦, 用力甚寡而見功多. 夫子不欲乎. 爲圃者卬而視之曰, 奈何. 曰鑿木爲機, 後重前輕. 挈水若抽, 數如泆湯. 其名爲槹. 爲圃者忿然作色而笑曰, 吾聞之吾師, 有機械者必有機事. 有機事者必有機心, 機心存於胸中, 則純白不備, 純白不備, 則神生不定. 神生不定者, 道之所不載也. 吾非不知, 羞而不爲也. 子貢瞞然慙, 俯而不對."

가 되고 만다. 내가 기계를 지배하는 게 아니라 기계가 나를 지배하게 된다. 장자는 당시에 이미 이것을 알고 있었다. 나의 마음은 온통 기계로 가득차고 만다. 마침내 우리의 본성은 왜곡되고 기계가 우리의 운명을 지배하게 된다.

현대인의 모습을 장자는 이미 2000년 전에 예언하고 있다. 현대인들은 모두 기계의 노예로 하루하루를 살아가고 있다. 그들의 머릿속에는 기계로 가득차 있어서 다른 것이 들어갈 틈이 없다. 이것이 인간의 본성과 얼마나 조화를 이룰 수 있는지는 아무도 생각하지 않는다. 우리는 애써 현실의 문제점들을 외면하려고 하면서 살기 위해서는 할 수 없다는 변명을 할 뿐이다.

인간의 기계사용은 자신의 완전한 본성을 해칠 뿐만 아니라 다른 존재들의 본성을 해치게 된다. 예를 들어 자동차의 사용은 먼저 대기를 오염시키고, 자동차를 위한 수많은 도로는 동식물들의 터전을 없애 버려서 생태계의 파괴를 가져오게 된다. 결국 자동차는 자연의 완전함을 해치는 결과를 가져온다.

그리고 컴퓨터의 사용은 인간생활에 혁명적인 변화를 가져왔지만 이것으로 말미암아 인간은 그 본성에 심각한 손상을 입게 되었다. 밖에서 열심히 뛰어놀아야 할 어린이들이 컴퓨터 앞에서 게임만 해서 신체가 제대로 성장하지 못한다. 현대의 어린이들은 컴퓨터로 말미암아 정서적으로나 신체적으로 피해를 입고 있다. 그 가운데 하나인 컴퓨터 중독현상도 심각한 지경에 이르렀다. 어린이들뿐만 아니라 성인들도 컴퓨터에 중독된 사람들이 많다. 건강한 인간의 본성은 파괴되어 버리고 컴퓨터의 노예로 전락하고 말았다.

기계를 사용하게 되면 인간의 본성이 파괴되고 기계의 노예가 될 뿐 아니라 인간이 기계로 말미암아 악한 일을 저지르게 되는 부작용도 큰 문제이다. 현대에 와서 사람들은 기계가 있기 때문에 과거에는 상상도 할 수 없었던 엄청난 범죄를 저지를 수가 있게 되었다. 전쟁무기들의 발달이 바로 그것을 가능하게 만들어 주었다. 말하자면 기계를 통해서 인간의 능력이 커지면 커질수록 악한 일을 하는 데도 그만큼 능력이 커지게 된다.

> 대저 말이 들에서 생활할 때는 풀을 먹고 물을 마시며, 기쁘면 목을 맞대어

서로 비비대고 성나면 등을 돌린 채 서로 걷어차니, 말의 지혜란 이것뿐이다. 그러나 말에게 멍에를 씌우고 수레의 끌채 끝에 붙들어 매면, 말의 지혜는 둘레를 흘겨보고 멍에를 부러뜨리며 사납게 날뛰어 재갈을 망가뜨리고 고삐를 물어뜯는 데까지 이르게 된다. 그러므로 말의 지혜가 도둑에까지 이르게 한 것은 백락(伯樂)의 죄이다.[18]

원래 말이란 벌판에서 자유롭게 뛰어놀고 풀을 먹으면서 지내는 동물이다. 그렇게 사는 것이 또한 이 동물의 본성이다. 그런 말이 저지를 수 있는 잘못도 사실 별로 없다. 그런데 이제 사람들이 이 동물을 이용하기 위해서 여러 가지 장치를 말에다가 달게 된다. 수레를 끌도록 재갈을 물리고 고삐를 달고 멍에를 씌우게 된다. 수레를 끄는 일이 말의 본성에 맞지 않기 때문에 말은 놀라게 되고 수레에서 빠져나오려고 마구 날뛰게 된다. 그 과정에서 멍에가 부러지고 비싼 수레가 부서질 수 있다. 그렇게 되면 말은 수레를 부순 범죄를 저지른 동물이 되고 만다. 아무것도 모르는 말에게 수레를 끌게 한 일이 결국 말을 도둑으로 만들어 버렸다.

이런 일은 사람의 경우도 마찬가지이다. 기계 때문에 사람들이 범죄를 저지르게 된다. 대표적인 사례가 바로 교통사고이다. 크고 작은 교통사고는 모두 자동차가 없으면 생길 수 없는 일이다. 기계를 사용하게 되면서 대형사고도 많아졌다. 이런 일들은 사람들이 의도하지 않았지만 사람들에게 피해를 주게 된다.

사람들이 기계를 사용함으로써 뜻하지 않게 환경오염과 자연파괴의 잘못을 저지르는 경우도 많다. 자동차를 타고 다님으로써 대기를 오염시키고, 소음을 일으키며, 기름으로 토양을 오염시키기도 한다. 거대한 선박이나 유조선은 바다와 대기를 오염시켜 바다의 식물과 동물들에게 엄청난 피해를 주기도 한다. 마찬가지로 공장에서 거대한 기계를 운행하면 엄청난 환경오염을

---

18) 『莊子』「馬蹄篇」, "夫馬, 陸居則食草飮水, 喜則交頸相靡, 怒則分背相踶, 馬知已此矣. 夫加之以衡扼, 齊之以月題, 而馬知介倪, 闉扼鷙曼, 詭銜竊轡. 故馬之知而能至盜者, 伯樂之罪也."

일으키게 된다. 이런 일은 사람들이 기계를 사용함으로써 뜻하지 않게 저지르는 잘못이라고 할 수 있다.

나아가서 사람들은 기계를 이용하면서 아주 잔인한 일도 쉽게 하게 되었다. 전쟁무기의 발달은 짧은 시간에 대량의 인명을 살상할 수 있게 만들었다. 인간의 본성이 아무리 악하다 할지라도 이러한 현대적인 무기가 없었다면 그렇게까지 잔인한 행동을 할 수는 없었을 것이다. 그런데 인간의 본성이 그렇게 악하지 않음에도 그러한 무기가 있기 때문에 그런 악한 행동도 가능하게 되었다. 커다란 폭탄은 수많은 사람들을 멀리서 보지도 않고 죽일 수 있다. 자신이 직접 보지 않아도 살상이 가능하기 때문에 아무런 죄의식을 느끼지 않아도 된다. 자신이 직접 병아리 한 마리를 죽이지 못하는 사람도 대포에 포탄을 장전하는 일은 얼마든지 할 수 있다. 이 경우 전쟁무기가 인간의 행동을 잔인하게 만든 것이다.

인간이 기계를 사용하는 위험한 사태는 정말 말에게 값비싼 수레를 끌게 하는 경우와 같고, 어린아이에게 총을 쥐어 주는 무모한 행위와 같다. 어쩌면 기계는 신들의 장난감이고 신들의 도구인지도 모른다. 그런데 이제 이러한 신들의 기계가 인간의 손에 들어오게 되었다. 이것은 사람의 도구를 짐승에게 맡긴 꼴이나 마찬가지이다. 그래서 바로 수많은 문제가 일어나고 있고 앞으로 어떤 위험한 일이 벌어질지는 아무도 모르는 상황이 되고 말았다.

맺음말

인간의 삶이 편리해지고 인구가 늘어남에 따라 환경문제와 자연파괴는 어쩔 수 없이 발생하게 된다. 하지만 지금 이 문제는 단순한 상황이 아니라 인류의 생존을 위협하는 심각한 사태이다. 인간에게 이성이 있다면 이 문제의 심각성을 빨리 인식하고 그 문제의 해결을 위하여 노력을 해야 한다.

이러한 문제와 관련하여 우리는 고대의 위대한 현인들의 말에 귀를 기울일 필요가 있다. 그들은 이미 이천 년 전에 사태의 본질을 꿰뚫어 보고 우리가 어떻게 생각하고 행동해야 하는가에 대한 지침을 주었다. 그 대표적인 지침이 바로 장자의 가르침이라 할 수 있다.

너무 인위적인 행동을 하게 되면 결코 좋은 결과가 나올 수 없다고 가르쳤다. 그저 자연스러운 흐름에 맡기고 그 흐름을 거스르지 마라. 학의 다리를 잘라서도 안 되고, 오리의 다리를 늘려서도 안 된다. 이미 자연이 만든 것에 인위적인 변화를 가하지 마라. 자연은 이미 그 자체로 완전한 상태이다. 자연의 변형은 자연의 파괴를 의미한다. 또한 자연의 파괴는 결국 자신의 파괴와 다름없다.

왜냐하면 인간은 자연과 하나이기 때문이다. 장자는 인간이 자연과 하나일 뿐만 아니라 만물이 모두 한 몸이라고 가르쳤다. 인간과 자연이 한 몸이라는 생각은 서양의 자연과는 상당히 다르다. 이러한 자연관은 자연의 파괴를 원천적으로 막을 수 있는 좋은 대안이 될 수 있다. 자연의 파괴가 자신의 몸을 파괴하는 행위와 같고, 환경의 오염이 자신의 오염이라는 사실을 깨닫게 되면 쉽게 그러한 일을 하지 못한다. 야생동물들을 죽이는 행위가 자기 몸의 일부를 훼손하는 행위와 같다고 생각한다면 함부로 사냥을 하지 않으리라.

장자의 가르침은 전체적으로 무위를 강조하고 있어서 자연을 보호하는 데는 유리하지만 그래도 한계는 분명히 있다. 여러 가지 사정으로 인하여 지금은 자연을 가만히 내버려두기가 여간 어렵지 않기 때문이다. 가만히 내버려둔다는 무위가 결국 의도적으로 자연을 보호하는 일이 되어버렸다. 이것은 자연에 대한 무위가 아니라 유위(有爲)가 분명하다.

그래서 우리가 장자의 가르침을 제대로 실현하려고 하면 그의 가르침을 잘 새겨들어야 할 필요가 있다. 자연의 상태가 어떠하든 언제나 무위로 대해야 한다는 건 아니다. 자연이 최선의 상태를 유지할 수 있도록 지나치게 간섭하지 말아야 한다. 산을 허물고 강을 메우는 일을 삼가고 그곳에서 서식하는 동식물들을 함부로 해쳐서는 안 된다. 이러한 행위는 이미 그냥 내버려두는 소극적인 태도가 아니라 자연을 보호하려는 적극적인 유위의 태도에서 나올 수 있다.

X

『여씨춘추(呂氏春秋)』의 자연관

Ⅹ. 『여씨춘추(呂氏春秋)』의 자연관

『여씨춘추』는 진(秦)나라의 상국(相國)을 지낸 여불위(呂不韋, ? ~ B.C. 235)가 자신의 식객들에게 명하여 지은 책으로 당시의 모든 사상을 총괄하였다. 이 책은 크게 세 부분으로 나누어지는데, 팔람(八覽) · 육론(六論) · 십이기(十二紀) 등이 그것이다. 이 가운데 「십이기」는 『여씨춘추』의 중심이 되는 부분이라고 할 수 있는데, 여기서도 또한 「월령」이 가장 중요한 부분이다. 그런데 이것은 『예기』의 「월령」과 내용이 대체로 같다. 그래서 정현(鄭玄)은 『예기』의 「월령」을 여불위가 편찬한 것이라고 주장하기도 하였다.[1] 풍우란(馮友蘭)도 『예기』의 「월령」을 전국시대의 음양오행가들의 저작으로 보고 있다.[2] 그리고 한나라 때 『예기』에 「월령」을 넣었다고 했다. 풍우란에 의하면 「월령」은 『관자(管子)』의 「유관(有官)」과 『대대예기(大戴禮記)』의 「하소정(夏小正)」을 종합하고 발전시킨 작품이다.

「월령」은 일 년 열두 달 동안 매달 시행해야 할 정령(政令)들을 기록한 것이다. 여기에는 또한 각 달에 일어나는 태양의 움직임과 별의 움직임 그리고 동식물들의 활동과 변화도 잘 서술되어 있다. 나아가서 이러한 자연의 변화에 순응하기 위하여 천자가 행해야 하는 여러 가지 일들도 자세하게 규

---

1) 孫希旦 撰, 『禮記集解』 上, (北京: 中華書局, 1995), p. 3.
2) 馮友蘭, 『中國哲學史新編』 第二冊, (北京: 人民出版社, 1992), p. 304.

정해 놓았다. 「십이기」는 이러한 「월령」을 바탕으로 하여 각 계절의 특성에 맞는 주제들에 관한 글들로 이루어져 있다. 먼저 봄은 만물이 소생하는 계절이기 때문에 양생(養生)에 관한 글들을 여기에 배당하였다. 여름은 성장하는 계절이므로 교육에 관한 글들을 실었고, 가을은 쇠락하는 계절이므로 군대와 전쟁에 관한 글들을 실었고, 겨울은 모든 것이 죽는 계절이므로 여기에는 죽음에 관한 글들을 배치하였다.[3]

「십이기」에는 자연의 변화에 대한 정확한 관찰과 거기에 가장 적절한 삶의 방식들이 잘 기록되어 있다. 특히 농업은 계절의 변화와 가장 밀접하게 연관되어 있기 때문에 계절의 변화에 대해서 특별히 주의를 기울이지 않을 수 없다. 이러한 생활 방식은 더 확대되어서 정치적인 결정에까지 지대한 영향을 미치게 되었다. 그리고 「십이기」는 중국 고대인들의 자연보호 사상을 잘 보여주고 있는데, 이것은 자연의 파괴가 심각한 정도에 이른 오늘날에 더욱 커다란 의미를 지닐 수 있다. 이 글에서는 이와 같은 『여씨춘추』의 자연관을 하늘의 변화, 동식물의 생태, 천자의 생활, 절기와 정치, 절기와 농업, 자연보호 등으로 나누어서 살펴보았다.

1. 하늘의 변화

계절의 변화를 가장 정확히 아는 방법은 해와 별들의 움직임을 관찰하는 것이다. 해와 별들이 일 년을 주기로 동일하게 움직인다는 사실을 이미 고대인들도 잘 알고 있었다. 「십이기」는 달마다 해와 별들이 어떤 위치에 있는지를 자세하게 기록하고 있다. 먼저 맹춘(孟春)은 하력(夏曆)으로 정월을 말하는데, 이때 "태양은 영실(營室)에 있고, 초저녁(昏)에는 삼(參)의 별자리가 南中하고, 새벽(旦)에는 미(尾)의 별자리가 남중한다."[4]고 하였다. 영실

3) 金槿, 『呂氏春秋』「十二紀」, (서울: 민음사, 1995), p. 24 참조.
4) "孟春之月, 日在營室, 昏參中, 旦尾中."

(營室)수는 북방칠수 가운데 하나인 실(室)수와 같은 별자리이고, 삼(參)수는 서방칠수 가운데 하나이며, 미(尾)수는 동방칠수 가운데 하나이다. 정현은 해가 영실에 있다는 것(日在營室)을 해와 달이 영실에서 만난다는 뜻으로 해석하였다.[5] 해와 달은 매달 한 번씩 만나게 되는데 이것을 진(辰)이라고 한다. 1년은 또한 12달로 이루어지니 12진이 있게 된다. 그런데 정현은 영실을 추자(娵訾)와 같은 별자리라고 하였다. 그러나 실수(室宿)는 28수 가운데 하나의 별자리이고, 추자는 12차(次) 가운데 하나의 별자리이다. 실제로 이 둘은 다른 별자리들의 체계이지만 서로 겹치기도 한다. 28수의 별자리와 12차의 별자리들이 겹치는 것을 나열하면 다음과 같다.[6]

	28수(宿)	12차(次)	12진(辰)	月
1	角(각)	壽星(성기)	辰	仲秋
2	房(방)	大火(대화)	卯	季秋
3	尾(미)	析木(석목)	寅	孟冬
4	斗(두)	星紀(성기)	丑	仲冬
5	婺女(무녀)	玄枵(현호)	子	季冬
6	營室(영실)	娵訾(추자)	亥	孟春
7	奎(규)	降婁(항루)	戌	仲春
8	胃(위)	大梁(대량)	酉	季春
9	畢(필)	實沈(실침)	申	孟夏
10	東井(동정)	鶉首(순수)	未	仲夏
11	柳(류)	鶉火(순화)	午	季夏
12	翼(익)	鶉尾(순미)	巳	孟秋

12次에 대해서는 서로 다른 견해가 있는데, 그 하나는 정현이 말하였듯이 매달 해와 달이 만나는 자리를 표시하기 위한 별자리라는 견해이다. 정

5) 孫希旦 撰, 『禮記集解』 上, (北京: 中華書局, 1995), p. 401 참조.
6) 이문규, 『고대 중국인이 바라본 하늘의 세계』, (서울: 문학과 지성사, 2000), p. 70 참조.

현은 12차와 12진을 같은 것으로 보았다. 또 하나는 태양의 위치를 표시한다는 주장이 있다. 태양은 일 년에 하늘을 한 번 도는데 그것을 12등분하면 달마다 어떤 지점에 있는지를 알 수 있다. 이것이 바로 12차라는 견해이다. 손희단은 이 견해를 지지하고 있다.

진준규는 이와는 다르게 세성(歲星), 즉 목성(木星)의 위치를 표시하는 게 12차라고 주장하였다. 목성은 12년을 주기로 하늘을 도는데, 이것을 12등분한 것이 12차라는 의견이다.[7] 또한 그는 12차는 당연히 28수 이후에 성립되었다고 보았다.[8] 하지만 곽개정(郭開貞)은 12차는 12진(辰)에서 나왔으며, 12진이 28수보다 먼저 나왔으므로 12차가 28수보다 먼저 생겼다고 주장하기도 하였다.[9]

「십이기」는 계속해서 "중춘의 달에는 해가 규(奎)수에 있고, 초저녁에는 호(弧)수가 남중하고, 새벽에는 건성(建星)이 남중한다."[10]고 하였다. 규(奎)수는 서방칠수 가운데 하나이다. 호(弧)수는 남방칠수 가운데 하나인 정(井)수 근처에 있는 별자리이고, 건성(建星)은 두(斗)수 근처에 있는 별자리이다. 그러나 진준규는 호(弧)수를 남방칠수의 하나인 귀(鬼)수와 같은 별로 보았다.[11] 보다 정확하게는 귀(鬼)와 호(弧)는 다른 별이고 서로 가까이 있는 별자리이다.

"계춘의 달에는 해가 위(胃)수에 있고, 초저녁에는 칠성(七星)이 남중하고 새벽에는 견우(牽牛)가 남중한다."[12]고 하였다. 위(胃)수는 서방칠수 가운데 하나이고, 견우(牽牛)는 북방칠수 가운데 하나인 우(牛)수를 말한다. 맹하(孟夏)에는 해가 필수(畢宿)에 있고, 황혼녘에는 익성(翼星)이 남중하고 새벽녘에는 무녀성(婺女星)이 남쪽 하늘에 남중한다. 중하(仲夏)에는 태양

7) 陳遵嬀, 『中國天文學史』 第二冊, (臺北: 明文書局, 1985), p. 167.
8) 같은 책, p. 176.
9) 같은 책, p. 174 참조.
10) "仲秋之月, 日在奎, 昏弧中, 旦建星中."
11) 陳遵嬀, 『中國天文學史』 第二冊, (臺北: 明文書局, 1985), p. 66.
12) "季春之月, 日在胃, 昏七星中, 旦牽牛中."

이 동정수(東井宿)에 있고, 황혼녘에는 항성(亢星)이, 새벽녘에는 위성(危星)이 각각 남중한다. 일 년 12달 동안 태양의 위치와 초저녁과 새벽에 남중하는 별자리들의 이름을 가지고 표를 만들면 다음과 같다.

월명	해의 위치	초저녁	새벽
孟春(정월)	營室	參	尾
仲春(2월)	奎	弧	建星
季春(3월)	胃	七星	牽牛
孟夏(4월)	畢	翼	婺女
仲夏(5월)	東井	亢	危
季夏(6월)	柳	心	奎
孟秋(7월)	翼	斗	畢
仲秋(8월)	角	牽牛	觜巂
季秋(9월)	房	虛	柳
孟冬(10월)	尾	危	七星
仲冬(11월)	斗	東壁	軫
季冬(12월)	婺女	婁	氐

여기에 나오는 별자리의 이름은 모두 26개이고, 이 가운데 28수에 속하는 별은 24개이다. 28수 가운데 기(箕)·묘(昴)·귀(鬼)·장(張) 등의 별자리가 없고 호(弧)와 건성(建星)이 들어 있다. 진준규와 같이 호(弧)를 귀(鬼)와 같은 별자리로 본다면 「십이기」에는 28수 가운데 25수가 나온다고 할 수 있다.

28수의 기원과 목적에 관해서는 다양한 견해들이 있다. 그리고 28수를 만든 최초의 목적이 무엇이냐에 대해서도 아직까지 서로 다른 의견이 공존하고 있다. 축가정(竺可楨)·전보종(錢寶琮)·하내(夏鼐) 등의 중국학자들은 달의 운동을 관측하기 위해서 만들었다고 주장하였다. 달이 하늘의 한 지점에서 출발해서 같은 지점으로 돌아오는 기간은 약 27.3일인데 이것을 28로 생각해서 28수를 정했다는 것이다. 곧 28수는 매일 밤 달의 위치를 알 필요에서 설정되었다고 보았다. 그러나 각각의 별자리들 사이의 거리가 일정하지 않기 때문에 달의 운동이 정확하게 매일 하나의 별자리에서 다른 별자리로 움직이지 못하는 문제점이 있다.[13]

그래서 신성신장(新城新藏)과 진준규(陳遵嬀)는 달의 위치를 참작하여 태양의 위치를 간접적으로 추정하기 위하여 28수를 설정했다고 주장한다.[14] 태양이 28수 가운데 어떤 별자리에 와 있는지를 알면 그 계절을 알 수 있기 때문이다. 이 방법은 초저녁과 새벽에 별들을 관측하여 태양의 위치를 알아서 계절을 확정하는 방법과는 다르다. 그래서 진준규는 이것을 고대 중국천문학의 커다란 진보라고 평가하였다.[15]

2. 동식물의 생태

해와 별의 움직임과 변화를 보고 계절을 알 수 있지만 보다 쉬운 방법은 우리 주변에 있는 동식물의 생태를 살피는 것이다. 예를 들어 개구리가 봄에 처음 나타나면 대개 경칩(驚蟄)이 있는 양력 3월 6일경이고, 제비가 처음 나타나면 대략 삼짇날인 음력 삼월 초사흗날이다. 이렇듯 동식물의 생태들을 알기만 해도 계절의 변화를 어느 정도 짐작할 수 있다.

『시경』의 빈풍(豳風) 칠월에는 각각의 달에 나타나는 동식물의 생태를 간략하게 서술하고 있는데, 이것은 사람들에게 계절의 변화를 알려주는 중요한 역할을 하였을 것이다. 이 시를 보면 5월에는 매미와 여치가 울고, 6월에는 베짱이가 울며, 7월에는 때까치가 운다고 하였다. 그리고 8월에는 귀뚜라미가 처마 밑에 있고, 9월에는 귀뚜라미가 문 앞에 있으며, 10월에는 귀뚜라미가 침상 밑으로 들어온다고 설명하고 있다.

---

13) 申先甲, 『中國春秋戰國科技史』, (北京: 人民出版社, 1994), p. 69.
14) 陳遵嬀, 『中國天文學史』 第二冊, (臺北: 明文書局, 1985), p. 52.
15) 같은 책, p. 53.

「십이기」에서는 보다 상세하게 각 달에 관찰되는 동식물의 생태를 기록하고 있다. 예를 들어 맹춘기에서는 "동풍이 불어 언 땅을 녹이고, 겨울에 숨었던 벌레들이 움직이기 시작하며, 얼음 밑에 있던 물고기가 얼음 사이로 올라온다. 수달은 물고기를 잡아서 제사를 지내고, 기러기는 북쪽으로 날아간다."[16]라고 하였다. 수달이 물고기를 잡아서 늘어놓고 있는 모습을 보고 옛날 사람들은 수달이 제사를 지낸다고 생각하였다.

정현에 의하면 한나라 때에는 경칩(驚蟄)이 정월에 있었다고 한다. 그리고 우수(雨水)는 2월의 절기였으나, 유흠(劉歆)이 『三統書』를 지으면서 처음으로 우수를 정월에 오게 하고 경칩을 2월의 절기로 만들었다.[17] 지금은 경칩이 양력으로 3월 6일경이라는 것을 알면 「십이기」에서 말하는 내용을 보다 분명하게 이해할 수 있다. 기러기가 북쪽으로 날아가는 모습은 누구나 쉽게 볼 수 있어서 계절의 변화를 보여주는 척도의 역할을 할 수 있다.

중춘기에서는 "이때는 비로소 비가 내리고(雨水), 복숭아와 자두의 꽃이 피고, 꾀꼬리가 지저귀며, 매가 변하여 뻐꾸기가 된다."[18]고 했다. 지금은 우수가 양력으로 2월 19일경으로 경칩보다 앞에 있지만 한나라 때에는 경칩이 먼저고 우수가 다음에 왔다. 여기서 특이한 점은 매가 변하여 뻐꾸기가 된다는 내용이다. 아마 이 시기에 뻐꾸기가 많이 관찰되기 때문에 이런 말을 하였으리라. 이달에 처음 제비가 날아온다. 겨울에 숨었던 벌레들이 모두 깨어나 문을 열고 나오기 시작하는 때도 이달이다.

또한 계춘기에서는 "오동나무가 잎이 피기 시작하여 무성해지고, 두더지가 변하여 메추라기가 된다. 무지개가 나타나기 시작하고 개구리밥이 소생하기 시작한다."[19]고 하였다. 무지개는 양기(陽氣)가 성하면 나타나고, 음기(陰氣)가 성하면 숨어 버린다. 두더지가 변하여 메추라기가 된다는 설명이 조금 특

16) "東風解凍. 蟄蟲始振. 魚上氷. 獺祭魚. 候雁北."
17) 孫希旦 撰, 『禮記集解』 上, (北京: 中華書局, 1995), p. 409.
18) "始雨水. 桃李華. 蒼庚鳴. 鷹化爲鳩."
19) "桐始華. 田鼠化爲鴽. 虹始見. 萍始生."

이하다. 이것도 역시 이때에 메추라기가 많이 보이기 때문에 나온 말일 것이다.

맹하에는 "청개구리가 울고 지렁이가 땅속에서 나온다. 쥐참외가 나오고, 씀바귀가 꽃이 핀다."[20] "냉이와 꽃다지는 말라 죽고, 보리는 추수할 시기에 이르렀다."[21] 보통 여름이 되면 식물들이 왕성하게 자라는 게 일반적인 현상인데, 냉이와 꽃다지는 여름이 되면 오히려 말라죽고, 보리는 추수를 하는 독특한 생태를 보이기 때문에 기록하였다. 꽃다지는 겨자과에 속하는 이년초이다.

중하에는 "사마귀가 나타나고 때까치가 울기 시작하고, 반설(反舌)은 울음소리를 내지 않는다."[22] 반설은 지빠귀과에 속하는 새의 이름으로 다른 새의 울음소리를 잘 흉내낸다. 백 가지 새의 소리를 낼 수 있다고 하여 백설조(百舌鳥)라고도 한다. 또한 "사슴의 뿔이 해체되어 떨어지고, 매미가 울기 시작하며, 반하생(半夏生)이 싹이 나고, 무궁화가 꽃이 핀다."[23]

공영달(孔穎達)은 말하기를 "사슴은 산짐승으로 하지(夏至)에 음기를 얻어서 뿔이 떨어지고 순록은 못에 사는 짐승으로 동지(冬至)에 양기를 얻어서 뿔이 떨어진다. 순록은 陰의 짐승이니 발정을 하면 못에서 노는데, 동지가 되면 음이 바야흐로 물러가기 때문에 뿔이 떨어진다. 陰을 따라서 물러가는 모습이다. 사슴은 陽의 짐승으로 발정을 하면 산에서 노는데, 하지가 되면 陰을 얻어서 뿔이 떨어진다. 陽을 좇아서 물러가는 모습이다."[24]라 하였다. 계하에는 "귀뚜라미가 집 안에 살고, 매는 빨리 나는 법을 배우고, 썩은 풀이 개똥벌레가 된다."[25]

맹추에는 "쓰르라미가 울고, 매는 새를 제사 지낸다."[26] 매가 새를 제사

---

20) "螻蟈鳴. 丘蚓出. 王菩生. 苦菜秀."
21) "靡草死. 麥秋至."
22) "螳蜋生. 鶪始鳴. 反舌無聲."
23) "鹿角解. 蟬始鳴. 半夏生. 木堇榮."
24) 孫希旦 撰, 『禮記集解』 上, (北京: 中華書局, 1995), p. 454.
25) "蟋蟀居宇. 鷹乃學習. 腐草化爲蚈".
26) "寒蟬鳴. 鷹乃祭鳥. 始用刑戮."

지낸다는 말은 매가 새를 잡아놓고 잠시 먹지 않고 있는 모습을 보고 옛날 사람들이 그렇게 생각했다는 의미이다. 중추에는 "기러기가 날아오고 제비가 돌아가며, 여러 새들이 먹이를 갈무리한다."[27] "겨울에 숨은 벌레들은 굴의 입구를 더욱 작게 한다."[28] 『여씨춘추』에는 기러기를 후조(候鳥)라고 했으나, 『예기』에서는 홍안(鴻鴈)이라고 한 것이 다르다.

계추에는 "기러기가 날아오며, 참새가 큰 바다로 들어가서 대합조개가 된다. 국화에 노란 꽃이 피고, 승냥이는 짐승들을 제사하고 잡아먹는다."[29] "이 달에는 초목이 노랗게 변하고 잎이 떨어지니, 나무를 베어서 숯을 만든다. 겨울에 숨는 벌레들은 모두 굴속에 숨고 그 입구를 흙으로 발라 막는다."[30]

맹동에는 "꿩이 회수(淮水)에 들어가서 대합조개가 되고, 무지개가 숨어서 나타나지 않는다."[31] 중동에는 "산박쥐는 울음을 그치고, 범은 교미를 하기 시작한다."[32] 이때에 "향풀이 비로소 나오고, 여정(荔挺)이 나온다. 지렁이는 땅속에 감겨 있고, 순록의 뿔은 떨어진다."[33] 여정(荔挺)은 백합과에 속하는 다년초이다. 계동에는 "기러기가 북쪽으로 향하고, 까치는 집을 짓기 시작하고, 장끼는 까투리를 찾아 울고, 닭은 알을 품는다."[34]

「십이기」에 나오는 동식물의 생태에 대한 간단한 언급은 각 달과 계절의 특성을 잘 나타내 주고 있다. 여기에 기록된 동식물의 생태는 당시 사람들이 가장 흔하게 접할 수 있는 자연현상이었을 것이다. 이러한 동식물의 생태를 알면 계절을 알 수 있고, 농사를 짓는 데도 유용하게 활용할 수 있다.

---

27) "候鳥來, 玄鳥歸, 群鳥養羞."
28) "蟄蟲俯戶."
29) "候雁來, 賓爵入大水爲蛤. 菊有黃華. 豺則祭獸戮禽."
30) "是月也, 草木黃落. 乃伐薪爲炭. 蟄蟲咸俯在穴, 皆墐其戶."
31) "雉入大水爲蜃. 虹藏不見."
32) "鶡鴠不鳴. 虎始交."
33) "芸始生. 荔挺出. 蚯蚓結. 麋角解. 水泉動."
34) "雁北鄉. 鵲始巢. 雉雊雞乳."

3. 천자의 생활과 정치

지상의 모든 생물이 계절의 변화에 따라 변하듯이 천자도 이러한 계절의 변화에 맞추어서 생활하는 것은 매우 중요하다. 특히 여기에는 음양오행사상이 뚜렷하게 나타나 있어서 최고 통치자의 생활에 결정적인 영향력을 행사하였음을 짐작할 수 있다. 「십이기」에서는 맹춘 때 천자가 생활하는 모습을 다음과 같이 규정하였다.

> 이때에 천자는 청양(靑陽)의 왼쪽 방(左个)에서 거처하면서 정령을 시행한다. 난로(鸞輅)를 타고, 청룡 말로써 수레를 끌게 하고, 푸른색 깃발을 세우고, 푸른색의 옷을 입고, 푸른색의 옥을 차고 다니며, 보리와 양고기를 먹는다. 그 쓰는 그릇은 소박하고 바람이 잘 통하는 것이다.[35)]

난로(鸞輅)는 난새 모양의 방울로 장식한 임금의 수레인데, 봄에는 푸른색으로 된 것을 쓴다. 천자가 집무하는 궁전을 명당(明堂)이라고 한다. 주자(朱子)에 의하면 이 궁전은 모두 9개의 방으로 되어 있다. 정전제(井田制)에서 땅의 모양과 같은데, 동쪽의 중앙을 청양태묘(靑陽太廟)라고 한다. 그 방의 오른쪽에 있는 방을 청양우개(靑陽右个)라고 하고, 왼쪽에 있는 방을 청양좌개(靑陽左个)라고 한다. 이 궁전의 남쪽 중앙에 있는 방을 명당태묘(明堂太廟)라 한다. 이 방의 왼쪽에 있는 방을 명당좌개(明堂左个)라 하고, 오른쪽에 있는 방을 명당우개(明堂右个)라 한다. 궁전의 서쪽 중앙에 있는 방을 총장태묘(總章太廟)라 한다. 그 방의 왼쪽에 있는 방을 총장좌개(總章左个)라 하고, 오른쪽에 있는 방을 총장우개(總章右个)라 한다. 궁전의 북쪽 중앙에 있는 방을 현당태묘(玄堂太廟)라 한다. 이 방의 왼쪽에 있는 방을 현당좌개(玄堂左个)라 하고, 오른쪽에 있는 방을 현당우개(玄堂右个)라 한다. 한가운데 있는 방의 이름은 태묘태실(太廟太室)이다.

---

35) "天子居靑陽左个, 乘鸞輅, 駕蒼龍, 載靑旂, 衣靑衣, 服靑玉, 食麥與羊. 其器疏以達."

이때에 청양좌개와 현당우개는 실제로는 같은 방이다. 마찬가지로 청양우개와 명당좌개, 명당우개와 총장좌개, 총장우개와 현당좌개도 같은 방이다. 다만 계절에 따라서 문을 여는 방위가 다를 뿐이다.[36)]

중춘에도 이와 거의 같은 내용의 규정이 있는데, 천자가 청양(靑陽)의 가운데 방에서 거처한다는 내용이 다를 뿐이다. 마찬가지로 계춘에는 천자가 청양의 오른쪽 방에서 거처한다는 내용만 다르다. 봄은 오행으로 목(木)에 해당하고 색깔로는 푸른색이다. 그래서 푸른색의 옷을 입고 푸른색의 깃발을 꽂고 다니는 것이다. 보리와 양고기를 먹는 이유는 이것들이 모두 오행 가운데 목에 속하는 곡식이고 가축이기 때문이다.

「십이기」에는 이와 같이 각 달에 천자가 거처해야 하는 방과 타는 말과 수레 그리고 꽂고 다니는 깃발의 색깔 등에 대해서 자세하게 규정하고 있다. 나아가서 천자가 가지고 다니는 패옥의 색깔과 먹는 음식에 대해서도 오행에 맞게 정해 두고 있다. 이것은 천자의 생활을 자연의 법칙이나 변화와 일치시킴으로써 자연의 질서와 조화롭게 살아가기를 기대한 데서 나온 방법이라 하겠다.

천자는 계절에 따라서 거처하는 곳이 다르고, 입는 옷이 다를 뿐만 아니라 천자가 베푸는 정치 또한 달라진다. 예를 들면 맹춘에 천자는 봄맞이 의식을 마치고 "돌아와서는 조정에서 공·경·제후·대부들에게 상을 준다. 삼공(三公)에게 명하여 덕스러운 교화를 베풀게 하고 금지하는 법령을 완화하며, 포상을 행하고 은덕을 베풀어 아래로 모든 백성들에게 고루 미치도록 한다. 포상과 은택을 베푸는 일을 수행함에 있어서는 부당함이 절대로 없게 한다."[37)]

맹춘에 천자는 아랫사람들에게 상을 주고 백성들에게 은혜를 베푸는 일을 주로 하라고 규정하고 있다. 봄은 모든 생명들이 살아나는 계절이므로 이러

---

36) 孫希旦 撰,『禮記集解』上, (北京: 中華書局, 1995), p. 412.
37) "還, 乃賞公卿諸侯大夫於朝. 命相布德和令, 行慶施惠, 下及兆民. 慶賜遂行, 無有不當. 迺命太史, 守典奉法."

한 계절의 기운에 맞추어 천자도 따뜻한 정치를 해야 한다. 자연의 변화와 인간의 일이 같다고 보고 그 둘 사이에 어긋남이 있어서는 안 된다는 생각이 돋보인다. 실제로 사람도 봄이 되면 기분이 좋고 생기가 나니 하는 일들이 좋은 일이 될 수밖에 없다.

그러므로 "이달에는 군대를 일으켜 정벌을 해서는 안 된다. 군대를 일으키게 되면 반드시 하늘의 재앙이 있을 것이다. 전쟁을 해서는 안 되고, 더더욱 우리가 먼저 시작해서는 안 된다. 하늘의 도리를 어그러지지 않게 하고, 땅의 이치를 끊어지지 않게 하며, 사람의 윤리 기강을 어지럽히지 않게 한다."[38)]

봄은 생명의 계절인데, 이때에 군대를 동원하거나 전쟁을 일으키는 것은 자연의 이치를 거스르는 일이다. 그래서 하늘의 재앙이 있을 것이라고 하였다. 봄에는 생명을 키우고 살리는 일을 해야 하고 생명을 해치는 일을 해서는 안 된다. 그것이 바로 천지자연의 기운과 조화를 이루는 길이다. 실제로 봄에 전쟁을 하게 되면 농사를 망치게 되고, 전염병이 돌아서 커다란 재앙을 초래할 수가 있다. 옛날 사람들은 경험을 통해서 이것을 잘 알고 있었기 때문에 이렇게 분명하게 밝혔다.

군사를 기르고 전쟁을 하는 일이나 죄인들을 벌주는 일은 가을과 겨울에 해야 한다. 그래서 천자는 맹추에 가을맞이 의식을 마치고 "돌아와서는 조정에서 장군과 무사들에게 상을 베푼다. 이때에 천자는 장수들에게 명하여 무사들을 선발하고 병기를 날카롭게 하고, 재주와 슬기가 뛰어난 사람들을 가려 뽑아서 훈련시킨다. 그리고 전공을 세운 자에게 완전히 맡겨서 불의한 자들을 쳐 바로잡게 하며, 포악하고 방종한 자들을 징벌하고, 좋고 나쁨을 밝힘으로써 천하의 먼 나라까지도 따르게 한다."[39)]

가을은 금(金)의 계절이니, 무기를 정비하고 군사를 훈련할 수 있는 시

---

38) "是月也, 不可以稱兵, 稱兵必有天殃. 兵戎不起, 不可以從我始. 無變天之道, 無絶地之理, 無亂人之紀."

39) "還, 乃賞軍率武人於朝. 天子乃命將帥, 選士厲兵, 簡練桀儁; 專任有功, 以征不義; 詰誅暴慢, 以明好惡; 巡彼遠方."

기이다. 가을에는 군사를 선발하고 훈련도 할 수 있다. 또한 정벌을 할 수도 있고, 정의롭지 못한 일을 바로잡을 수도 있다. 군사에 관계되는 일을 가을에다 배정한 이유는 그것이 자연의 이치를 거스르지 않기 때문이다. 가을은 생명력이 쇠퇴하는 계절이라고 할 수 있다. 풀들은 시들고, 나무도 잎이 떨어지게 된다. 그래서 생명을 없애는 일을 가을에 할 수 있다고 허용하였다. 예컨대 나무를 베는 일도 가을이나 겨울에 하도록 명하고 있다.

그리고 맹추에 천자는 "담당 관리에게 명하여 법제(法制)를 정비하고, 감옥을 수리하며, 차꼬와 수갑을 갖추고, 간사한 짓을 금지하며, 죄인에게 신중하게 벌을 주고, 죄인을 잡아들이는 데 힘쓰게 한다. 옥리(獄吏)에게 명하여 심문하면서 생긴 상처를 보고, 창상(創傷)을 살피며, 부러지거나 잘린 부위를 자세히 조사하고, 어느 쪽이 옳은가를 따져 결정함에 있어서는 반드시 바르고 공평하게 하며, 죄 있는 자를 죽임에 있어서는 형 집행을 엄격하게 하도록 한다. 천지에 살기가 감돌기 시작하였으므로, 느슨하게 해서는 안 된다."[40]

가을에는 또한 법령을 정비하는 일이나 감옥을 보수하는 일을 할 수 있는 계절이다. 죄인들을 사형에 처할 수 있는 때도 이 계절이다. 가을은 날씨가 추워지면서 낙엽이 떨어지고 풀들도 죽는 계절이다. 범죄자들의 목숨을 끊는 일도 이러한 계절에 해야 한다. 자연의 기운을 거스르지 않으려는 옛날 사람들의 노력이 돋보인다. 인간의 일과 자연의 일이 둘이 아니라 하나로 연결되어 있다는 생각이 그들의 기본적인 자연관이다.

맹동에 천자는 "사도(司徒)에게 명하여 쌓아둔 물건들을 돌며 살펴서 외부에 방치되는 일이 없도록 한다. 성곽을 보수하고, 성문과 마을 문을 경계하고, 열쇠와 자물쇠를 수리하고, 열쇠를 잘 건사하고, 제후의 토지 경계를 명확히 하고, 변경의 경비를 강화하고, 요새를 정비하고, 관문과 다리의 검문을 철저히 하고, 샛길의 사람 왕래를 금지시킨다."[41]

---

40) "是月也, 命有司, 修法制, 繕囹圄, 具桎梏, 禁止姦, 愼罪邪, 務搏執. 命理, 瞻傷察創, 視折審斷; 決獄訟, 必正平; 戮有罪, 嚴斷刑. 天地始肅, 不可以贏."

41) "命司徒, 循行積聚, 無有不斂; 坿城郭, 戒門閭, 修楗閉, 愼關籥, 固封壐, 備邊

겨울이 되면 모든 것을 잘 감추어야 한다. 가을에 거두어들인 곡식을 창고에 넣어서 눈비에 젖지 않게 해야 하고, 쥐들이 덤벼서 곡식을 먹어치우는 일을 막아야 한다. 거두어들인 곡식을 창고에 보관하면 도둑들이 그것을 훔쳐갈 수 있으니 자물통을 잘 채워두어야 한다. 뿐만 아니라 밖에서 적들이 쳐들어올 수도 있으니 성문을 단속하고 성벽을 보수하지 않을 수 없다. 또한 성문을 잘 경비하여 적들이 들어오는 것을 철저히 감시하여야 한다.

4. 절기와 농업

자연의 절기와 가장 밀접한 관련이 있는 산업은 바로 농업이다. 옛날 사람들이 계절에 대해 유난히 관심이 많았던 이유는 바로 농사를 짓는 일 때문이다. 지금도 농업은 중요한 산업이지만 옛날에는 농업이 무엇보다도 중요하였다. 「십이기」에는 계절에 따라서 천자가 해야 할 일과 농민이 해야 할 일들이 구체적으로 기록되어 있다.

먼저 맹춘에 "천자는 농사를 시작하라고 포고한다. 농정을 맡은 관리에게 동쪽 교외에 머물면서 논밭 경계를 정하고, 논밭 사이의 도랑과 길을 바로잡게 한다. 구릉(丘陵)과 비탈지고 험한 곳, 평평한 지역과 저습한 지역, 그 지형에 적합한 작물을 잘 살펴서 오곡을 심게 농민들에게 가르쳐 주고, 이를 반드시 몸소 실천하게 한다. 토지의 경계와 길이 정해지고, 토지에 알맞은 작물이 결정되면 농민들은 의심하지 않고 농사에만 힘쓸 수 있다."[42)]

이달에 천자는 농사의 시작을 알리고, 농사를 담당하는 관리를 직접 파견하여 농사에 전력하도록 농민들을 독려한다. 관리가 하는 일은 크게 두 가지로 나누어지는데, 그 가운데 하나는 토지의 경계를 분명히 해주는 일이

境, 完要塞, 謹關梁, 塞蹊徑."

42) "王布農事: 命田舍東郊, 皆修封疆, 審端徑術, 善相丘陵阪險原隰, 土地所宜, 五穀所殖, 以教道民, 必躬親之. 田事既飭, 先定準直, 農乃不惑."

다. 토지의 경계에 있는 길이나 도랑을 잘 관리하는 것도 토지의 경계를 분명히 하는 좋은 방법이다. 토지의 경계 때문에 농민들은 싸움을 할 수도 있다. 다른 하나의 일은 농민들에게 토지에 적합한 작물을 가르쳐 주는 것이다. 이 일은 농민들 스스로가 어느 정도 할 수 있지만 그래도 농사일을 담당하는 전문가가 조언을 해주는 게 많은 도움이 될 수 있다.

그리고 중춘에는 "밤과 낮의 길이가 같으므로 이때에 도량(度量)을 바르게 하고, 저울대와 저울추를 고르게 하며, 쌀을 담는 말(斗)과 열 말들이 석(石)을 교량(較量)하고, 저울추와 되를 미는 밀대를 바르게 한다. 이달에 밭갈이하는 자는 잠시 집에서 쉬면서 집안의 문짝을 수리하여 침실과 사당의 문짝들이 모두 갖추어지도록 한다. 큰 사업을 벌여 농사일을 방해해서는 안 된다.[43]

이달에 춘분이 있는데, 이때에 곡식의 양을 측정하는 도구들을 바로잡는다. 무게를 다는 저울을 바로잡는다든지 곡식을 되는 되와 말을 바로잡는 일이다. 이것은 이때가 바로 밤과 낮의 길이가 같은 춘분이 있는 달이기 때문이다. 이러한 도구들의 기준을 일정한 달에 정하도록 함으로써 보다 보편적인 측정 도구를 만들 수 있었다. 그리고 이달에는 농사를 준비하는 달이니 큰일을 벌여 농사에 방해가 되지 않도록 했다는 게 큰 의미를 지닌다.

계춘에는 "잠박과 뽕잎을 담는 광주리 등 누에치기에 필요한 기구들을 준비해 놓고, 후비들은 몸과 마음을 깨끗이 하고는 몸소 동쪽으로 가서 뽕잎을 따는데, 이때에는 아낙네들이 일없이 노는 일이 없도록 한다. 또한 아낙네들의 잡무를 줄여주어 누에치기에 전념토록 권하고, 누에치기가 다 끝나면 고치의 질을 따지고 실의 무게를 달아서 그 성적을 평가한다."[44]

누에를 치는 일은 중국에서 이미 고대시대부터 매우 중요한 산업이었다.

---

43) "日夜分, 則同度量, 鈞衡石, 角斗桶, 正權槪. 是月也, 耕者少舍, 乃修闔扇, 寢廟必備. 無作大事, 以妨農功."

44) "具栚曲蘧筐, 后妃齋戒, 親東鄉躬桑, 禁婦女無觀. 省婦使, 勸蠶事, 蠶事旣登, 分? 稱絲效功, 以共郊廟之服, 無有敢墮."

은대(殷代)에 잠업이나 견직물이 성행했다는 사실은 은허 출토 갑골문(甲骨文)의 기록에 의해서도 충분히 실증된다. 갑골문 중에는 상(桑)·잠(蠶)·사(絲)·백(帛)·건(巾) 등의 문자가 있다는 사실이 그것을 뒷받침하고 있다. 주대(周代)에 이르러서는 견직업이 더욱 발달하여 생산규모가 확대되고, 이에 따라 관리운영제도도 정립되었다. 한대(漢代)에 이르러서는 견직업이 한층 발전하여 산동과 하남 일대를 중심으로 한 중원 지역에서 양잠과 성행하였다.[45] 한나라 때부터 중국 비단은 월지나 흉노의 중계로 로마에 대대적으로 유입되어 사치품으로 큰 인기를 모았다. 당시에 로마 현지에서 비단은 실로 금과 같이 취급되는 고가의 귀중품 중의 귀중품이었다.[46]

맹하에는 "천자가 처음으로 가는 칡베로 옷을 해 입는다. 농사를 담당하는 관리에게 명하여 농촌을 돌면서 농민들을 위로하고 권장하여 농사시기를 놓치는 일이 없게 한다. 사도(司徒)에게 명하여 지방의 현(縣)과 비(鄙)를 두루 순찰하게 한다. 그리고 농민들에게 명하여 농사짓는 일에 온 힘을 기울이게 하고, 도성에 남아 숨어 있는 일이 없도록 한다. 이달에는 맹수를 쫓아서 오곡을 해치는 일이 없게 하고 큰 사냥을 하지 못하게 한다. 이때 농민이 수확한 보리를 천자에게 진상한다."[47]

천자가 처음으로 칡베로 된 옷을 입는다는 것은 여름이 되었음을 말한다. 농사로 바쁜 계절이기 때문에 관리들은 농민들을 독려하고 지도하여야 한다. 이달에는 곡식을 짐승들이 해치는 피해가 없도록 하는 일도 중요하다. 큰 사냥을 천자나 관리들이 해서도 안 된다. 농사일에 방해가 되기 때문이다. 사도(司徒)는 교육을 담당하는 관리이다. 비(鄙)는 오백 가구이고, 현(縣)은 이천오백 가구이다.

중하에 천자는 "관리에게 명하여 백성들을 위하여 산천의 모든 근원에 제

---

45) 정수일, 『실크로드학』, (서울: 창작과비평사, 2000), pp. 242~243 참조.

46) 같은 책, p. 250.

47) "是月也, 天子始絺. 命野虞, 出行田原, 勞農勸民, 無或失時. 命司徒, 循行縣鄙. 命農勉作, 無伏于都. 是月也, 驅獸無害五穀, 無大田獵. 農乃升麥."

사를 지내게 하고, 상제에게 기우제를 크게 지내는데, 이때에는 성대한 음악을 쓴다. 그리고 기내(畿內) 모든 고을에 명하여, 백성들에게 살아서 유익한 일을 한 제후와 육경(六卿)의 혼령에게 기우제를 지내고 오곡이 잘 익도록 기원하게 한다."[48)]

음력 5월은 여름이니 날씨는 덥고 곡식들은 크게 성장하는 때라 물이 많이 필요한 시기이다. 만약에 논농사를 짓는다면 가장 물이 많이 필요한 때가 이달이다. 그런데 간혹 비가 오지 않아서 농민들의 애를 태울 수 있다. 이럴 때는 관리들이 백성들을 위하여 산과 하천에 제사를 지내게 된다. 상제에게 기우제를 지낼 수 있는 사람은 오직 천자뿐이다.

계하에는 "토목 공사를 일으켜서도 안 되고, 제후들을 소집하여서도 안 되며, 군사를 일으키고 백성들을 동원해서도 안 된다. 큰일을 일으켜서 만물을 양육하는 기운을 흔들지 말아야 한다. 명령의 발동으로 농사시기를 범하여 신농(神農)이 하는 일을 방해하지 말아야 한다. 큰물이 넘치는 때이므로, 신농(神農)에게 명하여 들녘을 순찰하는 일을 행하게 한다. 큰일을 일으키면 하늘의 재앙이 있게 된다."[49)]

이때는 농사가 무엇보다도 중요한 시기이므로 토목공사를 해서 농사를 방해해도 안 되고 군대를 일으키거나 군사를 훈련해서도 안 된다. 마찬가지로 전쟁을 일으키는 일은 더욱 할 수 없다. 이런 큰일들을 일으키면 농사를 망치기 때문이다. 그래서 하늘의 재앙이 있을 것이라고 분명하게 밝혔다. 농사를 망치는 게 무엇보다도 커다란 재앙이 아닐 수 없다. 신농(神農)은 원래 농사를 관장하는 신의 이름이지만 후대에 내려오면 농사를 담당하는 관직의 이름으로도 사용되었다.

맹추에는 "농민이 수확한 곡식(穀)을 천자에게 바친다. 그러면 천자는 햇

---

48) "命有司, 爲民祈祀山川百原, 大雩帝, 用盛樂. 乃命百縣, 雩祭祀百辟卿士有益於民者, 以祈穀實."

49) "不可以興土功, 不可以合諸侯, 不可以起兵動衆. 無擧大事, 以搖蕩于氣. 無發令而干時, 以妨神農之事. 水潦盛昌, 命神農, 將巡功. 擧大事則有天殃."

곡식을 맛보는데, 이때에 먼저 종묘(宗廟)에 바친다. 그리고 모든 관리들에게 명하여 거두어들이기 시작하게 한다. 제방을 보수하고, 막아야 할 곳을 세밀히 살핌으로써 홍수에 대비한다. 궁실을 수리하고, 벽과 담장을 중축하며, 성곽을 보수한다."[50]

방각(方慤)은 곡(穀)을 차기장(稷)이라고 하였다. 그에 의하면 맹하의 보리, 중하의 메기장, 중추의 참깨, 계추의 벼를 모두 곡(穀)이라고 불렀다. 오직 차기장(稷)을 곡(穀)이라고 한 까닭은 이것이 오곡의 우두머리이기 때문이다.[51] 작은 공사들을 이달에 하는 이유는 어느 정도 여유가 있기 때문이고, 다가오는 겨울을 대비해야 하기 때문이다.

중추에 천자는 "관리에게 명하여 백성들을 재촉하여 익은 곡식을 거두어들이게 하고, 야채를 저장하는 데 힘쓰게 하며, 월동 식량을 많이 저장하게 한다. 그리고 보리 파종을 권장하여 파종 시기를 놓치는 일이 절대 없게 하며, 혹시 시기를 놓치는 사람이 있으면 벌을 부과한다는 사실에 한점 의심도 없게 한다."[52]

이달에는 추수를 하고 그것을 저장하는 데 힘쓰는 게 농민들이 해야 할 일이다. 그리고 보리를 파종하는 일도 중요하다. 보리는 가을에 씨를 뿌려서 다음해 초여름에 수확하는 곡식이다. 그 파종시기를 놓치게 되면 농사를 망치게 되므로 국가에서 엄격하게 관리하였다.

계추에는 "명령을 거듭 엄하게 하여 높고 낮은 모든 관리들에게 명하되, 거두어들이는 일에 힘쓰지 않음이 없게 함으로써, 천지의 갈무리함과 부합하게 하여 밖으로 흩어지는 것이 하나도 없게 한다. 또한 총재(冢宰)에게 명하여 농사를 거두어 비축하게 하고, 오곡의 조세수입을 정리하고, 황제가 친히 경작하는 적전(籍田)에서 거두어들인 수확은 신창(神倉)에 저장하는

50) "是月也, 農乃升穀. 天子嘗新, 先薦寢廟. 命百官, 始收斂. 完隄防, 謹壅塞, 以備水潦. 修宮室, 坿牆垣, 補城郭."

51) 孫希旦 撰, 『禮記集解』 中, (北京: 中華書局, 1995), p. 469.

52) "乃命有司, 趣民收斂, 務蓄菜, 多積聚. 乃勸種麥, 無或失時, 行罪無疑."

데 이때에는 반드시 공경함과 삼감이 있어야 한다."[53]

총재(冢宰)는 육관(六官)의 우두머리로 지금의 국무총리에 해당하는 벼슬이다. 가을은 거두어들이는 계절이라서 농민들은 추수를 해서 이것을 저장해야 하고, 관리들도 이러한 추수의 일을 관리할 책임이 있다. 뿐만 아니라 관리들은 세금을 거두어들이고, 거두어들인 곡식을 잘 관리하고 저장할 책임이 있다. 그래서 추수의 계절에는 농민이나 관리가 모두 거두어들이는 일에 최선을 다해야 한다. 곡식을 잘 관리하지 못하면 겨울에 물이 들어와 썩을 수도 있고, 불이 나서 타버릴 수도 있으며, 쥐와 같은 동물들이 다 먹어버릴 수도 있다. 특히 제사를 지내기 위하여 신창(神倉)에 보관하는 곡식에 대해서는 더욱 주의하고 조심하지 않을 수 없다.

5. 자연보호

현대사회의 문제들 가운데 가장 심각한 문제가 바로 자연 파괴와 환경오염이다. 이것은 우리가 그동안 자연과 환경문제에 대해서 거의 생각을 하지 않았기 때문에 발생한 결과이다. 그런데 「십이기」를 보면, 중국에서는 이미 2000년 전부터 자연 파괴를 막기 위해서 국가적인 차원에서 노력하였다.

먼저 맹춘에는 "제사 지내는 전례(典禮)를 정비하고, 산, 숲, 강, 못 등에 제사 지내게 한다. 이때에 희생으로 암컷을 써서는 안 된다. 벌목을 금지하고, 새둥지를 엎지 못하게 하며, 애벌레와 새끼 밴 새와 짐승을 잡지 못하게 하고, 갓난 짐승, 날기 시작한 어린 새 등을 죽이지 못하게 하고, 짐승새끼도 잡지 말고 새알도 꺼내지 못하게 한다."[54]

53) "是月也, 申嚴號令. 命百官貴賤, 無不務入, 以會天地之藏, 無有宣出. 命冢宰, 農事備收, 擧五種之要, 藏帝籍之收於神倉, 祗敬必飭."

54) "是月也, 命樂正入學習舞. 乃修祭典, 命祀山林川澤, 犧牲無用牝. 禁止伐木, 無覆巢, 無殺孩蟲胎夭飛鳥, 無麛無卵."

암컷을 희생으로 쓰지 못하게 한 이유는 아마 새끼를 생각했기 때문이리라. 그러나 다른 달에는 다 암컷을 써도 되는데 유독 이달에만 금지한 것이 특이하다. 나무를 베는 일은 낙엽이 다 떨어진 후에 하는 게 좋다. 이것은 나무의 품질을 좋게 하기 위한 방법도 되지만 산림을 보호하기 위한 하나의 방법일 수도 있다. 짐승의 새끼들을 잡지 못하게 하고 알을 채취하지 못하게 한 금지령은 전적으로 동물들의 번식에 지장을 주지 않기 위한 조처이다. 동물들이 잘 번식하도록 하는 일은 그것의 숫자가 줄어드는 사태를 방지할 수 있어서 장기적으로 그것들을 이용할 수 있게 해 준다.

그리고 중춘에는 "이달에는 시내와 못의 물을 빼고 물고기를 잡아서는 안 되고, 저수지의 물을 빼고 흙을 긁어내서도 안 되며, 산림을 불태워서 짐승을 잡아서도 안 된다."[55]고 해서 못이나 수로의 물을 빼서 고기를 잡는 일을 금지하였고, 산에 불을 질러서 짐승을 잡는 행위도 금지하였다. 못이나 수로의 물을 빼서 고기를 잡는 것은 가장 잔인한 방법이라 할 수 있다. 특히 그 시기가 번식기라면 더욱 나쁜 행위가 될 것이다. 왜냐하면 무차별적으로 고기를 잡아서 완전히 씨를 말리기 때문이다. 산에 불을 질러서 짐승을 잡는 것도 아주 잔인한 사냥법이다. 이러한 방법으로 고기를 잡거나 사냥을 하는 것의 폐단을 이미 알고서 그것을 금지하였으니 고대인들의 지혜에 새삼 감탄할 뿐이다.

계춘에는 "사냥을 위한 그물과 새를 잡는 그물 그리고 몸을 숨기는 방패, 짐승을 잡기 위한 독극물 등을 아홉 성문으로 절대 갖고 나가지 못하게 한다."[56]고 규정하였다. 이때는 새와 짐승들이 새끼를 낳고 젖을 먹이는 시기이므로 사냥을 전적으로 금지하였다. 사냥을 하지 않을 수는 없지만 특정한 계절은 그것을 금함으로써 동물들의 번식에 지장을 주지 않으려는 세심한 배려가 돋보인다. 이러한 동물에 대한 국가적인 배려가 결국 일반인들의 의식을 바꿀 수 있다.

---

55) "是月也, 無竭川澤, 無漉陂池, 無焚山林."
56) "田獵罼戈, 罝罘羅網, 餧獸之藥, 無出九門."

우리나라도 60년대까지만 하더라도 겨울 들판을 기러기들이 까맣게 뒤덮었고, 처마 밑에는 여러 쌍의 제비들이 새끼를 치면서 살았으며, 초가지붕 밑에는 참새들이 수시로 드나들면서 새끼를 기르느라 바빴다. 그리고 비가 오면 마당까지 미꾸라지들이 기어 올라올 정도로 물고기가 많았다. 마을 가운데 있는 미나리 논에는 온갖 곤충들의 집합소로 아이들은 다른 장난감이 필요가 없었다. 불과 몇 십 년 만에 우리의 환경은 완전히 죽어버렸다. 조금 과장하면 남은 동물은 오직 사람뿐이고 다른 것들은 모두 사라져 버렸다.

계하에는 "이달에는 수목이 바야흐로 무성해지므로, 우인(虞人)에게 명하여 산에 들어가 돌아다니며 나무를 감시하여, 이를 베는 일이 절대로 없게 한다."[57]고 해서 벌목을 금지하였다. 나무를 잘 가꾸는 일은 여러 가지로 중요하다. 나무는 그만큼 다양하게 생활에 이용할 수 있는 중요한 자원이기 때문이다. 목재로 사용할 수도 있고, 땔감으로 사용할 수도 있으며, 홍수를 막아주는 역할도 하는 게 나무이다. 그리고 옛날에는 각종 생활용품들을 대부분 나무로 만들었으므로 나무가 없는 세상은 요즘으로 말하자면 석유가 없는 세상과 같다. 이렇게 중요한 나무를 보호하고 관리하는 일은 무엇보다도 우선되어야 한다. 나무를 보호하는 방법으로는 될 수 있으면 벌목을 줄이고 벌목을 하더라도 특정한 계절에 한정하는 규제 등이 있다.

맺음말

이상에서 우리는 『여씨춘추』의 자연관을 「십이기」를 중심으로 살펴보았다. 「십이기」에서 중심을 이루는 내용은 「월령」인데, 여기서 가장 먼저 나오는 것이 바로 천문에 대한 내용이다. 계절의 변화에 따라 하늘의 해와 달 그리고 별들의 위치가 달라지기 때문에 고대인들은 하늘을 관찰하여 계절의 변화를

57) "是月也, 樹木方盛, 乃命虞人入山行木, 無或斬伐."

보다 정확하게 파악하려고 노력했다. 이것이 결국 천문학의 발달로 나타났다.

계절의 변화는 하늘에만 나타나는 게 아니고 지상에 있는 동식물들의 생태를 통해서도 잘 드러난다. 그래서 동식물의 생태를 잘 관찰하면 계절의 변화를 알 수 있어서 농사를 짓는 데 도움을 받을 수 있다. 모든 생활의 기준을 자연의 변화에다가 맞추는 것이 바람직한 삶의 방식으로 알고 있던 사람들은 주변에 있는 동식물들의 활동을 자세히 관찰할 수밖에 없었다.

「십이기」에 나타나는 자연관은 우리가 일반적으로 동양의 자연관이라고 이해하는 것을 잘 보여주고 있다. 자연에 대한 적극적인 태도보다는 자연에 순응하려는 태도가 뚜렷하게 나타나 있다. 이러한 생각은 먼저 천자의 생활에서부터 정치와 농업에 이르기까지 철저히 적용이 되었다. 천자는 계절의 변화에 의식주를 맞추어서 생활해야 한다고 「십이기」는 규정하고 있다. 마찬가지로 천자의 정치에 있어서도 계절에 맞는 정치를 해야만 한다. 봄에는 상을 주는 일을 하고 가을에는 벌을 준다든지 전쟁을 하여야 한다. 봄은 생명의 계절이고 가을은 쇠퇴하는 계절이기 때문이다.

「십이기」의 내용 가운데 우리에게 가장 교훈적인 부분은 역시 동식물의 보호와 관리에 대한 규정이다. 실제로 고대인들의 동식물에 대한 보호정신이 어느 정도였는지는 알 수 없다. 그러나 「십이기」에는 매우 엄격하게 동식물들을 보호하라고 요구하고 있다. 이러한 동물에 대한 배려는 지금도 잘 이루어지지 못하고 있다. 그래서 「십이기」에 나오는 자연보호의 정신은 오늘날 더욱 절실히 필요하다.

XI

『회남자(淮南子)』의 자연관

XI. 『회남자(淮南子)』의 자연관

『회남자(淮南子)』는 전한(前漢)의 회남왕 유안(劉安)이 여러 학자들의 도움을 받아 편찬한 책이다. 원래 이 책은 내서(內書) 21편, 외서 33편으로 되어 있었으나 외서 33편은 없어지고 지금은 내서 21편만 남아 있다. 이 책의 내용은 도가사상이 주를 이루지만 유가 · 법가 · 음양가 등의 학설도 함께 들어 있어서, 사람들은 잡가로 분류하였다. 실제로 『회남자』는 당시의 모든 사상과 지식을 종합 · 정리한 백과사전과 같은 성격을 지니고 있다. 이러한 지식의 종합은 한(漢)나라 초기의 사상을 대표하는 것으로서 한의 통일국가를 배경으로 이루어졌다. 이와 비슷한 성격을 가진 책으로는 진시황 때 여불위(呂不韋)가 편찬한 『여씨춘추』가 있다.

『회남자』의 종합적인 성격은 천문 · 지리 · 동물 · 식물 등에 대한 설명에도 잘 드러나고 있다. 자연에 대한 당시의 모든 지식이 실려 있기 때문에 이 책은 전한시대 중국인들의 자연관을 잘 보여준다. 특히 「천문훈」 · 「지형훈」 · 「시측훈」 등에 당시의 자연관을 엿볼 수 있는 자료들이 풍부히 들어 있다. 또한 「시측훈」은 『예기』의 「월령」과 『여씨춘추』의 「십이기」와 그 내용이 거의 같은데 이 부분도 눈에 띄는 부분이다.

여기서는 『회남자』의 자연관을 '천지의 개벽', '천지의 모양', '천인감응',

'생물학', '합리적인 자연이용' 등의 주제로 나누어서 살펴보았다. 『회남자』는 우주의 발생에 대해서 다른 책들과는 다르게 상당히 구체적으로 설명하고 있어서 우리에게 중요한 자료를 제공하고 있다. 그리고 우주의 모양과 구조에 대해서도 매우 구체적으로 말하고 있어서 당시 사람들의 우주관이나 자연관을 잘 보여준다. 천인감응은 동중서(董仲舒)의 대표적인 사상이지만 『회남자』에서도 중요한 비중을 차지하고 있다. 이 사상은 통치자에 대한 견제장치라는 데 큰 의미가 있다.

이 책에는 또한 동물을 자세히 관찰하고 그 특성을 정확하게 기술한 내용들과 동식물의 진화에 관한 기록도 있어서 관심을 끈다. 자연의 보호와 관리에 대한 생각도 우리가 눈여겨보아야 할 점이다. 고대인들도 자연을 합리적으로 이용하는 방법을 알았고, 자연을 보호하고 관리하는 것이 사람들의 생활을 윤택하게 할 수 있는 길이라는 사실도 알고 있었다.

1. 천지의 개벽(開闢)

『회남자』에는 이 세계의 시작을 설명하는 몇 가지 내용이 나온다. 먼저 「원도훈」에서는 "무릇 최상의 도는 만물을 만들어내나 자기의 소유로 생각하지 않고 만물들을 이루어 놓지만 주재하려고 하지 않는다."[1]고 말해서 도(道)가 만물의 근원임을 분명히 밝히고 있다. 도는 만물의 근원일 뿐만 아니라 현상세계의 배후에 자리잡고 있으면서 이 세계를 존재하게 하고 움직이게 한다. 이것을 「원도훈」에서는 "산은 이 도로써 높고 못은 이 도로써 깊으며 짐승은 이 도로써 달리고 새는 이 도로써 날며 해와 달은 이 도로써 밝고 별들은 이 도로써 운행하며 기린은 이 도로써 노닐고 봉황은 이 도로써 날아오른다."[2]고 설명하였다. 이러한 내용은 『도덕경』의 10장과 51장

1) 『淮南子』「原道訓」, "夫太上之道, 生萬物而不有, 成化像而弗宰."
2) 『淮南子』「原道訓」, "山以之高, 淵以之深, 獸以之走, 鳥以之飛, 日月以之明, 星

그리고 39장의 내용과 상당히 유사해서 『회남자』의 「원도훈」이 『도덕경』의 정신을 그대로 잇고 있음을 알 수 있다. 하지만 여기에는 세계의 형성에 관한 구체적인 설명은 나오지 않는다.

『회남자』의 「숙진훈」에는 "시작(始)이 있고, 일찍이 시작(始)되지 않았던 때가 있으며, 일찍이 시작되지 않았던 때의 전이 있다. 유(有)가 있고, 무(無)가 있으며, 일찍이 유무(有無)가 없었던 때가 있고, 일찍이 유무가 없었던 때의 전이 있다."[3]라는 『장자』「齊物論」에 나오는 유명한 구절이 실려 있다. 원래 「제물론」의 이 구절은 만물의 시작이나 근원을 따지는 논의는 무한히 소급되기에 의미가 없음을 말한 것이다.

그런데 「숙진훈」에서는 이것을 다시 일곱 단계로 나누어서 각 단계에 대해서 자세하게 설명하였다. 이것은 『장자』에 나오는 내용을 우주와 만물의 발생에 대한 구체적인 설명으로 바꾸어 놓았다. 예를 들어 마지막 구절에 나오는 "일찍이 유무가 없었던 때의 전이 있다(有未始有夫未始有有無者)"를 「숙진훈」에서는 "천지가 구분되지 않고 음양이 갈라지지 않으며 사시(四時)가 나누어지지 않고 만물이 발생하지 않아, 아득히 평정(平靜)하고 그윽이 청징(淸澄)해서 그 형체를 볼 수 없는 것을 말한다."[4]고 해석하였다. 이 문장을 통해서 우리는 「숙진훈」에서는 천지가 먼저 생기고 음양이 다음으로 생겼으며, 사시와 만물이 차례로 생겨났다고 생각했음을 알 수 있다.

「천문훈」에는 우주의 발생에 대한 보다 구체적인 설명이 나온다. 이것은 굴원(屈原)이 쓴 『楚辭』의 「天問」과 함께 우주의 발생을 묘사한 중국 최고의 문헌이라고 할 수 있다. 「천문훈」에 있는 내용은 이렇다.

> 천지가 아직 형성되기 전에는 혼돈 상태였으며 어떤 형상도 없었다. 그래서

歷以之行, 麟以之游, 鳳以之翔."

3) 『淮南子』「俶眞訓」, "有始者, 有未始有有始者, 有未始有夫未始有有始者. 有有者, 有無者, 有未始有有無者, 有未始有夫未始有有無者."

4) 『淮南子』「俶眞訓」, "有未始有夫未始有有無者, 天地未剖, 陰陽未判, 四時未分, 萬物未生, 汪然平靜, 寂然淸澄, 莫見其形."

이것을 태소(太昭)라 했다. 도(道)는 텅 빈 허확(虛廓)에서 시작되었다. 이 허확이 우주를 만들어내고, 우주는 기를 만들어냈다. 기는 한계가 있어, 맑고 가벼운 것은 확산되어 하늘이 되었고, 혼탁하고 무거운 것은 응결되어 땅이 되었다. 맑고 가벼운 기는 쉽게 모이지만, 혼탁하고 무거운 기는 응결되기가 쉽지 않아서, 하늘이 먼저 형성되고, 땅이 그 뒤에 생겼다.

천지의 정기가 서로 합해져서 음양(陰陽)의 기가 되었고, 양기와 음기의 정수가 집중되어 사계절이 되었고, 사계절의 정기가 분산되어 만물이 되었다. 양기의 뜨거운 기가 모여서 불이 되었으며, 화기의 정수가 태양이 되었다. 차가운 음기가 모여서 물이 되었고, 수기(水氣)의 정수가 달이 되었다. 태양과 달의 강렬한 정기가 흩어져서 별이 되었다. 하늘은 일월과 별을 품게 되었고, 땅은 빗물과 먼지를 지게 되었다.[5)]

모든 것이 생겨나기 전에는 아무런 형태가 없었는데, 그러한 존재를 태소(太昭)라 불렀다고 하였다. 왕인지(王引之)는 태소(太昭)는 마땅히 태시(太始)가 되어야 한다고 주장하였다. 그리고 다음에 나오는 "도는 텅 빈 허확(虛霩)에서 시작되었다(道始于虛霩)"라는 문장도 또한 마땅히 "태시가 허확을 낳았다(太始生虛霩)"가 되어야 한다고 했다.[6)] 문장이 이렇게 되어야 실제로 다음에 오는 말과 뜻이 통할 수가 있다. 원래의 문장을 보면 도(道)는 허확에서 시작되었다 말하고 나서 다시 허확이 우주를 낳았다고 해서 앞뒤가 잘 맞지 않는다.

왕인지의 견해를 받아들인다면 태시(太始)는 모든 것의 시작이 되고, 이것이 허확(虛霩)을 낳고, 허확이 다시 우주(宇宙)를 낳고, 우주는 기(氣)를 낳는다. 우(宇)는 공간을 가리키고, 주(宙)는 시간을 가리키니 허확의 단계에서는 아직 시간과 공간조차도 존재하지 않았다. 우주의 상태가 있고

5) 『淮南子』「天文訓」, "天墜未形, 馮馮翼翼, 洞洞灟灟, 故曰太昭. 道始于虛霩, 虛霩生宇宙, 宇宙生氣. 氣有涯垠, 淸陽者薄靡而爲天, 重濁者凝滯而爲地. 淸妙之合專易, 重濁之凝竭難, 故天先成而地後定. 天地之襲精爲陰陽, 陰陽之專精爲四時, 四時之散精爲萬物. 積陽之熱氣生火, 火氣之精者爲日, 積陰之寒氣爲水, 水氣之精者爲月. 日月之淫爲精者爲星辰. 天受日月星辰, 地受水潦塵埃."

6) 劉文典 撰, 『淮南鴻烈集解』 上, (北京: 中華書局, 1989), p. 79.

나서 기(氣)가 생겼다. 왕염손(王念孫)은 기(氣)는 마땅히 원기(元氣)가 되어야 한다고 말했다.[7] 원기는 말하자면 가장 먼저 존재한 기라는 의미일 것이다. 이 원기로부터 공간을 채우고 있는 모든 존재들이 만들어지게 되었다. 기에는 맑은 것과 탁한 것이 있고, 또한 양의 기운과 음의 기운이 있다. 이 두 가지는 기를 설명하는 가장 중요한 특성이라고 할 수 있다.

「천문훈」에 나오는 내용이 자연세계의 시작을 설명하는 것이라면 「정신훈」에 나오는 내용은 인간의 기원에 관한 설명이다. 인간도 자연의 일부이기 때문에 전체적인 내용은 같지만 「정신훈」에서는 보다 간략하게 정리하였다.

> 옛날에 하늘도 땅도 없었을 때는 아무 형상이 없어, 깊고 컴컴하고 흐릿하고 아득하고 까마득하고 휜해서 그것의 실정을 알 수 없었다. 이때에 두 신(神)이 함께 나타나 천지를 건설했다. 하늘은 깊어서 그 끝나는 데를 알지 못하고, 땅은 워낙 넓어 그 멈추는 곳을 알 수 없다.
>
> 다음으로 음양(陰陽)의 두 기(氣)가 나누어지고, 팔극(八極)이 갈라지게 되었다. 강직한 양기와 유순한 음기를 서로 작용시켜 만물을 만들었다. 그때 혼탁한 기는 동물이 되었고, 청순한 기는 사람이 되었다. 그러므로 정신은 하늘의 것이요, 육체는 땅의 것이다.[8]

여기에서는 아무런 형체도 없는 혼돈에서 처음으로 음(陰)과 양(陽)의 두 가지 신(神)이 함께 나타나서 하늘과 땅을 만들었다고 묘사하였다. 이 두 신이 음양의 신이라는 것은 고유(高誘)의 주석에 의한 것인데, 모두들 이 견해를 따르지만 확실한 것은 아니다. 이것을 음양의 신으로 본다면 이때의 신(神)은 인격적인 존재를 의미하는 것이 아니라 음양을 조금 다르게 표현한 것으로 보아야 한다. 신자를 쓴 이유는 그 작용이 오묘해서 사람이 잘

---

7) 같은 곳.

8) 『淮南子』「精神訓」, "古未有天地之時, 惟像無形, 窈窈冥冥, 芒芠漠閔, 澒濛鴻洞, 莫知其門. 有二神混生, 經天營地, 孔乎莫知其所終極, 滔乎莫知其所止息, 於是乃別爲陰陽, 離爲八極, 剛柔相成, 萬物乃形, 煩氣爲蟲, 精氣爲人. 是故精神, 天之有也, 而骨骸者, 地之有也."

알 수 없기 때문이다. 그런데 그 다음의 문장 "孔乎莫知其所終極, 滔乎莫知其所止息"의 해석에 문제가 있다.

국내에서 나온 책들은 이 부분의 번역이 서로 달라서 어느 것이 맞는지 판단하기가 곤란하다. 예를 들어 이석호(李錫浩)의 번역서에서는 "그러다가 이신(二神)이 함께 나타나 천지를 만들어 냈다. 그러나 깊숙하여 그 끝나는 데를 알지 못하고 매우 커서 그 멈추는 곳을 알지 못했다."[9]고 번역하였다. 이 글에서 깊숙하고 매우 큰 것의 주어가 두 가지 신인지 아니면 천지인지가 분명하지 않다. 안길환(安吉煥)의 번역서에서는 "두 신(神)이 혼연일체가 되면서 나타나 천지를 창조하기 시작했다. (그 만드는) 방법은 너무나 깊어서 언제 끝이 날지 알 수가 없고 광막(廣漠)하여 언제 끝이 보일지도 알 수가 없었다."[10]고 해서 깊고 큰 것의 주어가 천지를 창조하는 방법이라고 보았다. 서유원(徐裕源)은 그의 책에서 이 부분을 "이때에 음양 두 신이 동시에 나와서 천지개벽의 일을 경영하게 되었다. 천지가 워낙 넓고 깊어 그들은 기력을 다했으나 어떻게 일을 끝내야 할지, 어느 때에 가서 마치고 쉬어야 할지 몰랐다."[11]고 해석했다. 이 해석에서는 깊고 큰 것의 주어가 바로 천지로 되어 있다.

중국학자 허광일(許匡一)은 깊고 큰 것의 주어가 바로 음양의 두 신이라고 보았다.[12] 그의 해석을 받아들인다면 이 문장을 "이때에 두 신이 함께 나타나 천지를 건설했다. 그 신들은 너무 깊어서 그 끝나는 데를 알 수 없었고, 너무 커서 멈추는 곳을 알 수 없었다."로 번역해야 한다.

그러나 문맥상으로 볼 때 깊고 넓은 것은 하늘과 땅이 되어야 할 것 같다. 신을 이렇게 설명하는 경우는 없기 때문이다. 그런데 서유원은 하늘과 땅이 넓고 깊어서 두 신들이 일을 하는 데 힘이 들었다는 식으로 해석했는데 역

---

9) 劉安, 『淮南子』, 李錫浩 譯, (서울: 세계사, 1994), p. 151.
10) 劉安, 『淮南子』 上, 安吉煥 譯, (서울: 明文堂, 2001), p. 305.
11) 徐裕源, 『중국창세신화』, (서울: 아세아문화사, 1998), p. 53.
12) 劉安, 『淮南子』, 許匡一 譯注, (貴陽市: 貴州人民出版社, 1995), p. 366.

시 문제가 있다. 이 해석보다는 하늘과 땅이 깊고 넓어서 그것의 깊이를 알 수 없고, 그것의 끝을 알 수 없다고 하는 해석이 더 좋을 것 같다.

그런데 「정신훈」에 나오는 이 내용은 「천문훈」에서 설명한 우주의 시작과 그 내용이 조금 다르다. 「천문훈」에서는 우주가 기(氣)를 만들어 내고, 이 기 가운데 무거운 것은 땅이 되고 가벼운 것은 하늘이 되었다고 하였는데, 여기서는 그 과정이 모두 생략되고 바로 두 신이 나와서 하늘과 땅을 만들었다고 하였다. 「정신훈」에 나오는 신(神)을 어떻게 해석해야 하는가 하는 문제는 남아 있지만 「천문훈」에는 없던 신이 등장하는 점은 큰 차이점이라 할 수 있다.

음과 양의 기는 하늘과 땅이 되었을 뿐만 아니라 그 사이에 존재하는 만물들이 되기도 했다. 사람은 만물들 가운데서 가장 영묘한 존재이니 사람을 이루는 기는 특별히 맑은 것이어야 한다. 여기서 사람의 정신(精神)과 육체를 나누어서 설명하고 있는 부분에 주목할 필요가 있다. 정신은 아주 맑은 기이기 때문에 눈에 보이지 않지만 우리의 뼈와 몸을 이루는 기는 조금 탁해서 눈에 보인다. 아주 맑아서 눈에 보이지는 않지만 작용하는 기를 하늘에 속하는 것으로 본 점이 재미있다.

실제로 탁한 기는 땅이 되었고, 맑은 기는 하늘이 되었다는 것이 고대 중국인들의 하늘과 땅에 대한 생각이다. 반고(盤古)신화에서도 "천지가 혼돈하여 그 형상은 마치 달걀과 같았는데 반고는 그 안에서 태어났다. 1만 8천 년 전 천지가 개벽할 때 맑고 가벼운 양기는 위로 올라가 하늘이 되었고, 탁하고 무거운 음기는 아래로 내려가 땅이 되었다."[13]고 해서 맑은 기는 하늘이 되었고, 탁한 기는 땅이 되었음을 말하고 있다.

---

13) 『藝文類聚』 卷一, 『三五曆紀』, "天地混沌如鷄子, 盤古生其中, 萬八千歲, 天地開闢, 陽淸爲天, 陰濁爲地."

2. 천지의 모양

漢시대의 천문학에는 하늘에 대한 세 가지 학설이 있었다. 개천설(蓋天說)과 선야설(宣夜說) 그리고 혼천설(渾天說)이 그것이다. 개천설은 하늘은 우산처럼 위를 덮고 있고 땅은 네모난 것으로 아래에 펼쳐져 있다는 이론이다. 혼천설에서는 하늘과 땅이 모두 원형으로 하늘은 밖에서 계란과 같이 단단한 껍질을 이루고 땅은 안에서 노른자를 이룬다고 생각하였다. 선야설에서는 하늘이 일정한 형태를 가진 물질이라고 보지 않고 아무런 성질이 없는 공간일 뿐이라고 주장하였다.

『회남자』에서는 기본적으로 개천설을 전제로 하늘과 땅의 구조를 설명하고 있다. 땅을 하늘이 덮고 있다는 생각과 함께 『회남자』는 하늘은 둥글고 땅은 네모나다는 전통적인 이해를 이어받고 있다. 그래서 「병략훈」에서는 "원(圓)이란 하늘이요, 방(方)이란 땅이다. 하늘은 둥글어 끝이 없으므로 그 형태를 볼 수가 없고, 땅은 모가 나서 끝이 없으므로 그 문을 엿볼 수가 없다. 하늘은 만물을 화육(化育)해도 형상이 없고, 땅은 만물을 생장시켜도 헤아릴 수가 없이 혼혼침침(渾渾沈沈)해서, 누가 그 감추어 놓은 것을 알까?"[14]라고 말하고 있다.

하늘은 둥글어 땅을 지붕처럼 덮고 있는데, 이것을 받치고 있는 기둥이 있다고 고대인들은 생각하였다. 지붕이 있으면 그것을 받치는 기둥이 필요한 것은 당연하다. 기둥에 대한 이야기는 「남명훈」에 나온다. 인류를 창조한 여와(女媧)가 세상을 다스릴 때 갑자기 대혼란이 일어났다.

> 아주 옛날에 사극(四極)이 무너지고 구주(九州)는 쪼개져 버렸다. 그래서 하늘은 대지를 덮을 수 없게 되었으며, 대지는 만물을 지탱할 수 없게 되었다. 불길은 맹렬하여 꺼지지 않았으며, 왕성한 물길은 멈출 줄 몰랐다. 맹수는 선

---

14) 『淮南子』 「兵略訓」, "夫圓者, 天也, 方者, 地也. 天圓而無端, 故不可得而觀, 地方而無垠, 故莫能窺其門. 天化育而無形象, 地生長而無計量, 渾渾沈沈, 孰知其藏."

> 량한 백성을 잡아먹었고, 사나운 새들은 나약한 사람들을 낚아채 가버렸다. 그래서 여와(女媧)는 오색의 돌을 녹여 뚫어진 하늘을 메우고, 큰 거북의 다리를 잘라 하늘의 사방을 떠받치게 했으며, 흑룡을 죽여서 기주(冀州)를 구출해 냈고, 갈대의 재를 쌓아서 홍수를 막았다. 하늘은 보수되고, 사극도 바르게 되었다. 홍수도 멎고, 기주도 안정을 되찾았으며, 사악한 벌레들이 죽어 백성들은 편히 쉴 수 있게 되었다.[15)]

하늘을 받치고 있던 기둥이 부러지니, 하늘은 부서지고 땅도 갈라져 버렸다. 이것을 고친 신이 바로 여와이다. 여와는 하늘의 기둥을 다시 세우고, 하늘의 구멍을 메웠으며, 인류를 해치는 온갖 맹수들과 벌레들을 퇴치하였다. 또한 용을 죽이고 홍수를 막아주기도 하였다. 여와는 인류를 창조했을 뿐만 아니라 인류에게 커다란 은혜를 베풀기도 하였다.

하늘의 기둥이 무너진 일은 나중에 다시 일어난다. 그 일은 바로 신들의 싸움 때문에 일어났다. 이 싸움은 수신(水神)인 공공(共工)과 상제인 전욱(顓頊) 사이에 벌어졌다. "옛날에 공공(共工)이 전욱(顓頊)과 제위를 두고 다투다, 화가 나서 부주산(不周山)을 받아 버렸다. 하늘을 지탱하고 있던 기둥이 무너지고, 땅을 유지하던 끈도 끊어져 버렸다. 하늘이 서북쪽으로 기울어져서 일월과 별들이 서북쪽으로 운행을 하게 되었다. 땅은 동남쪽으로 내려앉아서 강물과 진흙이 동남쪽으로 흘러가게 되었다."[16)] 하늘을 받치고 있던 기둥 가운데 하나가 바로 부주산이었고, 그 산이 무너졌기 때문에 하늘은 기울어지게 되었다는 신화이다. 옛날 사람들은 해와 달 그리고 별들이 서쪽으로 가는 현상을 하늘이 서북쪽으로 기울어져서 그렇다고 믿었던 모양이다. 또한 땅을 달고 있는 끈이 있다는 발상도 독특하다. 하늘은 땅의

---

15) 『淮南子』「覽冥訓」, "往古之時, 四極廢, 九州裂, 天不兼覆, 地不周載, 火爁炎而不滅, 水浩洋而不息, 猛獸食顓民, 鷙鳥攫老弱. 於是女媧鍊五色石以補蒼天, 斷鼇足以立四極, 殺黑龍以濟冀州, 積蘆灰以止淫水. 蒼天補, 四極正, 冀州平, 狡蟲死, 顓民生."

16) 『淮南子』「天文訓」, "昔者共工與顓頊爭爲帝, 怒而觸不周之山, 天柱折, 地維絶. 天傾西北, 故日月星辰移焉, 地不滿東南, 故水潦塵埃歸焉."

기둥이 받치고 있고, 땅은 하늘에 줄로 묶여 있다고 생각하였다.

『회남자』에는 하늘과 땅에 이러한 신화적인 내용 외에도 보다 구체적인 묘사가 나온다. 그것이 바로 구야설(九野說)과 구주설(九州說)인데, 이것은 하늘과 땅을 각각 아홉 영역으로 나누어서 설명하였다. 구야와 구주에 관해서는 이미 『여씨춘추』에 자세한 내용이 나온다. 『회남자』는 『여씨춘추』의 이론을 그대로 따랐다. 「천문훈」은 하늘의 구야(九野)를 이렇게 설명하였다.

> 구야란 무엇인가? 중앙을 균천(鈞天)이라고 하며 성수(星宿)는 각(角)·항(亢)·저(氐)가 해당된다. 동방을 창천(蒼天)이라 하며 성수는 방(房)·심(心)·미(尾)가 해당된다. 동북을 변천(變天)이라 하며 성수는 기(箕)·두(斗)·견우(牽牛)라 한다. 북방은 현천(玄天)이라고 하며 성수는 수녀(須女)·허(虛)·위(危)·영실(營室)이다. 서북방을 유천(幽天)이라 하고 성수는 동벽(東壁)·규(奎)·루(婁)라고 한다. 서방을 호천(顥天)이라 하고 성수는 위(胃)·묘(昴)·필(畢)이라 하며, 서남방을 주천(朱天)이라 하며 성수는 자준(觜巂)·삼(參)·동정(東井)이다. 남방을 염천(炎天)이라 하며 성수는 여귀(輿鬼)·유(柳)·칠성(七星)이다. 동남방을 양천(陽天)이라 하고 성수는 장(張)·익(翼)·진(軫)이다.[17]

구야는 하늘을 팔방으로 나누고 가운데까지 합쳐서 아홉 영역으로 분할한 것이다. 그리고 각각의 영역에다가 28수를 3개씩 배당하였고, 남는 하나는 북쪽의 현천에다 배당하였다. 이 내용은 『여씨춘추』에 처음 나오는데, 여기에는 28수의 이름이 처음으로 모두 나오기도 한다.

하늘에 구야가 있다면 땅에는 구주(九州)가 있다. 구주에 대해서는 『상서』와 『여씨춘추』에 나오고 다른 많은 책에서도 언급이 되었다. 『여씨춘추』「유시람」에서는 구주를 예주(豫州), 기주(冀州), 연주(兗州), 청주(青州),

---

17) 『淮南子』「天文訓」, "何謂九野. 中央曰鈞天, 其星角亢氐. 東方曰蒼天, 其星房心尾. 東北曰變天, 其星箕斗牽牛. 北方曰玄天, 其星須女虛危營室. 西北方曰幽天, 其星東壁奎婁. 西方曰顥天, 其星胃昴畢. 西南方曰朱天, 其星觜巂參東井. 南方曰炎天, 其星輿鬼柳七星. 東南方曰陽天, 其星張翼軫."

서주(徐州), 양주(揚州), 형주(荊州), 옹주(雍州), 유주(幽州)라고 하였다. 『회남자』「지형훈」에서는 구주로 신주(神州), 차주(次州), 융주(戎州), 엄주(弇州), 기주(冀州), 태주(台州), 제주(泲州), 박주(薄州), 양주(陽州)를 들었다.

구주의 넓이를 보면, 하나의 주(州)는 가로와 세로가 각각 천 리이다. 구주의 바깥에는 팔인(八殥)이 있는데, 이것은 여덟 개의 지방을 말한다. 이것의 넓이도 하나의 인(殥)은 가로와 세로가 각기 천 리이다. 팔인의 바깥에는 또한 팔굉(八紘)이 있는데 이것의 넓이도 하나의 굉(紘)이 가로와 세로가 각각 천 리이다.[18] 팔굉의 밖에는 다시 팔극(八極)이 있다.

이런 모든 지역을 합친 땅의 크기에 대해서 「지형훈」에서는 "사해(四海)의 안을 모두 합쳐 동서는 2만 8천 리, 남북은 2만 6천 리이다. 물길이 8천 리에 이르는데, 큰 골짜기를 통과하는 곳이 여섯, 명칭을 가지는 강은 6백, 내륙하(內陸河) 3천 개가 있다. 우(禹)임금은 일찍이 태장(太章)에게 명하여 동극(東極)에서 서극(西極)까지 걸어가게 하였더니 23만 3천 5백 리 75보(步)였다. 또 수해(豎亥)에게 명하여 북극에서 남극까지 걸어가게 하였더니 23만 3천 5백 리 75보였다."[19]라고 말하였다.

여기서 사해(四海) 안이 구체적으로 어디까지를 가리키는지는 분명하지가 않다. 일찍이 추연(騶衍)이 중국은 천하의 81분의 1에 불과하다고 했는데, 그의 주장을 적용한 천하가 여기서 말하는 사해 안일 수 있다. 그래야만 그 크기가 대략 동서가 2만 8천 리, 남북이 2만 6천 리가 되기 때문이다. 사해 안에 대해서는 『여씨춘추(呂氏春秋)』「유시람(有始覽)」과 『산해경(山海經)』「중산경(中山經)」에서도 마찬가지로 동서가 2만 8천 리 남북이 2만 6천 리라고 하였다.

---

18) 劉文典, 『淮南鴻烈集解』 上, (北京: 中華書局, 1989), p. 138.
19) 『淮南子』「墬形訓」, "闔四海之內, 東西二萬八千里, 南北二萬六千里, 水道八千里, 通谷其名川六百, 陸徑三千里. 禹乃使太章步自東極, 至于西極, 二億三萬三千五百里七十五步, 使豎亥步自北極, 至于南極, 二億三萬三千五百里七十五步."

그런데 그 다음에 나오는 사극(四極)도 어디까지를 가리키는지가 분명하지 않다. 신선갑(申先甲)에 의하면 사해는 춘추시기에 만들어진 개념이고, 사극은 전국시기에 만들어진 개념이다.[20] 사극은 사해보다도 더 큰 세계를 가리키고 있다는 것이 분명하다. 시간이 가면서 사람들은 보다 넓은 세계를 생각할 수 있게 되었고, 사극은 바로 당시 사람들이 생각한 세계의 크기를 보여주는 개념이다. 사극의 크기에 대해 「지형훈」에서는 동서와 남북이 똑같이 23만 3천 5백 리 75보라고 하였고, 「유시람」에서는 59만 7천 리라고 하였으며, 『산해경』 「해외동경」에서는 5천 10만 9천 8백 보(步)라고 하였다.

여기에는 몇 가지 문제가 있다. 「지형훈」에서 원문을 보면 동서와 남북의 거리를 말하면서 "二億三萬三千五百里 七十五步"라고 했는데, 우리나라 번역서에서는 이것을 그대로 번역하여 2억 3만 3천 5백 리 75보라고 하였다. 그러나 고대에 억(億)이란 10만을 의미하는데, 그것을 그대로 억으로 번역하게 되면 오역이 되고 만다. 억을 10만으로 제대로 번역하면 이것은 23만 3천 5백 리 75보가 된다.

이 부분을 번역하는데, 이석호와 안길환, 그리고 중국학자 허광일은 모두 억을 그대로 억이라고 번역하였다. 『여씨춘추』를 번역한 김근(金槿)도 억을 그대로 억으로 번역함으로써 오해의 여지를 남겼다. 그런데 미국 학자 메이저(Major)는 정확하게 억을 10만으로 보아 233,500리라고 해석하였다.[21] 『산해경』 「해외동경」에서는 세계의 크기를 동서와 남북이 각각 "五億十萬九千八百步"라고 해서 다른 곳과 단위가 다르다. 정재서(鄭在書)는 이것을 5억 10만 9천 8백 보라고 번역해서 억을 그대로 살렸다.[22] 이것을 메이저는 50,109,800으로 번역하는데, 단위를 보(步)가 아닌 리(里)로 하여서 옥에 티를 남겼다.[23] 1리를 360보로 계산할 때 이것은 약 139,194리가 된다.

20) 申先甲, 『中國春秋戰國科技史』, (北京: 人民出版社, 1994), p. 130 참조.

21) John S. Major, *Heaven and Earth in the early Han Thought*, (New York: State University of New York, 1993), p. 147.

22) 鄭在書 譯註, 『山海經』, (서울: 민음사, 1985), p. 246 참조.

23) John S. Major, *Heaven and Earth in the early Han Thought*, (New

3. 천인감응(天人感應)

천인감응이란 하늘과 사람이 서로 영향을 주고받는다는 의미를 가지는데 천인상응(天人相應)이라 말하기도 한다. 여기서 천은 인격적인 초월자를 의미할 수도 있고 일반적인 자연을 의미할 때도 있다. 『서경』「홍범(洪範)」에는 인격적인 주재자와 인간 사이에 존재하는 감응이 나오고, 『여씨춘추』「명류」에는 자연과 인간 사이에 일어나는 감응을 말하고 있다. 그리고 동중서(董仲舒)의 『춘추번로(春秋繁露)』에는 두 가지 종류의 감응이 모두 다루어지고 있다.[24]

『회남자』는 하늘과 인간 사이에 일어나는 감응뿐만 아니라 자연세계와 인간세계에서 광범위하게 일어나는 감응현상을 다루고 있다. 이러한 감응현상이 일어나는 이유를 『회남자』는 기(氣)가 서로 같기 때문이라고 하였다. 이것을 「설산훈」에서는 "달이 위에서 차거나 이지러지면 조개는 아래에서 호응한다. 기(氣)를 같이하는 것이 서로 함께 움직일 때에는 거리가 먼 것은 문제가 되지 않는다."[25]고 설명하였다. 하늘에서 달이 차거나 이지러지면 바다 속에 있는 조개의 살이 찌거나 빠지거나 한다는 말이다. 달은 음기인데 조개도 같은 음기이기 때문에 서로 영향을 주고받는다는 생각이고, 거리에 영향을 받지 않는다는 주장도 눈에 띈다.

감응현상을 가장 그럴듯하게 설명한 내용은 「남명훈」에 나오는데, 여기서는 거문고를 예로 들어서 설명하였다. 그 내용을 보면, "이제 거문고를 조율하는 사람이 궁(宮)을 치면 다른 거문고의 궁(宮)이 울리고, 각(角)을 타면 다른 거문고의 각(角)이 움직이니, 이것은 같은 음이 서로 호응하는 것이다."[26]라고 해서 실제로 악기를 관찰해서 얻은 경험에 근거해서 감응현상을 설명하고 있다. 이 현상을 우리는 동조(同調)라고 하는데, 옛날 사람들

York: State University of New York, 1993), p. 149 참조.

24) 양계초, 풍우란 외, 『음양오행설의 연구』, 김홍경 편역, (서울: 신지서원, 1993), p. 225 참조.

25) 『淮南子』「說山訓」, "月盛衰於上, 則蠃蛖應於下, 同氣相同, 不可以爲遠."

26) 『淮南子』「覽冥訓」, "今夫調弦者, 叩宮宮應, 彈角角動, 此同聲相和者也."

은 그 원리를 자세하게 알 수 없었기 때문에 더욱 신기하게 여겼을 것이다.

그러나 같은 것끼리는 서로 호응한다는 사실은 그들도 알았다. 같은 것끼리 서로 호응하는 현상이 실제로 감응의 핵심이라고 할 수 있다. 옛날 사람들은 주위에서 일어나는 다양한 감응현상을 관찰하였고, 그것들을 모두 같은 종류의 현상으로 간주했다. 예컨대 「태족훈」에서는 "그러므로 하늘이 장차 바람을 일으키려 하면 초목이 흔들리기도 전에 새는 벌써 날아오르며, 장차 비를 내리고자 하면 하늘이 시커멓게 되기도 전에 물고기는 이미 수면(水面)에 입을 내밀고 뻐끔거리는 것은 음양의 기(氣)가 상대방을 움직이기 때문이다. 즉 한(寒)·서(署)·건(乾)·습(濕)은 같은 것끼리 따르고, 성(聲)·향(響)의 지속(遲速)은 동음(同音)끼리 서로 상응하는 것이다."[27]라고 설명하였다. 동물들이 자연의 변화를 사람보다 더 빨리 감지하는 예는 많다. 여기서는 이것도 같은 기끼리 서로 통한다는 원리로 설명하였다.

자연에서 일어나는 감응에 대해서 말한 것은 사실 인간과 하늘 사이에 일어나는 감응을 설명하기 위한 서론일 뿐이다. 중요한 것은 인간과 하늘 사이에 발생하는 감응현상이다. 하늘과 사람이 서로 감응할 수 있는 까닭은 하늘과 사람이 닮았기 때문이다. 「정신훈」에서는 이것을 이렇게 설명하고 있다.

> 그리고 머리의 원형(圓形)은 하늘을 닮은 것이요, 발의 방형(方形)은 땅을 닮은 것이다. 하늘에 사시(四時)·오행(五行)·구해(九解)·366일이 있으면 사람에게도 사지(四肢)·오장(五臟)·구규(九竅)·366개의 마디가 있으며, 하늘에 풍우(風雨)·한서(寒暑)가 있으면 사람에게도 여탈(與奪)·희노(喜怒)가 있다. 또한 담낭은 구름에, 폐는 기(氣)에, 간장은 바람에, 신장은 비에, 비장은 우레에 해당되어 천지에 참여하며 마음이 이들을 주관한다. 귀와 눈은 해와 달이요, 혈기는 바람과 비이다.[28]

---

27) 『淮南子』「泰族訓」, "故天之且風, 草木未動而鳥已翔矣, 其且雨也, 陰曀未集而魚已噞矣, 以陰陽之氣相動也. 故寒暑燥濕, 以類相從, 聲響疾徐, 以音相應也."

28) 『淮南子』「精神訓」, "故頭之圓也象天, 足之方也象地. 天有四時五行九解三百六十六日, 人亦有四支五臟九竅三百六十六節. 天有風雨寒暑, 人亦有取與喜怒. 故膽爲雲, 肺爲氣, 肝爲風, 腎爲雨, 脾爲雷, 以與天地相參也, 而心爲之主. 是故耳目者

여기서 말하고자 하는 바는 하늘과 사람은 그 모양과 구조에 있어서 일치한다는 사실이다. 또한 사람이 하늘과 닮은꼴이라는 사실을 강조하는 이유는 바로 인간의 위대함을 말하기 위해서다. 중국에서는 이미 고대에서부터 인간을 소우주로 보고서 우주의 원리가 곧 인간의 원리라고 생각했다. 그리고 우주의 원리와 합일하는 상태가 인간의 이상이기도 하였다.

동중서(기원전 176~104)도 『회남자』와 마찬가지로 사람의 인체를 우주와 비교하고 인체가 우주의 모습을 본받고 있다고 주장했다. 그는 설명하기를, "사람의 366개의 작은 뼈들은 날짜의 수이다. 12개의 큰 뼈들은 12달에 해당한다. 오장(五臟)은 오행(五行)에 해당하고, 사지(四肢)는 사계절이다. 눈을 떴다 감았다 하는 것은 밤낮에 대응하고, 강유(剛柔)는 겨울과 여름에 해당하고, 희노(喜怒)는 음양에 해당한다."[29]고 하였다. 「정신훈」의 내용은 『춘추번로』의 이론과 크게 다른 것이 없다. 이 당시에 이와 같은 사상이 일반적이었음을 잘 보여주고 있다.

사람은 원래 천지의 자식이니 천지와 닮을 수밖에 없다. 그리고 사람이 천지와 닮았기 때문에 이 둘 사이에는 감응이 일어날 수 있다. 거문고의 같은 음을 내는 현(弦)끼리 서로 울리듯이 사람과 천지 사이에는 동조현상이 일어나게 된다. 사람이 좋은 마음을 가지면 자연에도 좋은 일이 발생하고, 사람이 나쁜 마음을 먹으면 자연에도 좋지 못한 일이 발생한다는 이론이 천인감응의 기본 발상이다. 특히 한 나라를 다스리는 최고 통치자의 마음가짐과 행동은 자연에 바로바로 반영이 되기 때문에 각별히 조심해야 한다. 『회남자』의 「태족훈」에서는 이것을 다음과 같이 설명하였다.

> 그러므로 성인(聖人)이란 하늘의 뜻을 품고 천하를 엄연하게 움직이고 감화시키는 사람이다. 따라서 마음에 정성을 다하면 형기(形氣)가 그것에 반응하여

日月也, 血氣者風雨也."

29) 『春秋繁露』「人副天數」, "故小節三百六十六, 副日數也. 大節十二分, 副月數也. 內有五臟, 副五行數也. 外有四肢, 副四時數也. 乍視乍瞑, 副晝夜也. 乍剛乍柔, 副夏冬也. 乍喜乍怒, 副陰陽也."

하늘을 움직여 서성(瑞星)이 나타나고 황룡(黃龍)이 하늘에서 내려오며 상봉(祥鳳)이 날아오고 감천(甘泉)이 솟아오르며 좋은 곡식이 나고 하천은 범람하지 않으며 바다에는 큰 파도가 일지 않게 된다. 『시경』에 "백신(百神)을 달랠 때 황하의 신과 교악(嶠嶽)의 신령까지도 달래도다"라는 구절과 같다.

그러나 하늘에 거역하고 만물을 학대하면 해와 달은 일식·월식을 일으키고 오성(五星)은 운행을 마구하며 사시(四時)는 혼란하고 낮이 어두운가 하면 밤이 밝고, 산은 무너지고 강은 마르며 겨울철에 우레가 치고 여름철에 서리가 내린다.[30]

여기서 말하는 성인은 사실은 최고 지도자인 왕이다. 왕이 좋은 마음을 가지고 정치를 잘하면 자연에 좋은 현상들이 일어난다. 좋은 별이 나타나고, 황룡이 나타나며, 봉황이 날아오고, 단맛이 나는 샘물이 솟아난다는 믿음이다. 그러나 왕이 정치를 잘하지 못하면 일식과 월식이 일어나고 계절이 혼란해지고 산이 무너지고 가뭄이 온다는 것이 천인감응의 이론이다. 이와 비슷한 내용은 「천문훈」에도 나오는데, 여기서는 "인주(人主)의 태도는 위로 하늘에 통한다. 그래서 백성에 대한 주구(誅求)를 사납게 하면 폭풍이 불고, 법령을 굽히면 벌레가 많아지며, 무구한 사람을 죽이면 국토가 타고, 시령(時令)에 따라 수확하지 않으면 장마가 계속된다."[31]고 설명하였다.

이러한 천인감응의 이론은 여러 가지 의미가 있을 수 있지만 역시 가장 중요한 것은 최고 통치자를 견제하는 역할이다. 최고 통치자는 최고의 권력을 가지고 있는 사람이기 때문에 그 사람을 통제할 방법이 없다. 엄청난 영향력을 가진 사람이 잘못된 생각을 가지고 그것을 실천에 옮기게 되면 수많은 사람들이 피해를 보지 않을 수 없다. 이러한 일이 일어나는 사태를 막기 위하여 종교적인 장치를 마련하지 않을 수 없다.

---

30) 『淮南子』「泰族訓」, "故聖人者懷天心, 聲然能動化天下者也. 故精誠感於內, 形氣動於天, 則景星見, 黃龍下, 祥鳳至, 醴泉出, 嘉穀生, 河不滿溢, 海不溶波. 故詩云, 懷柔百神, 及河嶠嶽. 逆天暴物, 則日月薄蝕, 五星失行, 四時干乖, 晝冥宵光, 山崩川涸, 冬雷夏霜."

31) 『淮南子』「天文訓」, "人主之情, 上通于天. 故誅暴則多飄風, 枉法令則多蟲螟, 殺不辜則國赤地, 令不收則多淫雨."

왕의 생각과 행동이 바로 자연에 나타난다고 믿는다면 감히 함부로 처신하지는 못하리라. 자연 왕은 조심스럽게 처신할 수밖에 없고 정치를 할 때도 그러한 태도가 그대로 나타나서 좋은 방향으로 갈 가능성이 높아진다. 그리고 자연재해가 발생하였을 때 왕이 그것에 대해 책임감을 느끼는 정도가 높아질 가능성이 많아진다. 그렇게 되면 재해로 인해서 피해를 본 백성들을 구제하는 데도 적극성을 보일 것이다.

현대에 와서 이러한 천인감응사상을 그대로 믿는 사람은 없겠지만 여기에는 어느 정도 과학적인 내용이 실제로 들어 있다. 옛날 사람들도 오랫동안 경험을 통해서 얻은 믿음이기 때문에 단순하게 미신에 불과하다고 넘겨버릴 일은 아니다. 천인감응사상은 자연과 인간의 삶은 밀접하게 연관되어 있기 때문에 상호 영향을 주고받는다고 가르친다. 실제로 자연에 대규모의 변화나 파괴가 가해졌을 경우에는 홍수가 나거나 제방이 무너지거나 산사태가 나서 인간에게 엄청난 피해를 줄 수 있다. 그리고 정치를 잘못하면 농민들이 농사를 제대로 짓지 못하여 흉년이 오게 되고, 그러한 흉년은 백성들의 영양 상태를 나쁘게 만들어 결국은 전염병이 돌게 만들 수도 있다. 개인의 경우도 마찬가지지만 국가의 경우에도 구성원들이 화목하게 살면 복이 생기고 구성원들이 서로 싸우면 화가 미치는 것은 당연한 일이다.

4. 생물학

『회남자』에는 동식물에 대한 많은 설명이 나온다. 이러한 설명을 통해서 우리는 당시 사람들의 동식물에 대한 지식을 알 수 있다. 예를 들어 「천문훈」에는 "털과 깃이 있는 것은 날고 걸어다니는 종류라 양(陽)에 속하고, 딱지나 비늘이 있는 것은 겨울잠을 자는 것으로 음(陰)에 속한다."[32]라는

---

32) 『淮南子』「天文訓」, "毛羽者, 飛行之類也, 故屬於陽. 介鱗者, 蟄伏之類也, 故屬於陰."

설명이 있다. 털이 있는 것은 포유류를 말하고, 깃털이 있는 것은 조류를 말한다. 딱지가 있는 것은 자라를 가리키고, 비늘이 있는 것은 뱀과 같은 파충류를 가리키는 것 같다. 여기서는 동물들을 음양으로 분류해서, 조류와 포유류를 양에 속하는 것으로 파충류를 음에 속하는 것으로 보았다.

「지형훈」에는 동물에 대한 보다 구체적인 설명이 많이 실려 있다. 먼저 눈에 띄는 내용은 "물고기와 새는 음으로부터 태어나 양에 속한다. 그러므로 물고기와 새는 모두 알에서 태어난다. 물고기는 물에서 헤엄치고, 새는 구름 속에서 난다."[33] 라는 설명이다. 여기서 음(陰)에서 태어난다는 말은 알에서 태어난다는 뜻이다.[34] 어류와 조류는 모두 알에서 태어나고, 양에 속한다고 보았는데, 그것은 어류나 조류가 다 같이 허공을 날아다니거나 헤엄쳐 다니기 때문이다. 물속을 헤엄쳐서 다니는 어류와 공기 속을 날아다니는 조류를 같은 종류로 분류한 방법이 눈에 띈다. 「지형훈」에서는 동물을 크게는 음과 양 두 가지로 나누었지만 구체적인 구조와 생태 등을 가지고도 분류하고 있다.

> 갑각(甲殼)과 비늘이 있는 것은 여름에는 먹고 겨울에는 동면한다. 통째로 삼키는 것은 8개의 구멍이 있고, 알을 낳고, 씹어서 삼키는 것은 9개의 구멍이 있고 새끼를 낳는다. 네 다리를 가진 것은 날개가 없고, 뿔을 가지고 있는 것은 윗니가 없다. 뿔이 없는 것은 앞발로 일어나고, 뿔이 있는 것은 뒷발로 일어난다. 낮에 태어난 것은 아비를 닮고 밤에 태어난 것은 어미를 닮는다. 음기가 센 것은 암컷을 낳고, 양이 센 것은 수컷을 낳는다. 곰은 겨울에는 칩거해 있고, 새는 철을 따라 옮겨 다닌다.[35]

갑각과 비늘이 있는 것이 동면한다고 했으므로 여기서 갑각과 비늘이 있는 것은 자라나 거북이 그리고 뱀과 같은 동물을 의미하는 것 같다. 비늘이

---

33) 『淮南子』「墬形訓」, "鳥魚皆生於陰, 陰屬於陽, 故鳥於皆卵生. 魚游於水, 鳥飛於雲."
34) 劉文典, 『淮南鴻烈集解』 上, (北京: 中華書局, 1989), p.144.
35) 『淮南子』「墬形訓」, "介鱗者夏食而冬蟄. 齕呑者八竅而卵生. 嚼咽者九竅而胎生. 四足者無羽翼, 戴角者無上齒, 無角者膏而無前, 有角者指而無後. 晝生者類父, 夜生者似母. 至陰生牝, 至陽生牡. 夫熊羆蟄藏, 飛鳥時移."

있는 것을 어류로 보면 동면한다는 말과 맞지 않기 때문이다. 통째로 삼키는 것으로 알을 낳고 8개의 구멍을 가진 동물은 물고기와 새가 있다. 이들은 모두 알을 낳는 공통점을 가지고 있다. 씹어서 삼키고 9개의 구멍을 가지며 새끼를 낳는 동물은 바로 포유류를 말한다. 포유류는 다리가 네 개이고 날개가 없다.

포유류 가운데 뿔이 있는 동물로는 소나 양 같은 종류가 있다. 뿔이 없는 동물은 돼지를 가리키는 것 같다. 곰과 원숭이도 여기에 속한다고 고유(高誘)는 주를 달았다.[36] 그런데 문제가 되는 구절은 '無角者膏而無前, 有角者指而無後' 이 두 구절이다. 여기서 고유는 고(膏)는 돼지의 지방을 말하고, 지(脂)는 소나 양의 지방을 말한다고 보고, 뿔이 없는 동물은 앞발로 일어나고 뿔이 있는 동물은 뒷발로 일어난다고 해석하였다.

그러나 이 구절에 대한 해석은 학자마다 다르다. 유문전(劉文典)은 무전(無前)과 무후(無後)의 무(無)자를 태(兌)자의 오기(誤記)라고 주장했다. 무(無)자를 태(兌)자로 고치면 태전(兌前)과 태후(兌後)가 된다. 태(兌)는 예리하거나 뾰족한 것을 의미한다. 태전(兌前)은 앞이 작은 몸매를 말하고, 태후(兌後)란 뒤가 작은 몸매를 말한다.[37] 그래서 이 문장은 뿔이 없는 동물은 머리 부분이 작고 엉덩이 부분이 크며, 또한 뿔이 있는 동물은 머리 부분이 크고 엉덩이 부분이 작다고 해석할 수 있다.

이와는 달리 허광일(許匡一)은 『대대예기(大戴禮記)·역본명(易本命)』에 나오는 말을 근거로 무전(無前)과 무후(無後)를 무전치(無前齒)와 무후치(無後齒)로 해석하였다. 이 주장을 따른다면 "뿔이 없는 동물은 앞니가 발달하지 않았고, 뿔이 있는 동물은 어금니가 발달하지 않았다."라고 해석할 수 있다. 허광일의 해석이 가장 그럴듯하다. 메이저(Major)도 이 부분을 앞니(Incisor)와 어금니(Molar)로 해석하였다.[38]

---

36) 같은 곳 참조.
37) 같은 곳 참조.
38) John S. Major, *Heaven and Earth in the early Han Thought*, (New

다음으로 눈에 띄는 부분은 동식물의 발전과 진화를 설명하는 내용이다. 지금 존재하는 동식물들이 어떤 조상으로부터 발생하였는지를 자세하게 밝히고 있다. 여기에 등장하는 동식물에는 사람, 조류, 포유류, 어류, 갑각류, 나무, 풀 등이 있다. 이것은 물론 과학적인 이론이 아니지만, 동식물들이 고정불변의 존재가 아니라 계속해서 변화하고 발전한다는 기본적인 발상은 높이 평가할 만하다. 예를 들어 「지형훈」에서는 새의 조상에 대해 "우가(羽嘉)는 비룡(飛龍)을 낳고 비룡은 봉황을 낳으며 봉황은 난조(鸞鳥)를 낳고 난조는 서조(庶鳥)를 낳았다. 깃털이 있는 것들은 모두 서조에서 생겨났다."[39] 고 했다.

서조(庶鳥)를 어떻게 해석할 것인가에 대해서는 다른 의견들이 있다. 이석호는 서조(庶鳥)를 모든 새로 해석하였고,[40] 안길환은 서조를 고유명사로 보아 해석하지 않았다.[41] 메이저는 서조(庶鳥)의 '서(庶)' 자를 '성(聖)' 자와 반대가 되는 보통이라는 의미로 보아 서조를 보통의 새로 해석하였다.[42]

허광일(許匡一)은 '서(庶)' 자를 다수 혹은 많다는 의미로 해석했지만 문장 전체를 해석하는 데는 견해가 달랐다. 그의 해석에 의하면 서조가 최종의 단계이고, 깃털을 가진 조류가 다시 서조에게서 생겨나지는 않는다. 그는 '凡羽者生於庶鳥'에서 '생(生)' 자를 진화의 의미로 어(於)를 도달의 의미로 해석하였다.[43] 그래서 이 문장을 해석하면 '깃털을 가진 모든 동물은 조류로 진화했다'가 된다. 이 해석도 조금 어색한 점이 있다. 서조(庶鳥)를 다양한 조류로 해석한다면 다양한 조류들은 이제 더이상 진화하거나 변화하지 않고 그 어미와 동일한 자식을 생산한다는 의미로 읽을 수 있을 것 같다.

York: State University of New York, 1993), p. 179.

39) 『淮南子』「墬形訓」, "羽嘉生飛龍, 飛龍生鳳皇, 鳳皇生鸞鳥, 鸞鳥生庶鳥, 凡羽者生於庶鳥."

40) 이석호, 앞의 책, p. 110 참조.

41) 안길환, 앞의 책, p. 217.

42) J. S. Major, 앞의 책, p. 208.

43) 許匡一, 앞의 책, p. 265 참조.

5. 합리적인 자연이용

『회남자』에는 자연에 대한 신화적인 이해와 과학적인 이해가 함께 있지만, 자연을 합리적으로 이용하려는 정신은 현대인의 수준을 능가한다. 자연에 대한 지식과 합리적인 자연이용이 항상 정비례하는 것이 아님을 우리는 잘 알 수 있다. 현대인들은 황금 알을 낳는 거위의 배를 갈라서 황금을 한꺼번에 모두 차지하려는 이솝우화 속의 농부와 같다. 『회남자』에는 요즘보다 더 철저하게 자연보호를 강조하는 내용이 들어 있어서 우리의 주목을 끈다.

> 선왕의 법은 사냥을 할 때 짐승들을 모조리 잡지 아니했고, 사슴의 새끼는 잡지 않았으며 못의 물을 말리어 물고기를 잡지 아니했고, 숲에 불을 질러서 수렵하지 않았다. 승냥이가 짐승을 제사 지내기 전에는 들에 짐승 잡는 그물을 쳐놓지 않았고, 수달이 물고기를 제사 지내기 전에는 그물을 물속에 쳐놓지 않았으며, 매가 새를 사냥하기 전에는 골짜기에 그물을 쳐놓지 않았고, 초목의 잎이 떨어지기 전에는 도끼 따위를 산림에 대지 않았으며, 곤충이 구멍 속으로 들어가기 전에는 논을 불태우지 않았다. 태(胎) 속의 새끼를 죽이지 않았으며, 둥지 속의 알을 꺼내지 않았고, 물고기는 1척(尺)이 되기까지는 잡지를 않았으며, 돼지새끼는 1년이 되기 전에는 먹지를 않았다. 이런 까닭에 초목이 자라나는 모습은 수증기가 올라가는 것 같았고, 금수(禽獸)가 돌아오는 모습은 샘물이 흐르는 것 같았으며, 나는 새가 돌아오는 모습은 안개가 퍼지는 것 같았다.[44]

짐승을 잡더라도 씨가 말라버릴 정도로 잡아서는 안 된다. 한꺼번에 다 잡아버리면 다음에 잡을 짐승이 없어서 더 이상 고기를 먹을 수 없기 때문이다. 새끼를 잡지 못하게 하는 이유도 또한 같다. 새끼가 다 자라서 다시

---

44) 『淮南子』「主術訓」, "故先王之法, 畋不掩羣, 不取麛夭, 不涸澤而漁, 不焚林而獵. 豺未祭獸, 罝罦不得布於野, 獺未祭魚, 網罟不得入於水, 鷹集未摯, 羅網不得張於谿谷, 草木未落, 斤斧不得入山林, 昆蟲未蟄, 不得以火燒田. 孕育不得殺, 鷇卵不得探, 魚不長尺不得取, 彘不期年不得食. 是故草木發若蒸氣, 禽獸之歸若流泉, 飛鳥之歸若煙雲."

많은 새끼를 낳아야 짐승들의 씨가 마르지 않게 된다. 새끼를 잡아버리면 그 가능성을 차단해 버려서 멸종의 가능성이 높아지게 될 것이다.

물고기를 잡는 일도 역시 이러한 원칙에서 벗어나서는 안 된다. 못의 물을 다 빼버리면 그 못에 사는 모든 생명체들이 죽게 된다. 그렇게 되고 나서 거기서 다시 고기를 잡을 수 있으려면 상당한 시간이 걸린다. 그동안 고기를 잡아서 먹고사는 사람들은 굶어죽을 수 있다. 산에다가 불을 질러서 사냥을 하는 방법도 못의 물을 빼서 고기를 잡는 것이나 마찬가지로 좋지 않다. 일시적으로 좀더 많은 짐승이나 물고기를 잡으려다 엄청난 피해를 당하게 된다.

뿐만 아니라 사냥이나 물고기를 잡을 때에는 기간을 정해 놓아야 한다. 짐승들이 새끼를 낳는 시기라든가 물고기가 알을 낳는 기간 동안은 짐승을 잡거나 물고기를 잡지 말아야 한다. 마찬가지로 나무를 베는 벌목도 아무 때나 하게 해서는 안 되고 일정한 시기에만 할 수 있도록 허가해야 한다. 이것도 나무를 보호하기 위해서 그렇게 하는 것이다. 조금 불편하더라도 이렇게 하지 않으면 산에 나무가 다 사라져서 그 피해가 결국 사람들에게 돌아가게 된다. 훌륭한 임금은 이러한 법을 잘 활용하여 백성들의 생활에 어려움이 닥치지 않도록 항상 신경을 쓴다. 이것은 옛날이나 지금이나 조금도 달라진 것이 없다. 자원의 고갈을 막아서 윤택한 생활을 할 수 있도록 하는 일이 지도자의 가장 큰 과제이기 때문이다.

옛날 사람들은 이미 곤충의 보호에 대해서도 생각을 했다. 곤충들이 알을 다 낳고 땅속으로 숨은 다음에 논이나 밭에 불을 놓도록 했다. 논과 밭에 불을 놓는 일은 잡초나 추수한 다음의 쓰레기를 태우기 위한 것인데, 그 과정에서 농사에 필요한 좋은 곤충들까지 죽일 수 있으므로 항상 주의했던 것이다. 이렇게 세심한 부분에 이르기까지 옛날 사람들은 놓치지 않고 주의를 기울였다.

또한 배 속의 새끼를 죽이지 못하도록 하였고, 새알을 꺼내지 못하게 하였으며, 작은 물고기나 작은 돼지도 잡아먹지 못하도록 엄하게 규제하였다.

이것도 역시 자연자원의 고갈을 막기 위한 대책이라고 하겠다. 이렇게 자연자원을 보호하고 관리하는 일은 모두 백성들의 풍요로운 생활을 보장해 주기 위한 방법이다. 지금도 마찬가지지만 일반인들의 의식은 전체를 생각하거나 미래를 생각하는 데까지 이르지 못할 수 있다. 그럴 경우에는 지도자의 가르침과 규제가 필요하다. 자연을 관리하고 보호한다는 발상은 도가적인 생각이라기보다는 유가적인 생각이라고 할 수 있다. 『회남자』가 노장사상을 중심으로 하지만 유가적인 생각도 수용하고 있음을 우리는 여기서도 확인할 수 있다.

인용한 글의 끝 부분은 참으로 인상적인데, 삭막한 환경 속에서 살고 있는 우리들도 이러한 자연의 모습을 목표로 삼고 노력했으면 좋겠다. 주변의 산에는 나무가 울창하게 자라고, 갖가지 짐승들이 자유롭게 뛰어놀며, 하늘에는 계절에 맞추어 찾아오고 날아가는 철새들이 항상 하늘을 덮고 있는 광경을 상상해 볼 수 있다. 이런 시대가 언젠가 다시 돌아올지는 모르지만 성인이 나라를 다스렸을 적에는 실제로 그러했다는 이야기이다. 말하자면 유토피아를 이루었다는 말인데, 인간만의 유토피아가 아닌 인간과 동물이 공존하는 유토피아를 『회남자』의 저자는 생각하고 있었던 것이다.

맺음말

지금까지 『회남자』에 나타나는 자연관을 천지의 개벽, 천지의 모양, 천인감응, 생물학, 합리적인 자연이용 등으로 나누어서 살펴보았다. 원래 『회남자』는 당시의 모든 사상을 종합한 책이기 때문에 자연관에 있어서도 이러한 종합적인 성격을 가지고 있다. 뿐만 아니라 한대(漢代)의 비합리적인 분위기가 강하게 반영되어서 신비주의적인 색채가 짙다. 그러한 가운데도 당시의 자연관을 보여주는 많은 자료들이 들어 있어 우리는 이 책에서 자연에 대한 전한 시대 중국인들의 독특한 견해를 잘 볼 수 있다.

『회남자』에 실려 있는 우주의 발생에 대한 기록은 우선 역사적으로 가장 오래된 자료 가운데 하나라는 점에 큰 의미가 있다. 그리고 그 내용이 근대에 이르기까지도 여전히 인정되었다는 점도 중요하다. 이것은 중국인들에게 이 세계의 기원에 관한 가장 일반적인 하나의 틀을 제시하였다.

다음으로 『회남자』에는 우주의 모양이나 크기에 대한 구체적인 설명이 들어 있어서 관심을 끈다. 특히 우리가 살고 있는 땅의 크기에 대해서 고대인들이 상당히 큰 관심을 가졌었다는 사실을 잘 보여준다. 그리고 사람들이 시간이 갈수록 보다 큰 규모의 땅을 생각했다는 점이 눈에 띈다. 처음에는 좁은 땅덩이만 알았던 사람들의 견문이 점차 넓어짐에 따라서 보다 큰 규모의 세계를 생각하게 되었다는 사실을 이 자료들은 보여준다.

천인감응 사상은 이 책에만 나타나는 게 아니고 고대에 널리 펴져 있던 것이어서 다른 고전에도 나온다. 이것은 인간과 자연이 하나라는 동양의 독특한 사상을 잘 보여주고, 또한 통치자를 견제하는 사상이라는 점에서 주목을 할 필요가 있다. 통치자를 견제하려는 장치를 종교적인 차원에서 마련하였다는 점은 매우 돋보인다.

『회남자』에는 고대인들이 이미 동식물을 세밀하게 관찰해서 그것들의 특성에 맞게 분류하려고 하였음을 보여주는 중요한 자료들이 들어 있다. 동물들을 음양으로 분류한 방법이 그것 가운데 하나이다. 여기서는 조류와 포유류를 양에 속하는 동물로 파충류를 음에 속하는 동물로 나누었다. 또 눈에 띄는 내용은 동식물이 진화하였다는 설명이다. 여기에는 사람도 포함된다.

끝으로 자연의 합리적인 이용에 관한 가르침도 고대인들의 지혜를 잘 보여주는 부분이다. 이 사상은 고전들에 광범하게 나타나는데 우리가 지금까지 크게 주목하지 않았다. 서양 철학자들의 말에는 깜짝깜짝 놀라면서 이미 우리가 수천 년 전부터 가지고 있었던 지혜에 대해서는 너무나 무관심하였다. 이것을 우리는 하루빨리 극복할 필요가 있다. 고대인들에게는 자연의 합리적인 이용이 바로 경제이고 정치이기도 했음을 우리는 알아야 한다.

• 저자 •

안종수(安宗守)

약력:

연세대학교 철학과 졸업
연세대학교 대학원 문학석사
독일 콘스탄츠 대학교 철학박사
(현) 인제대학교 인문학부 교수

주요 저서:

『동양철학의 흐름』
『한국철학사상의 이해』

동양의 자연관

• 초판 인쇄 2006년 11월 1일
• 초판 발행 2006년 11월 1일

• 지 은 이 안종수
• 펴 낸 이 채종준
• 펴 낸 곳 한국학술정보(주)
경기도 파주시 교하읍 문발리 526-2
파주출판문화정보산업단지
전화 031) 908-3181(대표) · 팩스 031) 908-3189
홈페이지 http://www.kstudy.com
e-mail(출판사업팀사업부) publish@kstudy.com
• 등 록 제일산-115호(2000. 6. 19)
• 가 격 28,000원

ISBN 89-534-5968-0 93150 (Paper Book)
89-534-5969-9 98150 (e-Book)